U0897823

高等教育法学应用教材

金融法

刘亚天　编著

中国政法大学出版社

作者简介

刘亚天 中国政法大学民商经济法学院教授，研究生导师。北京市平谷区检察院专家委员会委员、中国政法大学俄罗斯法律研究中心研究员。2000 年参加编写的《合同法学》获教育部优秀教材一等奖。1995 年获得中国政法大学“宪梓教学”二等奖，自参加工作以来多次获得校、院先进工作者。主要致力于民商法、经济法方面的教学研究工作。著作有《现代企业行为规范》、《现代市场法则》、《经济法原理与案例解析》等。主编和副主编的著作有:《中国公司法原理与实务》、《公司法》、《新编经济法教程》、《金融法》、《合同法原理与适用》、《税法理论与实务》、《经济法》等。参编著作数十本，发表论文多篇。

出版说明

为适应高等法学教育发展的需要，提高学生发现问题、解决问题以及运用法学知识的能力，我们组织编写了本套《高等教育法学应用教材》。

法学是理论性与应用性相结合的学科，本套教材的最大特点在于突出法学的应用性，主要表现在以下几个方面：

1. 力求与现行最新的立法、司法解释及法律实务相一致。本套教材强调对现行最新的立法、司法解释进行介绍和分析，注重联系司法实务中的新老问题进行论述。

2. 力求与最新的《国家司法考试大纲》相一致。司法考试是法律工作人员的职业资格考试，因此，准备司法考试也是法律专业本科生、研究生的重要任务之一。本套教材力图使教学内容与司法考试紧密相连。

3. 力求用简洁、实用的事例说明深奥的基本原理和法律规范。在每一本教材中都努力用简洁的文字、实用明晰的案例对基本原理和法律规范进行说明，使学生在最短的时间内读懂教材，并通过分析历年司法考试试题加深对理论的理解。

4. 力求结合最新的研究成果和立法动态。立法、司法和法律实务是动态发展的。本套教材密切关注和紧紧把握改革发展的方向与趋势，努力结合最新的学术研究成果，使法学理论应用于法律实务和教学。

为了保证本套教材的高水平和高质量，编委会邀请了多位知名的法学家担任主编。这些专家多数参加过立法和修法工作，且大多从事过司法考试教学辅导工作，具有编写高校教材的丰富经验。

本套教材适用于大学本科的教学，尤其适用于司法考试。

本套教材的编写得到了教育部有关领导、中国政法大学的领导、教师以及中国政法大学出版社的大力支持，在此一并表示感谢。

《高等教育法学应用教材》编委会

2009 年 8 月

目 录

第一章　金融法总论

■ 第一节　信　用

一、信用的基本观念

信用有着悠久的历史，在人类漫长的历史长河中具有多种不同的意义。子曰："人而无信，不知其可也。大车无輗，小车无軏，其何以行之哉?"[1]

在现代社会中，从国家、政府、组织再到个人，信用的价值及作用自不待言。从一定的层面上讲，在现代市场经济中，信用伴随着每一个企业的成长和兴衰、每个人一生一世的风风雨雨，影响着这些主体的生活和生存。它是企业的生命和灵魂，是每个人道德的重要体现。

信用是人们常用的一个概念。那么它到底应该如何理解？它和金融是什么关系？它在金融活动中具有怎样的价值？《辞海》对信用的解释是："诚恳忠实、言行一致而取得的信任。"[2]《牛津法律大辞典》对信用的解释是："信用，指在得到或提供货物或服务后并不立即而是允诺在将来付给报酬的做法。"

其实，信用可以从多方面进行理解。从伦理道德层面看，信用主要是指参与社会和经济活动的当事人之间所建立起来的、以诚实守信为道德基础的履约行为。从经济学的角度看，是指以现有的财物或者货币，回复将来支付的一种承诺。从会计学的意义上分析，它是贷方于借方的登录，也就是债权和债务的关系，所借出的可以是物资、证券、劳务或者货币，将来承诺讨还时，亦可采用同一形式。[3]

从法律的内涵解释则没有统一的标准，但我国的民商事法律都将信用作为一个基本的原则，其基本的表述是"诚实信用"。如《民法通则》第4条规定："民事活动应当遵循自愿、公平、等价有偿、诚实守信的原则。"《合同法》第6

---

〔1〕王玉臣主编：《中华传世名著》，延边人民出版社2001年版，第2075页。

〔2〕翟文明、李治威主编：《现代汉语辞海》，光明日报出版社2002年版，第1301页。

〔3〕周大中：《现代金融学》，北京大学出版社1994年版，第44页。

条规定：“当事人行使权利、履行义务应当遵循诚实信用原则。”其基本含义是：在订约时，诚实行事，不诈不霸；在订约后，重信用，自觉履行。[1]

而在信用创造学派的眼中，信用就是货币，货币就是信用；信用创造货币；信用形成资本。

二、信用的产生与发展

从根本上看，信用是在私有制的基础上产生的。私有制的出现、社会分工的不断发展以及大量剩余产品的不断出现使交换行为成为可能。即使是现代市场经济条件下的信用依然可以反映这种最基本的特征，即信用是一种以偿还和支付利息为代价的借贷活动。随着商品生产和交换的发展，商品流通出现了矛盾，即出现了不同程度的贫富差别，一些商品生产者出售商品时，购买者却可能因自己的商品尚未卖出而无钱购买，于是，赊销即延期支付的方式应运而生。赊销意味着卖方对买方未来付款承诺的信任，意味着商品的让渡和价值的实现发生时间上的分离。这样，买卖双方除了商品交换关系之外，又形成了一种债权债务关系，即信用关系。当赊销到期、支付货款时，货币不再发挥其流通手段的职能而只充当支付手段。这种支付是价值的单方面转移。正是由于货币作为支付手段的职能，使得商品能够在早已让渡之后独立地完成价值的实现，从而确保了信用的兑现。整个过程实质上就是一种区别于实物交易和现金交易的交易形式，即信用交易。后来，信用交易超出了商品买卖的范围，作为支付手段的货币本身也加入了交易过程，出现了借贷活动。从此，货币的运动和信用关系连结在一起，并由此形成了产业经济，即金融经济。

三、信用的要素

一般认为，信用由三个方面构成，即以品德、资本、能力判断债务人的信用。

品德是指一个人有偿债的决心，此反映一个人过去的道德记录，包括优良习惯、社交活动、生活形态、政治与社会欲望以及家庭声誉等，借此来判断其处世品德。

资本是衡量借款人所有资金的价值、性质与多少，特别注重其价值的稳定与变现能力。债权人的兴趣主要在于借款人的资本净值情况，同时也应分析其所负其他债务的数量，若无风险，方予贷款。

能力主要是一个人广泛运用其才能对所借资金的使用水平。一个人的能力基于其年龄、商业经验、教育程度、智慧等。而对企业（包括公司）来讲，其管

---

〔1〕 张俊浩主编：《民法学原理》（上），中国政法大学出版社1991年版，第25页。

理企业的能力尤为重要。

对于三者的关系，当然有不同的观点，普莱兹教授（Charles L. Prather）在其所著《货币银行》（*Money and Banking*）一书中，认为一个完整的信用申请人，应予以40%的品德，30%的能力和30%的资金。

近代以来，金融机构对信用的分析特别重视，所包括的范围也非常广泛。美国银行对信用进行分析后提出四个方面的要素，即在品德、能力、资本之后再加上附带担保品。后来有专家在此基础上又提出增加企业外部情况，包括政局变动、社会环境、景气循环、季节变化、一般经济状况、国民所得水平、行业趋势、习向变迁、工作方法与环境、竞争情形、劳工运动等。

也有学者认为，上述五个方面固然重要，但对一个债务人的信用的评价还可从另外五个方面予以观察，即：①借款户因素；②资金用途因素；③偿还财源；④债权保障；⑤借款人前景。[1]

四、信用的分类

信用的分类没有统一的标准，学者的标准不同，信用的种类就不同。

1. 钱德勒（L. V. Chandler）教授在其所著《货币银行学》（*The Economics of Money & Banking*）一书中，提出四种分类：①以债务人的性质为基础，而分为个人债务、商业债务及政府债务等；②以债权人的性质为基础，分为个人、商业银行、其他金融机构、非金融机构以及政府所贷放的信用；③以债务发生目的为基础，分为消费信用、生产信用等；④以时间为标准，分为长期信用、中期信用和短期信用。

2. 普莱兹教授对信用分类为：①公家信用和私人信用；②有保证信用和无保证信用；③投资信用和商业信用；④长期、中期、短期信用。

3. 威尔士与爱德华（H. P. Willis & G. W. Edwards）两教授在其合著的《银行与企业》（*Banking & Business*）一书中，将信用分为五种：①对人信用，指货物的转让、资金的转移与仅凭个人的承诺等；②商业信用，指零售商或者制造商自卖主所获得的延期支付的信用；③零销信用，指零售商对其顾主或者消费者所授予的延期支付的信用；④银行信用，指银行放款与贴现的信用；⑤公共信用，指以国库担保而发行债券、中央银行对财政的垫款等信用。

在我国，一般对信用的分类是以主体为标准划分的。主要分为商业信用、银行信用、国家信用、消费信用、民间信用和国际信用。

1. 商业信用。商业信用是指企业与企业之间相互提供的，与商品交易直接相

---

[1] 周大中：《现代金融学》，北京大学出版社1995年版，第46～48页。

联系的资金融通形式，其表现方式为：企业提供商品的商业信用和企业提供资金的商业信用。其基本形式为赊销、预付款和分期付款等。赊销是工商业企业之间经常采用的一种延期付款的销售方式，在赊销方式中，商品购买企业在获得商品的时候，并没有马上支付货款，而是约定在将来一定时间付款。赊销之所以成为一种商业信用，它实际上包括两种行为，即商品买卖行为和资金借贷行为。作为商业信用自然有其许多优点，但其局限性也是十分明显的，如商业信用的规模、资金的额度以及期限等，都或多或少地受到制约。

2. 银行信用。银行信用是指银行和其他金融机构以货币形式向企业和个人提供的信用，它是以银行作为中介机构所进行的资金融通形式，属于间接融资范围。由此可见，银行信用与商业信用的不同之处在于，银行信用属于间接信用。商业信用早于银行信用，但银行信用克服了商业信用的局限，银行通过吸收存款可以集中社会上大量的闲散资金，不仅可以满足借款人小额资金的需求，更可以满足其大额信用资金的需要。商业信用是银行信用的基础，而银行信用的发展又使得商业信用得到进一步的完善。商业票据的贴现制度是商业信用与银行信用的完美结合。

3. 国家信用。在现代社会中，国家信用是国家以债务人身份出现的，即政府作为债务人向社会组织和自然人筹措资金的信用。国家信用是政府弥补财政赤字的一种手段，筹措资金的目的主要用于发展经济。其基本形式是发行国家公债、国库券、专项债券等。国家的负债有两种，即内债和外债。从我国新中国成立后的历史看，我国的国债发行大体可分为三个阶段：第一阶段是新中国成立后1950年发行的胜利折实公债；第二阶段是1954～1958年发行的经济建设公债；第三阶段是1979年以后，于1981年开始每年发行的国库券。

4. 消费信用。消费信用是商业企业、银行和非银行金融机构为推销消费品特别是耐用消费品，对消费者提供的信用。消费信用的形式主要有三种：①赊销，指零售商对消费者提供的短期消费信用，即延期付款方式的销售；②分期付款，即消费者购买商品时只付款一部分，其余按照合同的约定分期支付；③消费贷款，即卖方信贷和买方信贷。

5. 民间信用。民间信用是指居民个人之间的资金融通方式。

6. 国际信用。国际信用是指一切跨国的资金借贷活动。国际信用的具体形式包括：出口信贷、国际商业银行贷款、政府贷款、国际金融机构贷款、国际资本市场业务和直接投资等。

出口信贷是出口国政府为支持和扩大本国产品的出口，提高本国产品的国际竞争能力，通过提供利息补贴和信贷担保的方式，鼓励本国银行向本国出口商或者外国进口商提供的中长期信贷。国际商业银行贷款是指一些大银行向外国政府及其所属部门、企业或者银行提供的中长期信贷。政府贷款是一国政府利用国库资金向另一国政府提供的贷款，这种贷款一般具有政府援助性质。国际金融机构贷款是国际金融机构成员国政府提供的贷款，主要包括国际金融组织、世界银行及其附属机构——国际金融公司和国际开发协会以及一些区域性国际金融机构提供的贷款。国际资本市场业务是指在国际资本市场上的融资活动。直接投资是指一国居民直接对另一个国家的企业进行的投资。

五、信用工具

（一）信用工具的概念

信用是一个抽象的概念，但在日常的运用上，信用有各种形态，这些不同形态就是信用工具。从一般意义上看，信用工具就是证明债权、债务关系的书面凭证。这种凭证，通过记载当事人的身份、债务金额、到期日期、利率等表明当事人之间的法律关系。“此种工具，即一种凭证，用以载明债务人身份，债务金额，到期日期与利率等。类此凭证可免除对债务的存在、金额、期限与利率的争论，并于涉及法律行为时，作为主要的记载。”[1]

如我国《公司法》第129条规定，股票采用纸面形式或者国务院证券监督管理机构规定的其他形式。股票应当载明下列主要事项：公司名称；公司成立日期；股票种类、票面金额及代表的股份数；股票的编号。股票由法定代表人签名，公司盖章。发起人的股票，应当标明“发起人股票”字样。这种记载表明的是投资人和公司的法律关系。《票据法》第22条规定，汇票必须记载下列事项：标明“汇票”的字样、无条件支付的委托、确定的金额、付款人名称、收款人名称、出票日期、出票人签章。这种记载表明的是票据当事人之间的法律关系。

（二）信用工具的特点

1. 偿还性。信用工具的第一特点就是偿还性，这是信用产生的直接原因。试想，如果当事人一方把自己多余的、闲置的资金供给资金的需求者而不能够按期得到偿还，那么这种资金借贷关系基本不会出现。因此，债务人必须到期偿还信用凭证上所记载的应偿还的债务，债权到期时，债权人收回债权金额。

2. 收益性。债权人愿意把自己的资金通过凭证记载的方式借贷给他人，其实质在于利益的推动。因此，带来收益是债权人投资的基本需求，也成就了信用工具的这一特点。

---

〔1〕 周大中：《现代金融学》，北京大学出版社1994年版，第51页。

3. 流通性。流通性是信用工具持有者权利的体现，是信用工具特点的延伸，也因此成为金融市场存在的价值和必要所在。从现代意义的金融市场来看，一个成熟的金融市场必须有足够多的、种类不同的交易对象，信用工具的买卖或者转让不仅使持有人获利或者变现或者融资，也使资金的需求者通过正当的渠道合法地、不受限制地亲自作出价值的分析、选择和判断。

（三）信用工具的分类

信用工具可按照不同的标准进行分类，从信用工具的期限上看，可以将信用工具分为短期信用工具和长期信用工具；因信用工具记载的债权债务交易交割的时间不同，可以将信用工具分为现货工具和期货工具；从信用工具是否记名，可分为记名信用工具和无记名信用工具；因其流通领域不同，可以分为国内信用工具和国际信用工具；从其担保的情况看，可以分为有担保的信用工具和无担保的信用工具。

长期的信用工具是指期限在1年以上的信用凭证。基本分为两种：

（1）股票。股票是股份公司发行的、证明投资人出资入股的凭证，其所表明的是投资人和股份公司之间形成的股权关系，投资人通过投资，不仅可以有股息、红利的分配请求权，还可以借此参加股东大会，行使股东权利。股票有多种不同的分类标准，在我国，基本上将股票分为普通股和特别股。

（2）债券。债券是有关主体发行的由投资人购买并按照约定的期限还本付息的有价证券。其所表明的是当事人之间的债权债务关系，这一点使股票和债券具有绝对的不同，两者无论在投资收益、风险控制，还是在权利的依托及行使方面都有明显的界限。

短期的信用工具是指期限在1年以内的凭证，包括商业票据、银行票据、信用卡、信用证等。

（1）商业票据。商业票据是商业信用的工具，是指企业之间在提供商业信用时开出的债务凭证。

（2）银行票据。银行票据是由银行开立的、用以代替现金流通的一种票据，包括银行本票、银行汇票、支票等。

六、信用的功能

信用为现代社会不可或缺，信用关系渗透到经济活动中，甚至是日常生活中的每一个方面，企业离不开信用，个人同样离不开信用。

1. 信用可以加速资金的聚集，促进资本市场的生成。现代企业的生存和发展离不开资金，而资金的获得渠道虽然有多种，但无论哪一种，无一例外都是信用在发挥融资的作用。企业从银行借贷是银行信用价值的体现，发行股票和债券融资是企业以自身信用作为基础的。尤其是股票的发行，企业不仅将融资规模做到最大化，更是以无与伦比的速度将融资做到极致。此种信用的积累，可以使资本得以聚集，从而也促成了资本市场的形成和发展。

2. 信用可以实现资本的转移，实现市场经济条件下资源的最佳配置。市场经济与计划经济的最大不同就是，市场经济通过市场去配置资源，计划经济是由人去将资源配置到合适的环节或者领域。但人往往从其主观意识出发而不能完全适应经济本身的要求或者可能违背自然规律，最终形成资金与需求脱钩的现象。所以尊重市场的选择成为首选的方式，而市场在选择什么？所谓平均利润率规律在市场经济条件下是普遍适用的，因为等量资本要占有等量利润。而资本在不同机构、组织之间的流动显然不同，其根本的区别就在于不同的资金使用者信用不一，而信用的好坏就决定了企业在市场中资金的占有量，同时资金的供应者也从这一角度考虑来创造自己资金供给的价值。

3. 信用可以节省现金的输送进而减少不必要的风险。其实从最简单的层面看，票据产生的直接原因就是代替现金的流通和直接使用，因此，才会有票据是“人的信用证券化”的说法。票据的基本作用尚有其他，但无一例外都是信用作用的结果。同时，由于票据的出现，“腰缠十万贯，骑鹤下扬州”才会成为历史。但其作用不仅仅如此，由于不携带大量现金，持票人自然免去了任何货币灭失之虞。

4. 信用可以提高国民收入水平。在高度就业的环境中，人们可以将自己的财产通过储蓄的方式获得收益。在一个社会中，国民的收入是一种循环的流动，一部分投资，一部分储蓄，投资增加了资金的流通，其后果是通货膨胀，但储蓄则可以抑制这种通货膨胀，因此，在抑制与反抑制的交替中国家经济会稳健发展，国民经济的发展是国民收入增加的基本渠道。

5. 通过对信用的调控达到国民经济的稳定增长。信用对经济的发展作用是毋庸置疑的，但信用的过度则会出现另外的情况，这就是金融危机。不夸张地说，每一次的经济危机都源自于金融危机，而金融危机的根源则与信用的过度扩张有千丝万缕的联系。无论是早期的英国“南海”事件，还是上世纪30年代的经济大萧条，以及刚刚发生的“次贷”引发的金融危机，都与信用的过度扩张有关。信用的过度扩张导致经济泡沫，泡沫经济又推动了经济的虚假繁荣。如何应对这一问题？各国政府的基本做法，至少在目前达成的共识是，只有通过适度的监管才能解决这一问题，而监管的重点和中心则是信用的创造和金融工具的创新。因此，对信用的调控得当可以促进国民经济的稳定发展。当然这是从消极的层面做积极的理解。

1－1　下列说法正确的有：

A. 赊销是信用产生的基本原因

B. 商业票据是商业信用和银行信用的完美结合

C. 品德的好坏是判断信用的第一要素

D. 信用可以产生经济泡沫

________ABC。

(1) 信用是在私有制的基础上产生的。私有制的出现、社会分工的不断发展以及大量剩余产品的不断出现使交换行为成为可能。随着商品生产和交换的发展，商品流通出现了矛盾，即出现了不同程度的贫富差别，一些商品生产者出售商品时，购买者却可能因自己的商品尚未卖出而无钱购买。于是，赊销即延期支付的方式应运而生。赊销意味着卖方对买方未来付款承诺的信任，意味着商品的让渡和价值的实现发生时间上的分离。这样，买卖双方除了商品交换关系之外，又形成了一种债权债务关系，即信用关系。所以选 A。

(2) 银行信用是指银行和其他金融机构以货币形式向企业和个人提供的信用，它是以银行作为中介机构所进行的资金融通形式，属于间接融资范围。商业信用早于银行信用，但银行信用克服了商业信用的局限，银行通过吸收存款方式可以集中社会上大量的闲散资金，不仅可以满足借款人小额资金的需求，更可以满足其大额信用资金的需要。商业信用是银行信用的基础，而银行信用的发展又使得商业信用得到进一步的完善。商业票据的贴现制度是商业信用与银行信用的完美结合。所以选 B。

(3) 一个完整的信用申请人，应予以 40% 的品德、30% 的能力和 30% 的资金。所以选 C。

(4) 信用的过度扩张导致经济泡沫，泡沫经济又推动了经济的虚假繁荣。所以 D 是不正确的。

■ 第二节　金　　融

一、金融的概念

金融是指货币、资金的筹集与融通，即货币流通和信用往来等活动的总称。在金融市场上，它是通过银行和非银行金融机构自己的业务活动实现的。从法律的层面看，资金的融通是一种合同关系，它体现的是在市场活动中资金的需求者和资金的供应者之间建立起来的一种权利与义务关系。无论是国家发行国债筹集资金，还是商业银行给企业提供贷款，或是企业发行股票、债券，它和其对应的投资人、当事人建立的关系都应是在平等基础上，依据公平、自愿、诚信及合法等基本原则建立起来的一种合同关系。因此，我们所讲的金融，究其实质是一种金融活动，是一种民事法律行为。

二、金融的种类

资金融通的种类较多，根据各种资金融通的不同特点和不同要求，具有不同的划分标准。

1. 按照融通资金时是否有金融机构参与，金融可分为直接金融和间接金融。直接金融是指拥有闲置资金的主体将其闲置资金直接融通于资金的短缺主体，不需要第三方作为中介而进行的资金融通方式。直接金融所使用的有价证券，通常是非金融机构，如政府、企业、个人所发行的公债、国库券、公司债券、股票、借款合同等。间接金融是指拥有暂时闲置资金的主体通过存款的方式，购买银行、信托、保险等金融机构发行的有价证券，将其闲置的资金先行提供给这些金融中介机构，然后由这些机构再把资金贷放或者贴现给资金的需求主体。

2. 按照资金融通有无保证，金融可分为担保金融和信用金融。所谓担保金融是指资金的需求者或保证人通过为自己或他人之财产提供抵押、质押的方式，弥补自己的信用而从资金的闲置者融通资金。信用金融是指资金的需求者完全以自己的资信取得资金的融通方式。

3. 按照资金融通的范围，金融可分为国内金融和国际金融。国内金融是指在一国领域内，资金的需求者和最近的供应者进行的资金融通活动。国际金融是指在国际金融市场上所进行的资金融通活动。

三、金融体系

（一）金融体系的构成

金融体系是指从事金融活动的各当事人之间的法律地位、职责、业务范围、组织机构以及其相互关系。金融体系的构成要素包括三个方面，即金融工具、金融机构、金融市场。金融工具又称为信用工具，前已述及。

（二）金融机构

金融机构是交易各类金融资产和发生金融业务的市场的总称。金融机构可按多种不同的方式分类。最重要的分类之一是分为存款机构（商业银行、储蓄与贷款协会、储蓄银行和信用合作社）、契约型机构（保险公司与养老基金）与投资机构（投资公司、货币市场基金与房地产投资信托）。存款机构从出售给公众的存款账户中获得大量的可贷资金。契约型机构通过提供以保护储蓄者防范风险为目的的合法合同吸引资金。投资公司向公众出售股份，并将这些收入投资于股票、债券和其他资产。[1]

在我国，一般将金融机构按照其是否经营银行的业务分为：银行类金融机构、非银行类金融机构。①银行类金融机构。在我国，银行主要包括三种：中央银行，即中国人民银行；商业银行，如中国工商银行、中国银行、中国农业银行、中国建设银行、交通银行、光大银行、民生银行、深圳发展银行、浦东发展银行等；政策性银行，如中国农业发展银行、中国进出口银行、国家开发银行。②非银行金融机构。主要包括证券公司、保险公司、信托公司、融资公司、财务公司等。

(三) 金融市场

就广义而言，金融市场是指所有资金的需求和供给的市场；就狭义而言，是指短期商业资金的市场。金融市场基于其借贷期间、使用目的、地域、标的而有不同的分类。一般可以分为：

(1) 货币市场与资本市场。这是按照交易对象的期限进行的分类。货币市场是交易期限在1年以内的短期金融交易市场，包括短期存贷市场、同业拆借市场、贴现市场、短期债券市场等。资本市场是交易期限在1年以上的长期金融交易市场，包括长期存贷市场和证券市场。

(2) 现货市场和期货市场。这是按照交易与交割时间进行的分类。现货市场是指交易和交割“同时”进行的市场。这里的“同时”，并非指“一手交钱、一手交货”，而是时间很短，一般2~3个交易日完成。期货交易市场是指成交后一定的时间进行交割的市场，时间相对较长。

(3) 一级市场、二级市场、第三市场和第四市场。这是按照交易的层次或者交易的程序进行的分类。一级市场是筹集资金的当事人将设计开发的金融产品首次出售给投资人所形成的交易市场。二级市场是对已经发行的证券再行转让或者买卖形成的市场，包括场内交易市场和场外交易市场。第三市场是协议交易在证券交易所挂牌上市的证券所形成的市场。第四市场是指投资人既不通过交易所，也不通过柜台或者经纪人，而是通过各种现代化手段直接进行交易所形成的市场。

(4) 直接金融市场和间接金融市场，这是按照是否有中介的参与进行的分类。直接金融市场是指由资金供求双方直接融资所形成的市场；间接市场是指融

---

〔1〕［美］彼得·S. 罗斯著，肖慧娟、安静等译：《货币与资本市场——全球市场中的金融机构与工具》，机械工业出版社1999年版，第31页。

资双方通过中介完成资金融通所形成的市场。

(5) 有形市场和无形市场。这是按照场所特征进行的分类。有形市场是指具有固定场地而集中进行有组织交易的市场；无形市场是没有固定场所而依照其他方式交易形成的市场。

(6) 国内市场和国际市场。国内市场是指在一个国家内部形成的金融交易市场；国际市场则是不同国家的主体进行交易所形成的金融市场。

四、金融与信用、货币、经济的关系

(一) 金融与信用

信用是资金融通的基石。所有的金融活动或者金融行为都必须以信用作为基础，如果没有当事人之间的信任关系，没有依照这种信任在当事人之间建立起来的法律认可的形式的约束，金融是很难形成的。在一个信任缺失的社会，当事人之间的债权债务关系只能通过法律，而且必须是“酷法”去约束当事人的行为，这在现代市场经济中不是一种正常的交易模式。而且即使如此，当事人一方也不情愿和另一方建立资金的融通关系。信托是典型的资金或者财产运作的模式，它就是以信任为基础，以委托为方式，受托人接受委托人的委托对其资产的一种管理或者运用。证券投资基金是信托的具体形式，如果投资者对基金管理公司没有基本的信任，投资是不可能进行的。

(二) 金融与货币

货币是固定地充当一般等价物的特殊商品。它是商品交换的必然产物。货币的产生是金融产生的前提。没有货币，不可能产生金融活动，同时，金融活动或者金融行为以货币为工具来实现。

资金融通的产生及其规模与货币经济的出现和发展直接相联系。由于货币具有价值尺度和支付手段、流通手段的职能，起着一般等价物的作用，所以商品的交换就可以借助于货币进行。经济的发展有时使商品买卖与货币支付在时间上出现脱节，或者由于贫富差别，或者由于资金的不足，出现了商品的赊销。在商品赊销过程中，买卖关系转化为债权债务关系，从而产生了信用。这种以一定信用方式所完成的商品让渡，实际上就是一种资金融通，也就是一种金融活动。由此可见，金融活动与货币是紧密联系在一起的。

(三) 金融与经济

现代经济就是金融经济。“金融很重要，是现代经济的核心。金融搞好了，一着棋活，全盘皆活。”[1]

---

〔1〕《邓小平文选》第3卷，人民出版社1993年版，第366页。

创建现代金融制度，构造与市场经济相适应的金融资源配置结构和配置机制，是市场经济的一个极其重要的方面。金融对于经济的发展，起着举足轻重的作用。在经济发展的各种要素中，资金是唯一抽象的价值形态，是资源配置的先导，通过金融形成的资金分布格局，在很大程度上规定着国家的生产力布局和产业、产品结构；金融在资金供求之间架设了桥梁，可以解决社会组织和个人对资金的需求，解决收支的不平衡的矛盾。中央银行发行的基础货币以及商业银行创造的派生存款所构成的货币总供应，直接影响着社会的总供给、总需求的平衡，制约着经济发展的速度和规模；同时，中央银行可以通过货币政策工具的运用，来调控货币的供应量及资金的流向，调整经济发展的速度和规模，促进经济持续、稳定、健康与协调发展。

一般来说，对“现代经济就是金融经济”这一表述，可以从三个方面进行理解：

（1）现代经济运作的特点。现代经济是一种具有扩张性质的经济，需要借助于负债去扩大生产规模、更新设备，需要借助于各种信用形式去筹措资金、改进工艺、推销产品。其次，现代经济中的债权债务关系是最基本、最普遍的经济关系。经济活动中的每一个部门、每一个环节都渗透着债权债务关系。经济越发展，债权债务关系就越紧密，也就越能成为经济正常运转的必要条件。另外，现代经济中的信用货币是最基本的货币形式。各种经济活动形成各种各样的货币收支，而这些货币收支最终都是银行的资产和负债，都体现了银行与其他经济部门之间的信用关系。所以信用就成为一个无所不在的最普遍的经济关系。

（2）从金融关系中的各部门来分析。金融活动关系中的个人、企业、政府、金融机构、国际收支这些部门的任何经济活动都离不开信用关系。表现在：个人通过在银行储蓄或取得消费贷款与银行形成了信用关系，个人购买国债、企业债券与政府、企业形成了债权债务关系；企业在信用关系中既是货币资金的主要供给者，又是货币资金的主要需求者；政府通过举债、放贷形成与居民、企业、金融机构或其他机构之间的信用关系；金融机构作为信用中介从社会各方面吸收和积聚资金，同时通过贷款等活动将其运用出去；国际收支的顺差、逆差的调节也离不开信用。这说明信用关系已成为现代经济中最基本最普遍的经济关系。

（3）从金融对现代经济的作用来分析。金融对现代经济发展的推动作用主要表现在：①保证现代化大生产的顺利进行，即信用活动从资金上为现代化大生产提供条件；②在利润率引导下，信用使资本在不同部门之间自由转移，导致各部门利润率趋向相同水平，从而自然调节各部门的发展比例；③在信用制度基础上产生的信用流通工具代替金属货币流通，可以节约流通费用，加速资本周转；

④信用为股份公司的建立和发展创造了条件，同时，信用聚集资本、扩大投资规模的作用通过股份公司的形式也得到了充分发挥。

金融机制会促使被抑制经济摆脱徘徊不前的局面，加速经济的增长，但是，如果金融领域本身被抑制或者扭曲的话，那么，它就会阻碍和破坏经济的发展。[1]

1997年发生在东南亚并波及全世界的金融危机充分说明了这一点。1997年7月以来，国际金融市场出现剧烈动荡，亚洲一些国家和地区的货币大幅度贬值，对美元的比价屡创新低。在这次金融危机中，受到冲击较大的国家和地区包括泰国、马来西亚、印度尼西亚、新加坡、韩国、日本、香港等，其中，印尼货币贬值80%、泰国货币贬值55%，韩元贬值50%，新加坡元贬值31%，日元贬值11.3%。在香港股市、汇市受到冲击后，由于全球金融一体化的影响，金融风险在全球内传播，产生了一系列的连锁反应，从而引发全球性的金融风暴。纽约、伦敦、圣保罗、法兰克福、圣地亚哥、巴黎等地区的股市无一例外地受到影响。金融危机是经济危机的集中体现，完全可以说，由于受到金融危机的影响，1998年整个亚洲都陷入了严重的经济萧条之中，虽然反映到经济发展中的时间有先有后。印尼在1998年的国内生产总值出现了两位数的负增长，韩国、泰国、马来西亚也出现了经济的负增长。"负面连锁反应"最先发生在东盟四国和韩国，这些国家不得不申请国际援助，1997年8月、10月、12月，国际货币基金组织（IMF）分别向泰国、印尼、韩国提供了170亿、400亿和570亿美元的贷款援助。

在这次金融危机中，香港也受到了冲击，但是，香港政府在这次危机中安稳过关。之所以避免了更大的影响，香港《文汇报》认为，特区政府有四点优势才成功地捍卫了联系汇率制：[2] ①有881亿美元（当时的外汇储备）的外汇储备；②有中央政府1400亿美元（当时的外汇储备）的外汇作后盾；③600万港人对香港的经济充满信心，支持特区政府；④香港的经济基础稳固，前景良好，金融体系运作稳健。[3]

---

〔1〕［美］爱德华·S. 肖著，邵伏军等译：《经济发展中的金融深化》，上海三联书店1988年版，第1页。

〔2〕联系汇率制是香港金融政策的一项重要内容，实施于1983年10月。它确定了1美元等于7.8港元的价格，即发钞银行增发港元钞票时，必须按照7.8港元等于1美元的固定汇价，将等值的美元存于港府的外汇基金，以换取发钞负债证明书；当回笼港元钞票时，发钞银行可以将负债证明书交回外汇基金，换取等值美元。其他银行向发钞银行取得港元现钞时，要以等值的美元向发钞银行兑换。

〔3〕邹建平：《中国金融问题报告》，中国城市出版社1999年版，第74页。

总之，金融与经济发展有着密不可分的关系，金融的稳健发展是经济发展的前提和基本要求，“而要能够有效地防范金融风险，最关键的是要增强本国的经济实力，保持合理的经济结构，建立完善的金融体系”。[1]

五、金融目标

金融目标就是资金融通预期要达到的结果，包括微观目标和宏观目标。微观目标就是在微观经济领域中资金融通要达到的结果。它的目标是：资金的供应者通过融出资金获得利息、增加收入，提高资金的使用效益；而资金的需求者融入资金则是为了补充资金的短缺与不足，扩大生产规模，摆脱资金的限制。从宏观经济领域看，资金融通的目标则是确保货币流通与货币币值稳定。资金融通与货币流通具有内在的联系：资金融通把闲置的资金转化为立即投入经济运行的产业基金，加速了资金周转速度，由于资金融通的对象是货币，随着资金周转速度的加快，货币的流通速度随之加快，流通过程对货币的容纳量就会减少，从而影响货币流通的稳定；同时，作为资金融通主要形式的银行信贷，具有提供和创造货币的功能，流通中的货币量都是通过货币渠道创造的，因此，资金融通必须要考虑货币流通稳定的需求，把货币流通的稳定作为资金融通的宏观目标。[2]

1-2　下列说法正确的有：

A. 按照交易的对象可以把金融市场分为资本市场和货币市场

B. 货币是金融产生的前提

C. 国库券的发行是国家强制力保证的

D. 金融目标包括短期目标和长期目标

________BD。①货币市场是交易期限在1年以内的短期金融交易市场，包括短期存贷市场、同业拆借市场、贴现市场、短期债券市场等。资本市场是交易期限在1年以上的长期金融交易市场，包括长期存贷市场和证券市场。这是按照交易对象的期限进行的分类。所以不选A。②没有货币，不可能产生金融活动，同时，金融活动或者金融行为以货币为工具来实现。所以选B。③国库券的发行是国家信用的体现，投资人购买是自愿的，所以不选C。④金融目标就是资金融通预期要达到的结果，包括微观目标和宏观目标。所以不选D。

---

〔1〕 邹建平：《中国金融问题报告》，中国城市出版社1999年版，第60页。

〔2〕 朱毅峰：《资金融通论》，中国人民大学出版社1993年版，第20页。

■ 第三节　我国的金融体系

一、我国的金融体制改革的成就

从1949年到1978年，我国实行的是高度集中的计划经济管理体制，在此期间，我国的金融体系一直沿用前苏联的大一统模式，金融机构单一，金融体系高度集中，金融管理采用计划和行政手段，金融领域缺乏活力，金融业务范围很窄，业务量很小。《中国金融年鉴》（1991）表明，1978年中国金融机构的资金来源总额仅1877亿元，各项存款余额1134亿元，居民储蓄存款额为210.6亿元，人均只有20多元。

金融体制改革与经济体制改革应当说是同步的，经过20多年的改革，我国在金融体制改革方面取得了如下成就：

1. 金融体系得以建立。我国已经建立起以中国人民银行为核心，以商业银行为主体，以政策性银行和其他非银行金融机构为补充，多种金融机构并存，平等竞争、分工协作的金融体系。

2. 中央银行制度得以强化。中国人民银行已经从综合性的银行转变为完全单一的中央银行，而且中国人民银行已成为真正的货币发行银行、政府银行、银行的银行和监管银行。

3. 商业银行规范化。过去包括中国工商银行、中国银行、中国建设银行和中国农业银行在内的四大国有专业银行已经彻底完成转换，成为按照《商业银行法》和《公司法》要求建立的公司制的银行；其他商业银行也都成为自主经营、自负盈亏、自我约束，以营利为目的的企业法人。

4. 政策性金融与商业性金融得以分离。为弥补商业银行信用的不足以及市场对资源配置的缺位，我国从1993年相继成立了三家政策性银行，做到了商业性金融和政策性金融相分离，解决了国家政策性贷款挤占商业银行资金的问题，也避免了国家对商业银行亏损责任的承担。

5. 非银行金融机构不断增加。建立了多种形式的非银行的金融机构，加强了金融机构之间的竞争。形成了证券公司、保险公司、信托公司、财务公司、融资公司等多种非银行金融机构并存、多种金融业务竞争的局面。

6. 金融监管制度不断得以完善。为了金融业的稳健运行，设立了一系列防范金融风险的制度，如审批制度，分业经营、分业管理制度，资产负债比例管理制度，利率管理制度等；同时，除中国人民银行的监管外，又设立了其他金融监管机构，如分别成立了银行业、证券业、保险业监督管理委员会。

7. 金融市场得以建立和完善。培育、发展、规划和规范了证券市场、保险市场、外汇市场、同业拆借市场。

8. 外汇体制发生了重大改变。改革了外汇管理体制，成立了国家外汇管理局；改革了外汇分配制度；建立了人民币以市场供求为基础的、单一的、有管理的浮动汇率制度；实现了人民币在经常项目下可兑换，建立了统一的银行间的外汇市场。

9. 国际金融交往增多。金融对外开放步伐稳健，中国恢复了在国际货币基金组织（IMF）和世界银行（IBRD）的合法席位，并加入了亚洲开发银行；与外国中央银行、商业银行和金融组织的双边交流日益增多；同时，允许外国金融机构在中国设立分支机构或者代表处。

10. 金融立法得以加强，并自成体系。为了规范金融市场，我国在此期间颁布了大量的金融法律法规。

二、我国的金融体系

任何一个现代国家，为了使其经济有效地运行，都需要建立一个健全而又庞大的金融体系。我国金融体系的建立与发展经历了三个不同的阶段：

（一）第一阶段：大一统的中央银行制度

大一统的中央银行制度，又称为复合式的中央银行制度。就是在一个国家内，不单独设立中央银行，而是把中央银行的业务、职能与普通金融机构的业务、职能集中于一家银行。我国从1949年12月1日中国人民银行成立直到1979年都是这种体系。其基本特点是：中国人民银行成为统一的社会主义的国家银行，既担负着代表国家领导、管理和监督全国的银行和金融事业的任务，又直接办理工商信贷和储蓄业务，兼有商业银行和中央银行两种职能。新中国成立后，在对私营金融业完成了社会主义改造以后，为适应经济建设的发展，我国于1953年至1957年间相继建立了中国农业银行、中国人民建设银行、中国银行等专业性银行。但从1958年以后，特别是在十年动乱期间，我国的经济遭到严重破坏，金融体系也受到严重冲击。到1979年以前，除恢复了中国农业银行以外，我国只有一家银行，即中国人民银行。这种银行体系存在着许多弊端，尤其是不能适应商品经济的发展。

（二）第二阶段：混合制的中央银行体系

从经济体制改革以后一直到1983年9月我国即实行这种体制。混合制的中央银行体系下既设中央银行，又设专业银行。我国除中国人民银行外，还设立了中国农业银行、中国人民建设银行、中国银行等专业性银行。对中国人民银行没有明确它的法律地位，它在担任中央银行角色的同时，也承办一些专业银行的业务。而专业银行政企不分，政策性业务与商业性业务混杂一体，这就是在经济体制改革以后所形成的以中央银行即中国人民银行为领导、以国家专业银行和综合性银行为主体、和其他金融机构并存的分工协作的社会主义金融体系。这种体系已逐步由计划经济体制向商品经济体制转变，对我国的国民经济的发展起到了很好的促进作用。

（三）第三阶段：单一式中央银行体系

这种体系从1984年实行一直到今天。随着经济体制改革的逐步深入，特别是有计划的商品经济体制向市场经济体制转变，原有的金融体系已不能适应市场经济健康发展的需要。这种体系存在以下一些弊端：中国人民银行还没有成为真正的中央银行，还没有真正担负起监管全国金融活动的职责，中央银行自己还办理一些政策性业务，货币政策工具的运用不够灵活，缺乏有效的间接调控手段；专业银行政企不分，缺乏市场经济基础上的自我约束和风险约束机制，金融市场缺乏有效监管，往往导致金融市场秩序混乱，因此必须改革。

这种改革可以追溯到1983年9月。1983年9月国务院颁布了《关于中国人民银行专门行使中央银行职能的决定》。决定的主要内容为：中国人民银行专门行使中央银行的职能，不再兼办工商信贷和储蓄业务，以加强信贷资金的集中管理和综合平衡。同时成立中国工商银行，将原来由人民银行办理的工商信贷与储蓄业务交由中国工商银行办理。尽管颁布了这个决定，但中国人民银行并没有真正成为中央银行，仍然不能适应市场经济的发展，金融体系还存在许多问题。所以，在1993年以后，金融体制改革加大了力度，党的十四大三次会议通过了《中共中央关于建立社会主义市场经济体系若干问题的决定》，确立了我国的金融体制改革的目标。以此为指导思想，我国在1993年以后相继成立了政策性银行，又颁布了《中国人民银行法》和《商业银行法》，为我国金融体系的全方位、深层次的改革打下了一个良好的基础。通过这次改革，我国建立了以中央银行为核心、国有商业银行为主体、多种金融机构并存的金融体系，也就是单一制的中央银行体系。

■　第四节　金融法概论

一、金融法的概念

金融法是调整货币资金融通和信用活动中所发生的金融关系的法律规范的总

称。对这一概念可以从以下几个方面理解：

1. 金融法的广义和狭义理解。对金融法的概念从法理的角度可以从两个方面去理解，一个是广义的理解，另一个是狭义的理解。狭义的理解是指国家的立法机关依法定的权限和程序制定或者认可的并以国家强制力保证实施的有关调整金融关系的成文法律文件。而从广义的角度去认识金融法，则是指一切有关调整金融关系的法律规范，不仅仅是指金融法律，还包括其他规范性文件，如行政法规、司法解释、地方性法规以及其他法律规范中有关调整金融关系的规定，比如刑事法律规范中有关证券犯罪、货币犯罪、票据犯罪的规定，再如民法中关于票据代理的规定等。

2. 金融法不是一部法典，而是相关法律规范的总称。在我国并没有一部被称为“金融法”的法典或者“法律”，它是一种法律体系，所谓法律体系是指一个国家在一定的历史发展阶段上，以现行的和将要制定的法律为基础，以宪法为统帅，以部门法为主体，组成一个内容和谐一致、形式完整统一的法律规范的有机整体。这种法律体系以单行法形式出现并构成调整社会关系中某类关系的规范，如《中华人民共和国中国人民银行法》、《中华人民共和国商业银行法》、《中华人民共和国证券法》等。这些规范在我国都是调整金融关系的，而且都主要是对金融机构及其业务规则的规定。

3. 金融法不是一个独立的法律部门。这是从金融法的法律地位来看的。一部法律是不是独立的法律部门，学者们的标准是不一的。有学者认为，一个独立的法律部门应该有自己独立的调整对象，这个标准一度成为法学界的通说，如多年来研究的“经济法”是不是一个独立的法律部门的问题。但对这一通说是否有检讨的必要？有学者认为，对独立法律部门的认可，除了调整对象之外，还要考虑调整方法。“在现代法律中，对一些社会关系由不同的法律部门从不同的角度、采用不同的方法进行调整，是很正常的事情，如对竞争关系、价格关系，需要经济法、民法从不同的角度、采用不同的方法进行调整，故仅从调整对象来划分法律部门的传统方法，有很大的缺陷。我们认为，划分法律部门，除需要考虑调整对象以外，还要结合调整方法。”〔1〕

可以说，金融法有其自己调整的金融关系，但是否有自己独特的调整方法，本书的回答是否定的。因此，从这一角度出发，金融法不是一个独立的法律部门。

4. 金融法是公法和私法的结合。关于公法、私法的划分由来已久，界定公

---

〔1〕 隋彭生、吴飚主编：《经济法概论》，中国政法大学出版社 2008 年版，第 7 页。

法和私法的学说主要有以下几种：

（1）利益说。根据利益说判断一个法律关系或一条法律规范是属于公法还是属于私法，应该以其涉及的是公共利益还是私人利益为准。[1]

从这一标准看，金融法既涉及公共利益也涉及私人利益，如中央银行对整个市场中货币发行和货币流通的调控、其他金融业专门机构对证券业、银行业、保险业的监督管理都属于公共利益的范畴，而投资人与银行的关系、与保险经营主体的关系、与证券业经营主体的关系却属于私人利益的范围。

（2）隶属说。隶属说认为，公法的根本特征在于调整隶属关系，而私法的根本特征则在于调整平等关系。[2]

从这一标准分析，金融法既有公法中的隶属关系，也存在私法中的平等关系。银行业监督管理机构与商业银行之间就属于隶属关系，而居民与银行之间的存款关系、投资人与发行人之间、投资人与委托人之间、投保人与保险机构之间就属于平等的关系。

（3）主体说。根据主体说，如果某个公权载体正是以公权载体的身份参与法律关系，则存在公法关系。[3]

依此标准来判断，金融法的主体不仅仅有公权载体，更多的是私权载体。中央银行是公权载体，但商业银行、保险机构、证券机构都是私权载体。综上分析，金融法既有公法规范，也有私法规范。

5. 金融法既不完全属于经济法，也不完全属于商法。如果把经济法、商法都看成是独立的法律部门的话，金融法属于哪一个法律部门的部门法？本书的认识是其既不属于经济法也不属于商法。它的一些法律规范有的完全属于经济法的范畴，比如中央银行法律制度；有的又完全属于商法的范围，比如票据法律制度；有的则二者兼之，比如商业银行法、证券法等。因此，可以认为，它是一种介于二者之间的特别法律规范。

二、我国金融法律规范的表现形式

我国金融法律规范的表现形式，也就是金融法的渊源，主要体现在两大方面：国内渊源和国际渊源。国际渊源是指我国参加或缔结的有关国际条约、协定以及一些国际惯例；国内渊源是指我国国内的有关金融的法律规范。这种规范包括宪法、基本法、专门法及行政法规、地方法规等。

---

〔1〕［德］迪特尔·梅迪库斯著，邵建东译：《德国民法总论》，法律出版社 2001 年版，第 11 页。

〔2〕［德］迪特尔·梅迪库斯著，邵建东译：《德国民法总论》，法律出版社 2001 年版。

〔3〕［德］迪特尔·梅迪库斯著，邵建东译：《德国民法总论》，法律出版社 2001 年版，第 12 页。

三、金融法的调整对象

金融法是调整金融关系的法律规范。它的调整对象是金融业务和金融管理活动中形成的各种经济关系。具体来讲，包括以下诸方面：

1. 国家对金融活动的宏观调控关系。金融活动是连接生产、交换、分配、消费各环节的纽带，是国民经济的重要组成部分。金融法作为经济法的组成部分，必然要对整个金融活动进行调控，反映在法律上就是国家不断地进行金融立法，通过法律手段对金融活动进行管理。

2. 中央银行与各金融机构的关系。中央银行是一个国家金融管理活动的中心。中央银行要履行其职能，要对整个金融业进行领导管理和监督，就需要金融法对中央银行与各金融机构形成的关系进行调整，以保证整个金融业健康、稳定发展，以保护各方面的利益。

3. 金融机构与客户之间的关系。资金的融通活动主要是通过金融主体来进行的，这些主体包括金融机构，也包括参与资金融通活动的其他当事人。在资金融通活动中，金融机构与客户之间形成的金融活动关系也必须纳入法律调整的轨道。

4. 金融机构之间的关系。金融机构之间在业务上有往来，相互之间有协作，也有竞争，这种协作与竞争关系由金融法及有关的法律、法规加以调整。

四、金融法的基本原则

所谓法的基本原则，是指能够体现法的基本理念和基本精神，能够指导立法、执法、司法、守法，并贯穿法的始终的，具有普遍指导作用的、最基本的行为准则。金融法的基本原则应当是能够体现金融法律制度的基本理念和基本精神，能够指导金融立法、执法、司法、守法等活动，为从事金融活动所必须遵循的最基本的行为准则。

金融法通过确认金融机构的法律地位，建立功能完整、结构合理的金融机构组织体系；通过规范金融行为，协调金融市场各参与者的利益，提高社会资金的运用效益；通过规范金融监管和调控，建立有效、健全的金融监管和调控体系。因此，作为重要的法律制度，必须确立自己的基本原则。而金融法的基本原则的确立，不仅与一个国家所实行的社会制度有关，而且与一个国家在某一时期的经济发展水平、大政方针和货币政策目标等有着密切关系。

本书认为，我国金融法的基本原则应该表述如下：

（一）稳定币值，促进经济发展的原则

经济的发展与币值的稳定有很大的关系。商品经济的发展，要求货币政策与之相适应，以保持社会资金供应量和社会需求量的基本平衡，这是国民经济协调

发展的必要条件和内在要求。金融法调整的金融关系是社会经济关系的组成部分，金融法作为调整金融关系的法律规范，立法必须体现这一点。保持货币币值的稳定，就是指向流通领域发行的货币数量，必须与商品流通中所需要的货币量相适应。反之，如果货币与商品的比例不符合规律，任意扩大货币的发行，使货币发行量超过了商品流转的需要，必然造成货币贬值、物价不稳，从而破坏国民经济的稳定和发展。

我国的金融立法充分体现了这一原则。《中国人民银行法》第 3 条规定："货币政策目标是保持货币币值的稳定，并以此促进经济增长。"这一规定充分说明了币值稳定与经济发展的关系。

为了保持币值的稳定，必须坚持货币发行的基本原则，即坚持集中统一管理、经济发行的原则。中国人民银行对货币的发行工作实行统一管理，中国人民银行就年度货币供应量、利率、汇率和国务院规定的其他重要事项作出决定，报国务院批准后执行。为了集中管理、发行人民币，中国人民银行设立人民币发行库，在其分支机构设立分库。分支库调拨人民币发行基金时，应当按照上级库的调拨命令办理。任何单位和个人不得违反规定，动用发行基金。

实践证明，只有币值的稳定，国民经济才能稳定、健康、协调发展。因此，金融法应当以此作为基本原则，使其在金融立法中得到体现，在金融执法中得到贯彻。

（二）防范和化解金融风险，维护金融业稳健的原则

金融业是从事货币资金融通的特种行业，是需要时刻面临多种类型风险威胁的高风险行业。这些风险包括信用风险、国家风险（转移风险）、市场风险、利率风险、流动性风险、操作风险、法律风险、声誉风险等。风险的存在，严重影响着金融业的安全运营，并有可能影响到整个社会的经济生活和国家安定，因此，必须加以防范和化解。

维护金融业的稳健，杜绝金融危机，是当今世界各国金融立法追求的目标，也是当前国际金融监管的中心议题。金融业的稳健是经济发展的前提和条件。由于金融业是高风险的产业，系统风险又很大，且金融危机具有超强的传染能力，因此，金融业的稳健运行，对抑制金融危机乃至经济危机的发生都具有至关重要的意义。

我国的金融立法在许多方面都体现出这一原则。如《银行业监督管理法》规定的监管职责中，对金融机构的设立、变更、终止的审批权，对金融机构高级管理人员的任职资格的规定，对金融机构的稽核检查，对金融机构的整顿等，这些也都是对金融业稳健运行的基本要求；在《商业银行法》中，则规定了资产

负债比例管理制度、商业银行的内部监管制度等，这些也都是这一原则的体现。

（三）分业经营和分业管理的原则

从新中国成立后到今天，我国长时间处在计划经济体制之下。这种体制下形成的金融体系在商品经济的环境中逐步显露其缺点。其主要弊端有：中国人民银行既是中央银行，负责领导和管理全国的金融事业，同时又经营一些业务。专业银行政企不分，集政策性金融和商业性金融于一身，严重影响了专业银行商业化。信托、证券、保险与各专业银行的关系没有理顺。交叉经营、混合经营，不利于金融业适应市场经济的发展。

所谓分业经营，是指要明确各金融机构的业务范围。分业管理是指按照不同行业实施不同的管理方法。为此，中国人民银行必须成为真正的中央银行，专业银行必须商业化，政策性金融业务与商业性金融业务要严格分离。信托、保险、证券、银行要明确分工范围，禁止交叉经营、混合经营。

随着我国加入世界贸易组织以及全球经济的一体化，同时，我国的国有专业银行都完成了从国有银行向股份制银行的转变，使分业经营受到了挑战，混业经营越来越成为首选的经营模式，为了适应这一发展趋势，我国在修正有关法律时，都为我国未来的混业经营预留了空间。如《证券法》第 6 条规定："证券业和银行业、信托业、保险业实行分业经营、分业管理，证券公司与银行、信托、保险业务机构分别设立。国家另有规定的除外。"《保险法》第 8 条规定："保险业和银行业、证券业、信托业实行分业经营、分业管理，保险公司与银行、证券、信托业务机构分别设立。国家另有规定的除外。"《商业银行法》第 43 条规定："商业银行在中华人民共和国境内不得从事信托投资和证券经营业务，不得向非自用不动产投资或者向非银行金融机构和企业投资，但国家另有规定的除外。"

（四）保护投资人合法权益的原则

资金的融通是一种互补资金余缺的经济活动，金融机构作为中介人，起着牵线搭桥的作用。它一方面集中社会的闲散资金，另一方面把这些资金组织起来集中贷放，发挥效益。对资金的供应者即投资人利益的保护，直接关系到资金融通活动的成败。所以金融立法和执法活动中必须贯彻保护投资人利益这一基本原则。保护投资者利益，一方面要在立法中明确投资的安全保障；另一方面要加强对资金使用的监督和管理。

1－3　下列哪一个选项是正确的？

A. 金融法是独立的法律部门

B. 金融法是公法

C. 金融法是经济法的部门法

D. 刑法中关于证券犯罪的规定也属于金融法的范畴

________D。①作为独立的法律部门，必须有两个方面的要素：一是有独立的调整对象；二是有自己独特的调整方法。金融法虽然有独立的调整对象，但欠缺独特的调整方法，因此不是独立的法律部门。所以不选A。②金融法既有公法规范，又有私法规范，所以不是完全的公法。所以不选B。③从金融法的调整对象及其规范的内容看，既有经济法规范也有商法规范，所以不选C。④从广义上看，金融法是调整金融关系的法律规范的总称。它既包括有关的金融立法，也包括其他法律中有关金融关系的规范。所以选D。

第二章　中央银行法律制度

■ 第一节　中央银行与中央银行法概述

一、中央银行的概念和种类

（一）中央银行的概念

中央银行是一个国家或者一个区域内，管理金融事业，负责制定或者执行货币信用政策，调节和控制货币流通及信用活动，依法实施金融监管的机关。中央银行在各国的金融体系中居于主导地位，它是现代金融体制的核心，是国家贯彻经济、金融法律、法规和金融政策，实现国家干预经济、管理经济的重要职能机构。

世界上绝大多数国家都设有中央银行，中国人民银行是我国的中央银行。中国人民银行是1948年12月1日在华北银行、北海银行、西北农民银行的基础上合并组成的。1983年9月，国务院决定由中国人民银行专门行使国家中央银行职能。1995年3月18日，第八届全国人民代表大会第三次会议通过了《中国人民银行法》，至此，中国人民银行作为中央银行以法律形式被确定下来。《中国人民银行法》第2条规定："中国人民银行是中华人民共和国的中央银行。中国人民银行在国务院领导下，制定和实施货币政策，防范和化解金融风险，维护金融稳定。"

（二）中央银行的种类

1. 体制分类。从体制上分类，可以把中央银行分为集中制、复合制和跨国制的中央银行。集中制中央银行是指在一个国家内单独设立中央银行，并根据需要设置多个分支机构，实行高度集中、统一管理的银行。实行这种机构组织制度，便于中央银行对整个金融业实行集中领导，保证整个国家金融业监督管理的统一性。中央银行的机构组织制度，是国家政治制度和经济制度在中央银行组织上的具体体现。在政治制度和经济制度上实行集中统一管理的国家，其中央银行也多实行集中制的机构组织制度。目前，世界大多数国家的中央银行都实行这种组织制度。

复合制中央银行是指在一个国家内单独设立中央银行，但却在中央和地方分别设立多级相对独立的中央银行机构，各级中央银行形成一个复合体，共同执行中央银行的职能。它的中央机构是全国金融业的最高权力机构、决策机构和管理机构；地方机构并不完全是中央机构的下级机构，不完全隶属于中央机构，它在本辖区内拥有较大的权力，同中央机构保持一定的独立性。在政治制度上实行联邦制，或在经济组织上地方独立性较强，同时又按地方行政区划设立中央银行的分支机构的国家，其中央银行多采取复合制的组织形式，以同其政治和经济制度相适应。目前世界上也有许多的国家实行这种组织制度。

跨国制中央银行是指几个国家共同成立一个统一的货币联盟，由该联盟或联盟所属的中央银行对所有成员国执行中央银行职能的中央银行组织机构制度。实行这种中央银行组织制度的国家，主要包括两种基本情况：①几个政治经济状况发展比较平衡，在地域上和经济上联系密切，具有共同政治经济利益的国家；②一些国土面积较小、经济实力较弱的国家，为稳定国家金融经济秩序，增强国家在国际竞争中的实力，而与在贸易和金融上具有密切联系的经济发达的相邻国家之间建立货币联盟，以协调它们之间的货币政策，达到与该发达国家的货币保持固定水平、防止通货膨胀和简化组织机构的目的。

2. 业务分类。根据业务经营关系上的不同，可以将中央银行分为单一制、混合制的中央银行。单一制中央银行是指在机构和业务上，同普通的金融机构严格分开，不经营普通金融机构业务，专门行使中央银行职能的中央银行。这种组织形式的中央银行在业务上，除对政府和普通的金融机构办理货币信用业务外，不对普通产业单位和社会公众办理货币信用业务。实行单一制中央银行业务制度，有利于国家法律对中央银行业务进行专门规范，有利于在法律上确定中央银行的性质和它与政府的关系，有利于协调中央银行与整个金融业的关系。同时，也有利于其政府职能的行使，有利于科学地实施对整个金融部门的监督管理，有利于合理地调节、控制国民经济的运行和增长状况。我国的中央银行是单一制中央银行，《中国人民银行法》第30条规定，中国人民银行不得向地方政府、各级政府部门提供贷款，不得向非银行金融机构以及其他单位和个人提供贷款。中国人民银行不得向任何单位和个人提供担保。此外在其他法规中还规定其也不得办理其他单位和个人的商业性业务。可见，我国的中央银行是单一制中央银行。混合制中央银行是指中央银行在机构和业务上，并没有同普通金融机构进行严格的区分，并不专门行使中央银行职能的中央银行。这种类型的中央银行既执行中央银行的职能，对政府、普通金融机构办理货币信用业务，同时又对普通产业单位和社会公众办理货币信用业务，执行普通金融机构的职能。实行这种中央银行业务制度，有利于对银行业务实行统一的管理，可以保证货币政策的可靠实施。但这种业务制度下，中央银行和商业银行不分，容易弱化银行的资产责任，降低社会资金的经济效益。同时，也不利于国家法律对中央银行业务进行专门规范，不利于在法律上确定中央银行的地位，以及它与政府和金融业务的关系。

3. 资本分类。根据不同国家的中央银行在其经营资本方面的规定不同，可以将中央银行分为完全国有制中央银行、部分国有制中央银行和非国制有中央银行。完全国有制中央银行，是指其全部资本归国家所有的中央银行。由于早期出现的中央银行，多是通过法律赋予原有商业银行履行中央银行职能的形式建立起来的，因此，多是采取国家收购其股份的形式实现资本的国有化。而对于新设立的银行，其设立时就由国家直接投资，故没有出现过渡阶段。中央银行资本采取完全国有的形式，有利于在法律上明确中央银行的性质和中央银行与政府之间的关系，有利于确定中央银行和其他金融机构的关系，更大限度地发挥中央银行各项职能作用。目前，世界多数中央银行的资本，都采取完全国有的形式。我国中央银行是完全国有制的中央银行，《中国人民银行法》第8条规定，中国人民银行的全部资本由国家出资，属于国家所有。部分国有制中央银行，是指由国家掌握其部分资本所有权，而另一部分资本所有权则由非国有机构掌握的中央银行。这种资本结构的中央银行，多是在对原有商业银行改组的基础上，通过国家收购其中一部分原有商业银行的股份建立起来的。有的中央银行，其国有资产占绝对控股比例，有的则不占绝对控股比例。在这些中央银行中，国家法律往往对民间持股数额有一定的限制，从而保证国家管理上的绝对领导权。即使国有股份不占绝对控股地位，按照中央银行法律制度的规定，民间股东在中央银行中，也不享有决策权和管理权，只能按规定获取股息。非国有制的中央银行，是指其全部资本都归民间所有，由非国有机构掌握其资本所有权的中央银行。这种资本结构的中央银行，是在对原有商业银行改组的基础上建立起来的。在改组的过程中，只对其职能和股东权益在法律上进行了特殊规定，并没有改变原商业银行的资本结构。事实上，中央银行作为国家监督管理金融业的特殊金融机构，无论资本的归属关系如何，其决策权和经营管理权都完全属于国家或政府，民间股东无权参与中央银行的经营管理和决策。〔1〕

二、中央银行的产生和发展

（一）中央银行产生的经济背景

中央银行产生于17世纪后半期，形成于19世纪初叶，它产生的经济背景

---

〔1〕 刘亚天、刘少军主编：《金融法》，中国政法大学出版社2002年版，第34页。

如下：

1. 商品经济的迅速发展。18 世纪初，西方国家开始了工业革命，社会生产力的快速发展和商品经济的迅速扩大，促使货币经营业越来越普遍，而且日益有利可图，人们由此产生了对货币财富进行控制的欲望。

2. 资本主义经济危机的频繁出现。资本主义经济自身的固有矛盾必然导致连续不断的经济危机。面对当时状况，资产阶级政府开始从货币制度上寻找原因，企图通过发行银行券来控制、避免和挽救频繁的经济危机。

3. 银行信用的普遍化和集中化。资本主义产业革命促使生产力空前提高，生产力的提高又促使资本主义银行信用业蓬勃发展。主要表现在：一是银行经营机构不断增加；二是银行业逐步走向联合、集中和垄断。

（二）中央银行产生的客观要求

资本主义商品经济的迅速发展，经济危机的频繁发生，银行信用的普遍化和集中化，既为中央银行的产生奠定了经济基础，又为中央银行的产生提供了客观要求。

1. 政府对货币财富和银行的控制。资本主义商品经济的迅速发展，客观上要求建立相应的货币制度和信用制度。资产阶级政府为了开辟更广泛的市场，也需要有巨大的货币财富作后盾。

2. 统一货币发行。在银行业发展初期，几乎每家银行都有发行银行券的权力，但随着经济的发展、市场的扩大和银行机构增多，银行券分散发行的弊病就越来越明显，客观上要求有一个资力雄厚并在全国范围内享有权威的银行来统一发行银行券。

3. 集中信用的需要。商业银行经常会发生营运资金不足、头寸调度不灵等问题，这就从客观上要求中央银行的产生，因为它既能集中众多银行的存款准备，又能不失时机地为其他商业银行提供必要的周转资金，为银行充当最后的贷款人。

4. 建立票据清算中心。随着银行业的不断发展，银行每天收受票据的数量增多，各家银行之间的债权债务关系复杂化，由各家银行自行轧差进行当日清算已发生困难。这种状况客观上要求产生中央银行，作为全国统一的、有权威的、公正的清算中心。

5. 统一金融管理。银行业和金融市场的发展，需要政府出面进行必要的管理，这要求产生隶属政府的中央银行这一专门机构来实施政府对银行业和金融市场的管理。

（三）中央银行的历史沿革

中央银行从产生到今天，经历了几百年的曲折历程，这个发展进程大致可以分为初创、成长和成熟三个主要阶段。从 17 世纪末到 19 世纪 70 年代是中央银行的初创阶段。萌芽初创阶段的中央银行，尚不完全具备中央银行的全部职能。1688 年，瑞士将成立于 1656 年的一家商业银行——里克斯银行改组为国家银行。它是欧洲第一家发行银行券的银行，也是这一时期最早出现的处于中央银行萌芽阶段的银行。1694 年，根据议会法案英格兰银行成立，为解决政府战争经费筹集资金，并对工厂企业发放贷款，逐步发展成为英国的中央银行。英格兰银行被公认为是中央银行的先驱。

从 19 世纪 70 年代到 20 世纪 30 年代末是中央银行成长的完善阶段。这一阶段与第一次世界大战后在布鲁塞尔召开的国际金融会议有关。布鲁塞尔会议决议强调现代经济实行中央银行制度的必要性；建议未建立中央银行的国家尽快建立中央银行，已经建立中央银行的国家应该进一步发挥它的作用，以利于世界经济和贸易的往来与合作，并强调中央银行有独立执行货币政策的权利。这就为各国中央银行的建立和发展提供了重要的理论依据。同时，这一时期，英格兰银行创立了管理商业银行的一整套办法，使其成为真正的中央银行。它为世界各国中央银行组织管理的完善提供了成功的模式。

从 20 世纪 40 年代至今，是中央银行发展的成熟阶段。这一阶段，中央银行已经从稳定金融、控制货币发行发展为在整个宏观经济中执行货币政策、调解经济发展的重要机构。特别是第一次世界大战以后，银行国有化加强，并由政府出资全面控制中央银行。同时各国纷纷制定新的银行法，从法律上保障了中央银行的权威地位。

（四）我国中央银行的历史

1. 清政府时期的中央银行。我国清政府在 1905 年 8 月在北京开设户部银行，它是清末官商合办的银行，模仿西方国家中央银行而建立，应该说是我国最早的中央银行。1908 年，户部银行改为大清银行。

2. 北洋政府时期的中央银行。在辛亥革命时期和北洋政府时期，大清银行经过改组成为中国银行。而在北洋政府时期，由于交通银行的设立使得我国有了两家中央银行性质的银行，虽然交通银行设立之初是以商业银行的面目出现，但在 1918 年它取得了与中国银行同等的发行货币的权限，也就使其具有了中央银行的职能。

3. 广东革命政府的中央银行。1924 年 8 月，孙中山领导的广东革命政府在广州创立中央银行。1926 年 7 月，国府移迁武汉，同年 12 月在汉口设中央银行。

原广州的中央银行改组为广东省银行。1928 年，汉口中央银行停业。

4. 国民党时期的中央银行。1928 年 11 月 1 日，南京国民政府成立中央银行，总行设在当时全国的经济金融中心——上海，并在全国各地设有分支机构，法定中央银行为国家银行，行使中央银行职责。

5. 革命根据地的中央银行。1927 年大革命失败，共产党在建立根据地以后，就成立了人民的银行，发行货币。1932 年 2 月 1 日，苏维埃国家银行正式成立，苏维埃国家银行还在各地设分支机构，以带动根据地银行走向集中和统一。1934 年 10 月，苏维埃国家银行跟随红军长征而转移，1935 年 11 月，它改组为中华苏维埃共和国国家银行西北分行。同年 10 月，国家银行西北分行改组为陕甘宁边区银行，总行设在延安。随着解放战争的胜利，解放区迅速扩大并逐渐连成一片，整个金融事业趋于统一和稳定。1948 年 12 月 1 日，成立中国人民银行。

6. 新中国的中央银行。新中国成立后，中央银行的发展经历了三个不同的阶段，这个过程也是中国人民银行逐步成为中央银行的过程。第一阶段，1948 ~ 1978 年的中国人民银行。1948 年 12 月 1 日，中国人民银行在石家庄正式宣告成立。1949 年 2 月，中国人民银行总行随军迁入北京，以后按行政区设立分行、中心支行和支行（办事处），支行以下设营业所，基本上形成了全国统一的金融体系。这一时期的中国人民银行，一方面集中了全国全部农业、工业、商业短期信贷业务和城乡人民储蓄业务；同时，既发行全国唯一合法的人民币，又代理国家财政金库，并管理金融行政，这就是所谓的“大一统”的中央银行体制。第二阶段是改革初期的中国人民银行。在中国共产党十一届三中全会后，各专业银行和其他金融机构相继恢复和建立，对过去“大一统”的银行体制有所改良。但从根本上说，在中央银行的独立性、宏观调控能力和政企不分等方面并无实质性进展。同时，随着各专业银行的相继恢复和建立，一个真正的中央银行呼之欲出。第三阶段，中央银行的改革进入实质性阶段。1983 年 9 月，国务院决定由中国人民银行专门行使中央银行的职能，不再兼办工商信贷和储蓄业务，专门负责领导和管理全国的金融事业。1995 年 3 月 18 日颁布并实施的《中国人民银行法》，标志着中国人民银行作为国家中央银行地位的正式确立。从 1998 年 10 月始，中国人民银行及其分支机构在全国范围内进行改组，撤销中国人民银行省级分行，在全国设立 9 个跨省、自治区、直辖市的一级分行，并重点加强对辖区内金融业的监督管理。

三、中央银行的职能

中央银行的性质具体体现在其职能上，中央银行有发行的银行、政府的银行、银行的银行、调控和金融监管的银行这四大职能。

（一）中央银行是发行的银行

中央银行垄断货币的发行权，是全国唯一的现钞发行机构。我国的《中国人民银行法》第18条规定："人民币由中国人民银行统一印制、发行。中国人民银行发行新版人民币，应当将发行时间、面额、图案、式样、规格予以公告。"

（二）中央银行是银行的银行

作为银行的银行，中央银行办理"存、放、汇"业务，但该业务的对象不是一般企业和个人，而是商业银行与其他金融机构。作为金融管理的机构，这一职能具体表现在集中存款准备、最终贷款人、组织全国的清算三个方面。

（三）中央银行是政府的银行

这一职能主要表现在以下几个方面：代理国库；代理国家债券的发行；向国家给予信贷支持；保管外汇和黄金准备；接受授权制定金融管理法规。此外，中央银行还代表政府参加国际金融组织，出席各种国际会议，从事国际金融活动以及代表政府签订国际金融协定；在国内外经济金融活动中，充当政府的顾问，提供经济、金融情报和决策建议。

（四）中央银行是调控和监管的银行

调控和监管是中央银行成熟的标志，也是中央银行最重要的职能，是传统三大职能以外的完善和发展。中央银行的金融调控职能，就是通过制定和执行货币政策，影响商业银行创造货币的基础和能力，实现货币供应总量的调节与控制，并引导资金的流向，促进产业和产品结构的合理化，为国民经济的持续、健康、稳定、协调发展创造条件。同时，它通过依法制定金融业务规章，检查和稽核金融机构的活动，查处金融违法违规行为，来保证金融机构的合法稳健运行，防范金融风险。

四、中央银行法的立法宗旨

中国人民银行法的立法宗旨主要体现在以下四个方面：

（一）确立中国人民银行的地位，明确其职责

中国人民银行自1948年12月1日成立以来，在我国社会主义革命和社会主义建设中发挥着重要的作用。但是，改革开放前，银行在计划经济体制下，其作为金融管理机构所起到的作用有较大的局限性，表现在：银行管理体制高度集中统一，机构单一，业务范围狭窄，中央人民银行的地位没有明确的法律规定。党的十一届三中全会召开以后，我国的金融体制开始改革，金融业迅速发展，金融已成为国民经济的枢纽，其重要地位日益提高，金融部门逐渐成为国家对经济宏观调控的主要部门。1983年9月17日，国务院发布了《关于中国人民银行专门行使中央银行职能的决定》，该决定明确规定，中国人民银行是国务院领导的管

理全国金融事业的国家机关，不对企业和个人办理信贷业务，集中力量研究和做好全国金融的宏观决策，加强信贷资金管理，保持币值稳定。同时规定了中国人民银行的具体职能。中国人民银行专门行使中央银行职能的这一重大改革，奠定了我国金融体制改革的基础，从此改变了“大一统”的银行体系和资金管理体制，金融机构迅速增加，金融业务不断扩大，金融市场日益发展，逐步形成了以中国人民银行为领导，各专业银行为主体，多种金融机构并存，分工协作的金融组织体系。1986 年 7 月 1 日国务院发布的《中华人民共和国银行管理暂行条例》，是第一部关于金融管理方面的较为系统的、综合性的行政法规，其以法规的形式明确规定了中国人民银行的地位、性质和职能。该条例规定：中国人民银行是国务院领导和管理全国金融事业的国家机关，是国家的中央银行。该条例的颁布和实施，对我国金融体制改革和中央银行法律制度的建立起到了积极的作用。随着我国市场经济及金融市场的发展，中央银行职能的逐步转变，中国人民银行在国家经济宏观调控中的作用越来越重要，以法律的形式规范中国人民银行的性质、地位和职能，保障中国人民银行制定和执行货币政策的科学性、权威性，保证金融体系稳健运行也提上了议事日程。1995 年 3 月 18 日《中国人民银行法》颁布并实施，第一次以法律的形式明确规定了中国人民银行的法律地位及其主要职能，该法规定：中国人民银行是中华人民共和国的中央银行。中国人民银行的主要职能是：在国务院领导下，制定和实施货币政策，对金融业实施监督管理。《中国人民银行法》实施近十年后，为了适应金融监督管理体制改革的需要，国务院增设中国银行业监督管理委员会，履行原由中国人民银行履行的监督管理职能，根据这一机构及监管职能的变化，《中国人民银行法》进行了适时的修改。《中国人民银行法》是金融法律体系中的重要法律。制定和修改《中国人民银行法》，旨在根据我国市场经济发展和金融体制改革的需要，更加明确中央银行在国家组织机构中的地位和职能，突出中国人民银行作为中央银行在制定和执行货币政策，不断完善有关金融机构的运行规则，更好地发挥其宏观调控和防范金融风险中的作用。

（二）保证国家货币政策的正确制定和执行

制定和执行国家货币政策是中央银行最重要的职能。货币政策是指国家为实现特定的宏观经济目标而采取控制和调节货币供应量的方针政策的总称，包括货币政策目标、货币政策手段以及这些手段的机制作用的调节过程。中央银行制定和执行国家货币政策所要达到的目的被称为货币政策目标。关于中央银行的货币政策目标，各国中央银行法的表述各有不同，归纳起来一般有四个，即稳定物价（又称稳定币值）、充分就业、促进经济增长和平衡国际收支。我国法律规定的国家货币政策目标是：保持货币币值的稳定，并以此促进经济增长。中央银行就是要为实现这一国家货币目标，制定和执行相关的货币政策，并且要采取各种有效的措施以保证国家货币政策的贯彻实施。

（三）建立和完善中央银行宏观调控体系

金融是现代经济的核心，金融工作关系国民经济和社会发展全局。世界各国建立中央银行的目的主要有两个：一是让中央银行代替政府进行金融行政管理，履行部分政府职能；二是作为政府干预经济的工具。在现代经济生活中，国家越来越重视运用货币政策对国家经济生活进行直接或间接干预。于是，国家对于中央银行所起的作用越来越重视，并赋予中央银行对金融业的宏观调控权，使其切实成为金融管理方面的最高行政管理机构，成为贯彻国家金融政策、实现国家意图、干预经济生活的重要工具。

在我国，随着社会主义市场经济体制的建立和完善，尤其是银监会将中国人民银行对银行、资产管理公司、信托投资公司及其他存款类金融机构的监管职能分离出来以后，中国人民银行作为中央银行在宏观调控体系中的作用将更加突出，人民银行可以通过加强制定和执行货币政策，不断完善有关金融机构运行规则和改进对金融业的宏观调控政策等职能工作中，更好地发挥中央银行在宏观调控和防范与化解金融风险中的作用。中国人民银行法的立法目的之一，就是要建立和完善中央银行的宏观调控体系，通过组织机构的完善、货币政策的制定和执行、业务的监督管理及法律责任等方面的具体规定实现这一立法宗旨。

（四）维护金融稳定

金融是国民经济和世界经济的命脉和血脉，在市场经济的环境下，金融风险是绝不能忽视的。金融是否稳定关系到国家社会、经济的发展和稳定，因此维护金融稳定是制定银行法所必须考虑的问题。《中国人民银行法》第 2 条第 2 款规定，中国人民银行在国务院领导下，制定和执行货币政策，防范和化解金融风险，维护金融稳定。金融市场的稳定、规范和发展在国家经济和社会发展中具有很重要的作用，要加强对银行宏观风险的监管和调控，确保金融机构安全、稳定和高效运行，提高防范化解金融风险的能力，维护国家金融安全。

2－1　下列哪些选项是错误的？

A. 1995 年 3 月 18 日《中国人民银行法》公布后，中国人民银行成为中央银行

B. 中国人民银行是单一制的银行

C. 我国的货币政策目标有两个：稳定币值和促进经济增长

D. 中国人民银行作为银行的银行主要职责是批准商业银行的设立和终止

______ ACD。①1983年国务院发布了《关于中国人民银行专门行使中央银行职能的决定》，该决定明确规定，中国人民银行是国务院领导管理全国金融事业的国家机关，不对企业和个人办理信贷业务，是国家的中央银行。所以选A。②《中国人民银行法》第30条规定，中国人民银行不得向地方政府、各级政府部门提供贷款，不得向非银行金融机构以及其他单位和个人提供贷款。中国人民银行不得向任何单位和个人提供担保。此外在其他法规中还规定其也不得办理其他单位和个人的商业性业务。可见，我国的中央银行是单一制中央银行。所以不选B。③《中国人民银行法》第3条规定："货币政策目标是保持货币币值的稳定，并以此促进经济增长。"从这一规定看，我国的货币政策目标只有一个，即稳定币值。通过稳定币值来促进经济增长。所以选C。④《银行业监督管理法》规定，商业银行的设立和终止由国务院银行业监督管理机构审批，我国银行业金融管理机构是银行业监督管理委员会，不是中国人民银行。所以选D。

■ 第二节　中央银行的法律地位

一、中央银行的法律性质

中央银行的法律性质，是指一个国家的中央银行法律制度规定的中央银行区别于其他金融机构的根本属性。具体来讲，是指中央银行作为国家金融体系的核心，是属于行政机关还是属于其他市场主体。从世界各国的中央银行制度来看，虽然其规定并不是完全一致的，但一般都赋予其独立的法人地位，可以独立享有权利并承担责任。它既是整个国家或社会一定范围内监督管理金融业，特别是银行业的特殊金融机构，又是调节控制经济运行和增长的特殊政府机构。

(一) 特殊的金融机构

中央银行是社会货币信用关系高度发展的产物，是为了克服货币危机和经济危机，逐渐从普通银行中分离出来的金融机构。它是特殊的金融机构，这主要表现在它是办理政府业务的金融机构，是国家所有的金融机构，是双重领导的金融机构三个方面。中央银行是办理政府业务的金融机构，它的货币发行职能、货币供应调控职能、代理国库职能和代理政府各种金融事务职能，都是政府经济职能的重要组成部分，这些职能是普通金融机构不可能具备的，普通金融机构的基本职能是通过货币流通和货币信贷业务，为普通社会主体提供金融服务。

中央银行是国家所有的金融机构，世界各国和各区域的中央银行基本上都是由国家出资设立的。那些由普通商业银行改造而成的中央银行，也普遍实现了银行资本的国有化。并且，即使是非国有股份占绝对多数的中央银行，他们的股份也既无决策权又无经营管理权，实际上只相当于无期债权。因此，无论中央银行资本的实际拥有状况如何，它都是国家所有的金融机构。中央银行是双重领导的金融机构，许多国家的法律都明确规定，它要受到最高权力机关和行政机关的双重领导，它们之间的区别主要表现为，在国家机关和行政机关之间的侧重。

（二）特殊的政府机构

中央银行在性质上虽然同国家其他政府机构具有共性，但它又不同于普通的政府机构。这主要表现在它是办理金融业务的政府机构，是以间接调控为主的政府机构，是具有特殊地位的政府机构。首先，它是办理金融业务的政府机构。按照有关的法律规定，政府机构不得直接从事任何经营性活动，政府业务经费的来源是国家财政的经费拨款，禁止任何政府机构非法从其行政管理活动中向被管理单位收费。中央银行虽然也是政府机构，但法律不仅允许其办理货币信用业务，如存款、放款、贴现、清算等。并且，在财务收支上还实行资产负债管理，它不仅拥有自己的资本，还有自身的收益和利润，这同其他政府机构是有明显区别的。

政府机构行使其职能主要是采取行政手段，中央银行履行其政府职能则主要通过货币信用活动来实现。按照国家有关法律规定，它的职能实现方式是以经济手段为主，它的调节、控制工具主要是金融经济杠杆，这同以直接调控手段为主的普通政府机构是有明显区别的。此外，由于中央银行职能和业务的特殊性，它具有相对独立的法律地位。既不完全隶属于政府机构，也不完全隶属于国家权力机关。它的领导人任免、货币政策实施和监督制约关系等，都不像普通政府机构完全对政府负责。因此，它既是特殊的金融机构，也是特殊的政府机构。

二、中央银行与政府的关系

中央银行与政府的关系，不仅决定着中央银行的法律地位，也决定着它在社会经济调节控制中的地位和作用，决定着其业务活动的科学性和有效性。

（一）中央银行与政府关系的类型

中央银行和政府的关系主要表现在中央银行与政府的隶属关系，中央银行与政府的责任关系，中央银行与政府间的资金关系，以及主要负责人的任命及职权关系等方面。由于世界各国政治经济体制、法律制度体系以及中央银行产生和发展的历程不同，总的来讲，可以将其分为基本独立型、相对独立型和非独立型三种基本模式。基本独立型中央银行，在法律上与政府机构不存在任何隶属关系。这种中央银行仅对国家权力机关负责，或者不对任何国家机关负责。可以独立地制定货币政策，并采取相应的政策措施运用货币政策工具。政府机关不得直接对它发布命令，不得直接干涉其货币政策的制定和实施。这种类型的中央银行也应与政府的有关部门保持密切的联系，如果中央银行与政府发生矛盾，则应通过双方协商的办法来解决。在中央银行与政府的资金关系上，中央银行独自享有货币发行权，政府财政部门不能要求中央银行为其透支、垫款。

相对独立型中央银行，在法律上与其他政府机构存在一定的隶属关系。有的国家法律规定财政部门直接管辖中央银行，有的国家法律规定中央银行隶属于国家最高行政机关，这些行政机关有权在一定程度上对中央银行发布命令、指示，中央银行也必须在一定范围内服从这些行政机关的领导。但中央银行的主要领导人则由国家权力机关任命，并在国家相应行政机关中担任重要职务。使其在实际工作中既保持相对的独立性，同时在制定和实施其货币政策的过程中，又能够与政府的其他经济政策进行有效的配合。在它与政府的资金关系上，中央银行多享有主要的货币发行权，不能为财政部门提供长期贷款，但可以提供头寸短缺融资。

非独立型的中央银行，在法律上同其他政府机构存在完全的隶属关系，在实际工作中也没有较大的独立性。中央银行必须接受政府最高行政机关的有关命令和指示，中央银行货币政策的制定与实施，中央银行采取的政策措施、运用的货币政策工具等都需要经政府批准，政府有权终止和推迟中央银行决议的执行。在它与政府的资金关系上，中央银行多享有主要的货币发行权，并可以为财政部门提供短期贷款，承销和认购政府债券。中央银行的主要领导人由政府任命。这种类型的中央银行主要适用于国家政治经济状况不够稳定，政府权力相对较大的政治制度。但它可能会因政府的短期行为，加剧国家金融经济不稳定的状况。

（二）我国中央银行与政府的关系

我国的中央银行直属国务院领导，但同时它还要受到国家权力机关的指导与监督，以保证其成为具有相对独立性的中央银行。首先，我国的中央银行与政府具有密切的关系。《中国人民银行法》第2条规定：中国人民银行在国务院领导下，制定和执行货币政策，防范和化解金融风险，维护金融稳定。《中国人民银行法》第5条规定，中国人民银行就年度货币供应量、利率、汇率和国务院规定的其他重要事项作出的决定，报国务院批准后执行。中国人民银行就前款规定以外的其他有关货币政策事项作出决定后，即予以执行，并报国务院备案。这些规定保证了政府对中央银行的领导权，以便使中央银行的业务政策和业务活动能够与政府的经济政策保持协调，共同促进国民经济的健康稳定发展。

但同时《中国人民银行法》第3条又规定，货币政策目标是保持货币币值的稳定，并以此促进经济增长。保持货币币值稳定又往往同政府的日常行政目标发生矛盾，政府的行政目标取向往往是以牺牲币值稳定而保证经济增长。因此，必须在法律上保证中央银行能够相对独立地制定和实施货币政策，使中央银行相对独立于政府。为保证中央银行能够相对独立于政府，《中国人民银行法》第6条规定，中国人民银行应当向全国人民代表大会常务委员会提出有关货币政策情况和金融业运行情况的工作报告。在《中国人民银行法》第7条中规定，中国人民银行在国务院的领导下依法独立执行货币政策，履行职责，开展业务，不受地方政府、各级政府部门、社会团体和个人的干涉。《中国人民银行法》第29条规定，中国人民银行不得对政府财政透支，不得直接认购、包销国债和其他政府债券。《中国人民银行法》第10条还规定，中国人民银行行长的人选，根据国务院总理的提名，由全国人民代表大会决定；全国人民代表大会闭会期间，由全国人民代表大会常务委员会决定，由中华人民共和国主席任免。中国人民银行副行长由国务院总理任免。这些规定既提出了独立性原则，又体现了与政府“相对”独立的精神。

三、中央银行与金融业的关系

中央银行与金融业的关系，具体表现为中央银行与普通金融机构的关系。这种关系不仅决定着中央银行在国民经济中的地位和作用，也决定着它在金融部门内部的法律地位和作用，决定着中央银行实施金融监督管理的方式和方法，决定着中央银行货币政策的科学性和有效性。中央银行与金融业的关系可以表现在许多方面，从各国相关的金融法律制度来看，中央银行与金融业的关系主要表现在三个方面，即货币发行关系、银行信贷关系和政府职能关系。

（一）货币发行关系

中央银行与金融业的货币发行关系，是指中央银行作为货币发行银行和货币的来源与归宿，同普通金融机构之间所发生的关系。这种关系主要表现在货币的发行与回笼和货币的流通状况的调控两个方面。中央银行作为货币发行的银行，它是一切货币资金的来源，普通金融机构的任何货币资金最终都来源于中央银行。《中国人民银行法》第16、18条规定，中华人民共和国的法定货币是人民币，人民币由中国人民银行统一印制、发行。但是，中央银行发行的货币，是通过普通金融机构的业务活动进入流通的，流通中的货币也是通过普通金融机构的各项业务活动，最终重新回笼到中央银行的。并且，中央银行不仅负责货币的发行，同时还通过各种货币政策工具，时刻调控着流通中的货币的数量和结构，从而调节、控制着金融机构的业务活动。

（二）银行信用关系

中央银行与金融业的银行信用关系，是指中央银行把普通金融机构作为自己的客户所发生的关系，这种关系具体包括存款关系、贷款关系和结算关系。中央银行和普通金融机构间的存款关系主要包括普通金融机构向中央银行缴存存款准备金关系、清算资金存款关系和金融机构资金往来关系等。中央银行与普通金融机构之间的结算关系主要表现为，普通金融机构必须在中央银行开立账户，以通过中央银行这个清算中心，集中办理存款货币流通结算关系。

（三）监督管理关系

中央银行与金融业的监督管理关系，具体体现为中央银行作为国家和政府的银行与普通金融机构之间的关系，它是指中央银行不仅把普通金融机构作为自己的客户，并且也将其作为监督管理的对象，行使国家金融监管机关的职能。中央银行在行使其经济调控职能的同时，为维护正常金融运行秩序，防止因金融紊乱对国民经济发展造成的不良影响，要代表国家制定有关金融监管方面的政策制度，确立整个社会金融业务活动的准则，并据此对普通金融机构依法进行管理和监督检查。如《中国人民银行法》第34条规定："当银行业金融机构出现支付困难，可能引发金融风险时，为了维护金融稳定，中国人民银行经国务院批准，有权对银行业金融机构进行检查监督。"从而达到既稳定正常的金融经济运行秩序，又促进经济高速、稳定、协调增长的目的。

2-2　下列有关中国人民银行法律地位正确的说法是：

A. 中国人民银行是国家的综合性银行

B. 中国人民银行是国家机关法人

C. 中国人民银行对金融机构出现支付困难时有权进行接管

D. 中国人民银行有权要求银行业报送财务会计报表

________ BD。①《中国人民银行法》第2条规定："中国人民银行是中华人民共和国的中央银行。"所以它不是综合性的银行。因此，不选A。②作为一个国家的中央银行，中国人民银行具有独立的法人资格，尽管其不同于一般的国家机关，是特殊的金融机构，但仍然不改变其国家机关的性质。所以选B。③《中国人民银行法》第34条规定："当银行业金融机构出现支付困难，可能引发金融风险时，为了维护金融稳定，中国人民银行经国务院批准，有权对银行业金融机构进行检查监督。"因此，即使是检查，也需要由国务院批准，至于接管的权限则由国务院银行业监督管理机构实行。所以不选C。④《中国人民银行法》第35条规定："中国人民银行根据履行职责的需要，有权要求银行业金融机构报送必要的资产负债表、利润表以及其他财务会计、统计报表和资料。”所以选 D。

■ 第三节 中央银行的职责

一、发布与履行职责有关的命令和规章

所谓“与履行职责有关的”，是指在中国人民银行与国务院银行业监督管理委员会职责分开以后，中国人民银行的主要职责是制定和执行货币政策，进行宏观调控。

二、依法制定和执行货币政策

货币政策是指国家为实现特定的宏观经济目标而采取控制和调节货币供应量的方针政策的总称，包括货币政策目标、货币政策手段以及这些手段的机制作用的调节过程。中国人民银行要通过存款准备金、确定基准利率、向商业银行提供贷款、再贴现、公开市场业务等货币政策工具的操作，实现货币政策的目标。《中国人民银行法》第 3 条规定：“货币政策的目标是保持货币政策的稳定，并以此促进经济增长。”

三、发行人民币，管理人民币流通

货币发行是中央银行的基本职能。中国人民银行作为我国的中央银行，发行与管理人民币也是其法定职责。《中国人民银行法》第 5 条第 1 款规定：“中国人民银行就年度货币供应量、利率、汇率和国务院规定的其他重要事项作出决定，报国务院批准后执行。”中国人民银行有权发行人民币，是国家的惟一的货币发行机构，除中国人民银行以外的任何单位、个人或者其他组织不得发行人民币。中国人民银行不仅负责人民币的发行，还要管理好人民币的流通。依法及时收回、销毁残缺、污损的人民币。同时，为了确保人民币的法律地位，《中国人民银行法》和《中华人民共和国刑法》对货币的流通和管理都作出了禁止性规定。比如，《中国人民银行法》第 19 条规定：“禁止伪造、变造人民币。禁止出售、购买伪造、变造的人民币。禁止运输、持有、使用伪造、变造的人民币。禁止故意毁损人民币。禁止在宣传品、出版物或者其他商品上非法使用人民币图样”。第 20 条规定：“任何单位和个人不得印制、发售代币票券，以代替人民币在市场上流通。”

四、监督管理银行间同业拆借市场和银行间债券市场

1995 年制定《中国人民银行法》时，银行间同业拆借市场和银行间债券市

场尚未形成。当时，银行间的同业拆借量并不大，尚未形成同业拆借市场；银行间发行金融债券当时还未出现。现在，同业拆借的业务活动已十分普遍，银行间发行金融债券普遍增多，银行间同业拆借市场和银行间债券市场都已形成，因此需要规范化管理。

五、实施外汇管理，监督管理银行间外汇市场

外汇存储、外汇的汇出汇入、购入外汇、人民币与外汇的兑换等活动，以及银行间的外汇买卖等，均由中国人民银行管理。具体说来，是由中国人民银行的行管局外汇管理局管理。外汇之间的买卖、兑换等由银行业监督管理机构监督管理。

六、监督管理黄金市场

黄金市场是指黄金买卖和兑换的交易市场。根据我国法律的有关规定，国家对金银实行统一管理、统购统配的政策。黄金管理的主管机关是中国人民银行。中国人民银行不仅负责国家的黄金储备，还负责收购与配售；会同国家物价主管机关制定和管理黄金的收购与配售价格；会同国家有关主管机关审批经营金银制品等。根据有关规定，国家工商机关、海关等单位在金银管理中也有相应的职责，但黄金市场主要、并且一直由中国人民银行监督管理。

七、持有、管理、经营国家外汇储备、黄金储备

外汇储备，指一国政府所持有的国际储备资产中的外汇部分，它是国际收支最后结算手段的可兑换货币，其主要作用是：国际收支逆差和干预外汇市场，以维护本国货币的汇率。一般包括国际上广泛使用的可兑换货币。黄金储备是指一国政府为了应付国际支付和维护货币信用而储备的金块、金币总额。虽然黄金的作用目前已削弱，但仍然是主要的国际储备资产和国际结算的最后手段。一国黄金储备的多少关系到它的国际支付能力和本国货币的国际信用。因此，外汇、黄金始终是稳定纸币的重要储备，为了集中储备、调节资金、改善结构、稳定金融市场的币值，各国银行法一般都明确规定中央银行负责掌管外汇储备、黄金储备，在必要时可以开展外汇、黄金的买卖业务。

八、经理国库

中央银行作为政府的银行，一般都被授权经理国库，即政府财政的收支由中央银行代理完成。同时，那些依靠国家财政拨款的行政、事业单位，必须将有关款项交由中央银行保存，中央银行对此一般不支付利息。金库存款、行政事业单位存款构成了中央银行资金的主要来源。作为我国的中央银行，中国人民银行也应当有经理国库的职责。

九、维护支付、清算系统的正常运行

许多国家的银行法规定，商业银行或者其他金融机构之间进行的资金往来，必须通过中央银行或者商业银行联办的票据交换所进行结算，其差额一般通过中央银行在各商业银行账户上转账实现。因此，本条也规定了中国人民银行维护支付、清算系统的正常运行的职责。

十、指导、部署金融业反洗钱工作，负责反洗钱工作的资金监测

过去，组织、协调国家反洗钱工作，是国家公安机关的职责。按照国务院“三定”的规定，金融体制改革，将过去由国家公安机关的组织、协调国家反洗钱工作的职责，转由中国人民银行负责。人民银行应当组织、协调国家反洗钱工作，加强金融业反洗钱制度建设及业务指导，提高对大额资金异常流动的监测水平。中国人民银行要设立反洗钱局，承办组织、协调国家反洗钱工作；研究和拟订金融机构反洗钱规划和政策；承办反洗钱的国际合作与交流工作；汇总和跟踪分析各部门提供的人民币、外币等可疑支付交易信息，涉嫌犯罪的，移交司法部门处理，并协助司法部门调查涉嫌洗钱犯罪案件；承办中国人民银行系统的安全保卫工作，制定防范措施；组织中国人民银行系统的金银、现钞、有价证券的保卫和武装押运工作。

十一、负责金融业的统计、调查、分析和预测

中央银行的地位和职能决定它有能力对商业银行以及其他金融机构的业务活动进行系统的分析研究，对经济、金融形势作出预测，以影响整个社会资金的营运，使其在比例关系和经济效益等方面服从国家宏观经济的要求。同时，代表政府对商业银行以及其他金融机构实行行政管理，控制全国的金融活动，促进货币流通正常化，保障宏观决策的顺利实现。

中央银行应当定期公布自己的业务状况，将资产负债情况向社会公布，并向社会提供有关统计资料。这样有利于提高中央银行的信誉地位，有利于国内外有关方面了解中央银行的金融政策，以便各界分析研究这些金融政策对国民经济可能带来的影响，有利于企业界、金融界拟定自己的经营计划，预测未来的经济形势，确定他们的经营方针和策略。

十二、作为国家的中央银行，从事有关国际金融活动

中国人民银行作为我国的中央银行，从事的有关国际金融活动主要有：代理政府参加国际金融机构、签订国际金融协定以及从事国际金融活动、与外国中央银行进行交易等。

2－3　下列有关中国人民银行职责的说法错误的有：

A. 同外汇管理机构协调对外汇实施管理

B. 同公安部门协调金融业反洗钱工作

C. 独自作出年度货币供应量决定并执行

D. 负责金融业的预测

______ ABC。①关于中国人民银行的职责，《中国人民银行法》第4条第5、10、11款分别规定以下几种：实施外汇管理，监督管理银行间外汇市场；指导、部署金融业反洗钱工作，负责反洗钱的资金监督；负责金融业的统计、调查、分析和预测。因此，选AB，不选D。②《中国人民银行法》第5条规定，中国人民银行就年度货币供应量、利率、汇率和国务院规定的其他重要事项作出的决定，报国务院批准后执行。因此选C。

■ 第四节　中央银行的金融监管

一、中央银行在金融监管中的地位

20世纪80年代以前，大多数国家的中央银行是金融业或银行的监管机构。现在，中央银行作为金融监管的唯一主体，已无法适应新的金融格局。这是因为银行在金融体系中的传统作用正受到挑战，金融市场在经济发展中的作用越来越大，于是许多国家通过另设监管机构来监管越来越多的非银行金融机构，如银监会、证监会、保监会等。从各国金融监管的实践来看，监管体制可分为四类：分业经营且分业监管，如法国和中国；分业经营而混业监管，如韩国；混业经营而分业监管，如美国和我国香港；混业经营且混业监管，如英国和日本等。是否由中央银行担当监管重任也有不同情形：有中央银行仍负责全面监管的；有中央银行只负责对银行业监管的；也有在中央银行外另设新机构，专司所有金融监管的。

二、中央银行金融监管的程序和内容

完整的金融监管是一个连续、循环的过程，它由市场准入监管、日常运营监管、风险评价、风险处置以及市场退出等相关要素和环节组成。

（1）机构功能定位。所谓功能定位，是指各类金融机构在市场经济活动中所扮演的主要角色，以及运作、发展的空间，具体体现在该机构的服务对象、业务范围和服务方式。

（2）市场准入。广义上的金融机构市场准入包括机构准入、业务准入和高

级管理人员准入三个方面。机构准入，是指依据法定标准，批准金融机构法人或其分支机构的设立。业务准入，是指按照审慎性标准，批准金融机构的业务范围和开办新的业务品种。高级管理人员的准入，是指对高级管理人员任职资格的核准和认可。

（3）业务运营监管。对金融机构的业务运营监管，主要是通过监管当局（如中央银行）的非现场监管和现场检查，以及借助会计（审计）师事务所进行的外部审计，以及时发现、识别、评价和纠正金融机构的业务运营风险。这是监管当局日常监管的主要内容，包括非现场监管和现场检查。

（4）风险评价。风险的综合评价是金融监管人员在综合分析非现场监管和现场检查结果及来自中介机构提供信息的基础上，对被监管机构所存在风险的性质、特征、严重程度及发展趋势做出的及时、客观、全面的判断和评价。

（5）风险处置。金融监管当局要针对金融机构所存在的不同风险及风险的严重程度；及时采取相应措施加以处置，处置方式包括纠正、救助和市场退出。

三、中央银行金融监管的目的

按照《中国人民银行法》和相关法律、法规的规定，中央银行金融监督管理的直接目的主要包括四个方面：①保证金融业的合法与稳健经营；②保护投资者（包括存款人）的合法权益；③维护金融体系的公平竞争；④促进金融机构的经济活动与中央银行的政策意向保持一致。而中央银行金融监督管理的终极目的，是要通过金融监督管理，实现金融业的高效、稳健、有序运行，促进国民经济的持续、健康、稳定和协调发展。因此，金融监督管理制度的设计，金融监管的政策取向，都必须从有利于经济发展的立场出发，而金融监管质量的高低、成效如何，最终也必须以是否有利于稳定币值和经济增长为衡量标准。

四、中央银行的金融监管原则

中央银行开展金融监管工作，必须有明确的指导思想和原则界限。这些原则界限主要包括依法监管原则、外部监管原则、预防监管原则和国际合作原则。依法监管原则是中央银行金融监督管理的核心原则，也是各国共同遵循的一项基本原则。它主要包括四个方面的内容：①所有金融机构都必须接受监督机关的监督管理；②金融监管活动必须依法进行；③金融监管应以法定标准为依据；④无论被监管者还是监管者，只要违反国家法律的规定，就必须承担相应的法律责任。只有严格遵守依法监管原则，才能保证金融监管的规范性、强有力和透明度，提高金融监管的效率，维护金融监管的秩序。

外部监管原则主要是强调中央银行不得以监管为由干预金融机构的内部事务。中央银行的金融监管，旨在促进金融机构合法稳健经营。金融机构是独立的金融市场主体，只要其经营活动保持在合法、安全的限度之内，中央银行就不应对其自主经营管理妄加干涉。这是中央银行金融管理的一个基本界限。鉴于近年来发生一系列严重的国际金融危机，或多或少都与其内部控制的混乱和失灵有关，一些国家已经加强了对金融机构内部控制制度的规范和监督，但其目的只是建立相应的框架和标准，不干涉内部经营管理的原则不会因此受到破坏。

以预防为主的原则主要是强调中央银行监督管理应以预防普通金融机构出现违法经营，或者出现重大危机或风险为主。中央银行的金融监管，可大体分为预防性监管和保护性监管。尽管各国都非常重视以事后补救为主要内容的保护性监管，但却都将重点放在保护性监管方面。今后应力图通过事先的努力，将金融危机或风险消灭在萌芽状态，坚持以预防为主的原则。

国际合作原则主要是强调金融监管必须加强国际合作，而不能仅实施某个国家内部的独立监管。世界经济整体化的趋势，使全球金融市场日益贯通，跨国银行成为国际金融市场的主体，资本要在全球的范围内实现流通和配置，这使得各国金融市场相互影响的程度不断加深，爆发系统性风险的范围扩大至全球。有效的金融监管已经非一个国家可以独自胜任，一些国家和地区以松散管制甚至是无管制支撑其地位，导致监管制度之间套利现象盛行，助长金融危机的发生。再加之各国金融制度上的差异，造成国际金融市场严重的竞争扭曲。因此，必须加强金融监管领域的国际合作与协调，以实现各国金融监管当局之间合理的分工与密切合作，建立金融监管的国际最低标准，创建公平的国际竞争环境。

五、中央银行金融监管的具体内容

（一）依法监测金融市场

金融市场是市场经济条件下市场体系的重要组成部分，是融通资金、进行金融工具交易的场所。根据金融工具的交易期的长短，金融市场一般分为货币市场和资本市场两个部分。货币市场是短期（通常 1 年以下）资金市场，包括同业拆借市场、票据贴现市场、回购市场和短期外汇市场等；资本市场则是长期（通常 1 年以上）资金市场，包括股票市场、债券市场、基金市场、期货市场和长期外汇市场等。金融市场的健康、协调发展，对优化资源配置，提高资金使用效率，甚至建立现代企业制度具有重要的意义，而不健全的金融市场往往潜伏着金融风险。

对金融市场进行监测和宏观调控有利于保持货币信贷的合理增长和币值的稳定，从而促进经济持续、快速、健康发展。

对金融市场进行监测和宏观调控就是中央银行通过对货币市场和资本市场的运行指标进行统计、调查、分析，掌握并预测金融市场的宏观运作状况，并且通过运用经济的、法律的、行政的手段对全社会货币总量和信贷结构进行调节与控制。

金融业是充满风险的行业，防范和化解金融风险是中央银行的重要职能之一。目前引发金融风险的原因很多，除了具体金融机构的经营管理违背审慎经营规则外，一个重要的外因就是巨额资金在国内和国际金融市场上的迅速流动。为了在保持发展的同时维护金融稳定，就必须对金融市场的运行实施监测，及时发现金融风险并迅速采取措施，包括采取前述宏观调控手段，化解金融风险。中国人民银行法规定中国人民银行对金融市场进行监测和宏观调控，就是从宏观金融的角度防范和化解金融风险。这与银行业监督管理法主要从监管银行业金融机构的经营管理的角度防范和化解金融风险相辅相成，共同指向维护整个金融体系的安全有效运行。

（二）对金融机构的行为进行检查监督

1. 执行有关存款准备金管理规定的行为。为保证商业银行及其他金融机构能够应对客户提取存款的需要，防止商业银行及其他金融机构盲目扩大信用，损害客户利益，各国中央银行法都授权中央银行通过存款准备金政策对资金市场进行调控。存款准备金是指商业银行及其他吸收存款的金融机构吸收公众存款后，必须按照中央银行规定的比率向中央银行缴存一部分，作为一种必要的准备，以保证商业银行及其他金融机构面临大量提取存款时，有足够的清偿能力，避免商业银行及其他金融机构倒闭和金融危机的发生。人民银行根据一定时期的货币政策要求，为不同的存款种类和规模确定存款准备金率，各商业银行及其他金融机构，必须根据存款类别和数额，按照人民银行确定的存款准备金率上缴存款准备金。同时，人民银行有权监督检查执行有关存款准备金管理规定的行为。

2. 与中国人民银行特种贷款有关的行为。特种贷款，是指国务院决定的由中国人民银行向金融机构发放的用于特定目的的贷款。中国人民银行根据国务院的决定向金融机构发放特种贷款后，有权检查监督与中国人民银行特种贷款有关的行为。

3. 执行有关人民币管理规定的行为。中国人民银行作为我国的中央银行，发行与管理人民币是其法定职责。中国人民银行不仅负责人民币的发行，还要管理好人民币的流通。依法及时收回、销毁残缺、污损的人民币。禁止伪造、变造人民币。禁止出售、购买伪造、变造的人民币。禁止运输、持有、使用伪造、变造的人民币。禁止故意毁损人民币。禁止在宣传品、出版物或者其他商品上非法使用人民币图样。对此，中国人民银行可以制定有关人民币管理的规定，并有权检查监督执行有关人民币管理规定的行为。

4. 执行有关银行间同业拆借市场、银行间债券市场管理规定的行为。随着社会主义市场经济的不断发展以及金融体制的建立和完善，银行间同业拆借市场、债券市场显现出来且日益活跃。目前，同业拆借的业务活动已十分普遍，银行间发行金融债券普遍增多，银行间同业拆借市场和银行间债券市场都已形成，需要规范化管理。

5. 执行有关外汇管理规定的行为。外汇管理是中国人民银行的职责，根据银行业监督管理法及中国人民银行法、商业银行法的规定，外汇存储、外汇的汇出汇入、购入外汇、人民币与外汇的兑换等活动，以及银行间的外汇买卖等，由中国人民银行管理。

6. 执行有关黄金管理规定的行为。中国人民银行作为我国黄金管理的主管机关，主要负责国家的黄金储备、收购与配售；会同国家物价主管机关制定和管理黄金的收购与配售价格；会同国家有关主管机关审批经营金银制品等。

7. 代理中国人民银行经理国库的行为。中央银行作为政府的银行，一般都被授权经理国库，即财政的收支由中央银行代理完成。依靠国家财政拨款的行政、事业单位，也必须将有关款项交由中央银行保存，中央银行对此一般不支付利息。金库存款、行政事业单位的存款构成了中央银行资金的主要来源。中国人民银行作为我国的中央银行，也具有经理国库的职责。

8. 执行有关清算管理规定的行为。清算是指一定经济行为所引起的货币关系的计算和结清，是中央银行为商业银行之间的资金了结和清偿提供的一种服务。《中国人民银行法》第27条规定，中国人民银行应当组织或者协助组织银行业金融机构相互之间的清算系统，协调银行业金融机构相互之间的清算事项，提供清算服务。为维护清算系统的正常运行，中国人民银行有权依照本条的规定，对执行有关清算管理规定的行为进行检查监督。

9. 执行有关反洗钱规定的行为。为了保证中国人民银行制定的有关反洗钱规定得以落实，保证中国人民银行履行好指导、部署金融业反洗钱工作的职责，规定中国人民银行有权对执行有关反洗钱规定的行为进行检查监督。为此，中国人民银行先后发布了《金融机构反洗钱规定》、《人民币大额、可疑支付交易报告管理办法》和《金融机构大额、可疑外汇资金交易报告管理办法》等规定。

（三）对银行业出现支付困难时的监管

中国人民银行在国务院的领导下制定和执行货币政策，防范和化解金融风险，维护金融稳定。银行业金融机构出现支付困难往往是风险管理、内部控制、资本充足率、资产流动性等审慎经营方面出现严重问题的反映，可能会对金融体系的稳定产生重大影响，比如发生挤兑，尤其是大型银行业金融机构发生支付困难，陷入困境，甚至可能造成全局性的金融风险，使整个金融体系陷入瘫痪。中国人民银行担负防范和化解金融风险，维护金融稳定的职责，当银行业金融机构出现支付困难，问题严重，可能引发金融风险的情况下，从维护金融稳定的角度出发，享有对银行业金融机构进行检查监督的权力是必要的。

银行业金融机构监管体制改革后，国务院银行业监督管理机构承担对全国银行业金融机构及其业务活动监督管理的职责，中国人民银行只是依照《中国人民银行法》第32条的规定，有权对金融机构从事的与中国人民银行职责有关的业务活动检查监督。因此，中国人民银行为了维护金融稳定，对出现支付困难，可能引发金融风险的银行业金融机构进行检查监督时，要事先经国务院批准。

（四）内部监管

中国人民银行作为我国的中央银行，承担着维护金融业合法、稳健运行，对部分金融机构及其业务实施监督管理的职责。在制定与实施货币政策和进行金融管理过程中，中国人民银行要与国内外的金融机构发生业务关系，因此，从管理职能与自身业务两个方面，都要求中国人民银行建立、健全本系统内部的稽核、检查制度，加强内部的监督管理，以保障中国人民银行行使中央银行职权的权威性、科学性和公正性。

中国人民银行内部稽核、检查的对象是中国人民银行总行以及其分行、支行。内部稽核、检查的主要内容包括三个方面：①对中国人民银行行使中央银行职能，从事有关业务活动方面的稽核检查；②对中国人民银行工作人员有无违法、违纪情况进行检查监督；③对中国人民银行的财务收支和会计事务进行稽核检查。

2－4　下列哪些选项符合有关中国人民银行监管权限的规定？

A. 对金融市场实施宏观调控

B. 认购国债

C. 监管商业银行的贷款

D. 个人执行有关外汇管理规定的行为

________ AD。

(1)《中国人民银行法》第31条规定："中国人民银行依法监测金融市场的运行情况，对金融市场实施宏观调控，促进其协调发展。"因此选A。

(2)《中国人民银行法》第29条规定："中国人民银行不得对政府财政透支，不得直接认购、包销国债和其他政府债券。"所以不选B。

(3)《中国人民银行法》第32条规定："中国人民银行有权对金融机构以及

其他单位和个人的下列行为进行检查监督：①执行有关存款准备金管理规定的行为；②与中国人民银行特种贷款有关的行为；③执行有关人民币管理规定的行为；④执行有关银行间同业拆借市场、银行间债券市场管理规定的行为；⑤执行有关外汇管理规定的行为；⑥执行有关黄金管理规定的行为；⑦代理中国人民银行经理国库的行为；⑧执行有关清算管理规定的行为；⑨执行有关反洗钱规定的行为。前款所称中国人民银行特种贷款，是指国务院决定的由中国人民银行向金融机构发放的用于特定目的的贷款。”所以选 D 不选 C。

■　第五节　法律责任

一、伪造、变造人民币等行为的法律责任

《中国人民银行法》第 42 条规定：“伪造、变造人民币，出售伪造、变造的人民币，或者明知是伪造、变造的人民币而运输，构成犯罪的，依法追究刑事责任；尚不构成犯罪的，由公安机关处 15 日以下拘留、1 万元以下罚款。”

伪造货币，是指行为人仿照人民币或者外币的面额、图案、色彩、质地、式样、规格等，使用各种方法，非法制造假货币，冒充真实货币的行为。假币根据制造方法的不同，具体可分为以下几种不同的类型：①机制胶印、凹印假币；②石板、蜡板、木板印假币；③誊印假币；④复印假币；⑤照相假币；⑥描绘假币；⑦板印假币；⑧复印、制板技术合成假币；⑨仿照硬币铸造的假币；等等。上述所列都属于伪造行为。

根据《中华人民共和国刑法》第 170 条的规定，伪造货币罪，处 3 年以上 10 年以下有期徒刑，并处 5 万元以上 50 万元以下罚金；情节特别严重的，处 10 年以上有期徒刑、无期徒刑或者死刑，并处 5 万元以上 50 万元以下罚金或者没收财产。所谓情节特别严重，根据本条的规定，是指具有下列情形之一者：①伪造货币集团的首要分子；②伪造货币数额特别巨大的；③具有其他特别严重情节的。

变造货币，是指对真币采用挖补、剪贴、揭层、拼凑、涂改等方法进行加工处理，改变货币的真实形状、图案、面值或张数，增大票面面额或者增加票张数量，数额较大的行为。根据《刑法》第 173 条的规定，犯变造货币罪的，处 3 年以下有期徒刑或者拘役，并处或者单处 1 万元以上 10 万元以下罚金；数额巨大的，处 3 年以上 10 年以下有期徒刑，并处 2 万元以上 20 万元以下罚金。

无论是伪造货币还是变造货币，侵犯的都是国家货币管理制度。国家货币管

理制度包括包括两方面的内容，一是本国货币管理制度；二是外币管理制度。所谓本国货币的管理制度也就是指人民币的管理制度。根据《中国人民银行法》第16条的规定，中华人民共和国的法定货币是人民币。以人民币支付中华人民共和国境内的一切公共的和私人的债务，任何单位和个人不得拒收。国家对货币印制和发行实行集中统一管理的原则，货币发行权属于中国人民银行，除中国人民银行外，其他任何单位和个人均无权印制和发行人民币。任何伪造人民币的行为都会侵犯上述货币管理制度。伪造货币的行为，严重扰乱了国家的金融秩序，损害国家货币的信誉，严重危害国计民生，应为法律所不许。货币是特殊商品，关系国计民生。伪造货币或出售、运输伪造的货币破坏了国家的财政、金融制度，破坏了社会经济秩序，因此世界各国都把这些行为规定为犯罪而加以惩处。

二、购买、持有、使用伪造、变造的人民币的行为的法律责任

《中国人民银行法》第43条规定："购买伪造、变造的人民币或者明知是伪造、变造的人民币而持有、使用，构成犯罪的，依法追究刑事责任；尚不构成犯罪的，由公安机关处15日以下拘留、1万元以下罚款。"

伪造、变造人民币是严重的犯罪行为，购买伪造、变造的人民币的行为在危害上虽然比伪造、变造人民币小一些，但也是犯罪行为。伪造、变造人民币是国家严厉打击的犯罪行为，明知伪造、变造的人民币是不能流通、不能使用的却去购买，主观上有犯罪故意，客观上有购买的犯罪事实，因此也是犯罪行为。所以，第43条首先规定购买伪造、变造的人民币或者明知是伪造、变造的人民币而持有、使用，构成犯罪的，应依法追究刑事责任。

三、非法使用人民币图样行为的法律责任

《中国人民银行法》第44条规定："在宣传品、出版物或者其他商品上非法使用人民币图样的，中国人民银行应当责令改正，并销毁非法使用的人民币图样，没收违法所得，并处5万元以下罚款。"

《中国人民银行法》第19条规定，禁止在宣传品、出版物或者其他商品上非法使用人民币图样。人民币是我国的法定货币，代表国家经济主权，应当得到尊重。每个公民都有义务合法使用人民币，保护人民币。以商业或其他目的在宣传品、出版物或其他商品上使用人民币图样的，是违法行为，要予以制裁。2000年2月国务院颁布的《人民币管理条例》第27条第1款第3项同样规定，禁止未经中国人民银行批准，在宣传品、出版物或者其他商品上使用人民币图样的行为。

四、印刷、发售代币票券的法律责任

《中国人民银行法》第45条规定："印制、发售代币票券，以代替人民币在市场上流通的，中国人民银行应当责令停止违法行为，并处20万元以下罚款。”

我国法定货币是人民币，不允许其他任何票券充任人民币，以代替人民币作为交换与支付手段在市场上流通。对此，1988年中国人民银行发布的《中国人民银行货币发行管理制度（试行）》第3条已经作了明确规定：“中国人民银行是我国唯一的货币发行机关。人民币是我国唯一合法货币。严禁任何其他部门发行任何货币、变相货币”。其中，变相人民币是指，某单位签发的以人民币单位标示面值，并在市场流通转让的各种有价证券和凭证。如由单位签发的“代价券”、“购货券”，在单位以外流通使用，即构成变相人民币。发放、使用各种代币购物券，只是一时给部分商业企业带来一些效益，但对整个经济生活危害很大。①这种行为扰乱金融秩序。各种代币购物券在市场上流通，实际上是一种变相货币。有些大中城市已出现了代币购物券的黑市交易，直接影响了人民币的信誉。②给税收和财务管理带来了混乱。发代币购物券，违反发票管理的有关规定，可以逃避税款的征收，因此为了维护正常的金融秩序，促进社会主义市场经济的健康发展，必须采取有力措施，坚决制止印制、发售、购买和使用各种代币购物券的行为。

五、违反《中央银行法》第32条规定行为的法律责任

《中国人民银行法》第46条规定：“本法第32条所列行为违反有关规定，有关法律、行政法规有处罚规定的，依照其规定给予处罚；有关法律、行政法规未作处罚规定的，由中国人民银行区别不同情形给予警告，没收违法所得，违法所得50万元以上的，并处违法所得1倍以上5倍以下罚款；没有违法所得或者违法所得不足50万元的，处50万元以上200万元以下罚款；对负有直接责任的董事、高级管理人员和其他直接责任人员给予警告，处5万元以上50万元以下罚款；构成犯罪的，依法追究刑事责任。”

《中国人民银行法》第32条规定，中国人民银行有权对金融机构以及其他单位和个人的下列行为进行检查监督：①执行有关存款准备金管理规定的行为；②与中国人民银行特种贷款有关的行为；③执行有关人民币管理规定的行为；④执行有关银行间同业拆借市场、银行间债券市场管理规定的行为；⑤执行有关外汇管理规定的行为；⑥执行有关黄金管理规定的行为；⑦代理中国人民银行经理国库的行为；⑧执行有关清算管理规定的行为；⑨执行有关反洗钱规定的行为。前款所称中国人民银行特种贷款，是指国务院决定的由中国人民银行向金融机构发放的用于特定目的的贷款。

金融机构如果违反了上述规定，就按照《中国人民银行法》第46条的规定进行处理。

六、中国人民银行违法贷款、担保、动用发行基金的法律责任

《中国人民银行法》第48条规定："中国人民银行有下列行为之一的，对负有直接责任的主管人员和其他直接责任人员，依法给予行政处分；构成犯罪的，依法追究刑事责任：①违反本法第30条第1款的规定提供贷款的；②对单位和个人提供担保的；③擅自动用发行基金的。有前款所列行为之一，造成损失的，负有直接责任的主管人员和其他直接责任人员应当承担部分或者全部赔偿责任。"

七、对地方政府、各级政府部门、社会团体和个人强令中国人民银行违法提供贷款或者担保的法律责任的规定

地方政府、各级政府部门、社会团体和个人强令中国人民银行及其工作人员违反《中国人民银行法》第30条的规定提供贷款或者担保的，对负有直接责任的主管人员和其他直接责任人员，依法给予行政处分；构成犯罪的，依法追究刑事责任；造成损失的，应当承担部分或者全部赔偿责任。

八、中国人民银行的工作人员的违法责任

1. 泄露国家秘密、商业秘密，应当承担法律责任的规定。中国人民银行的工作人员泄露国家秘密或者所知悉的商业秘密，构成犯罪的，依法追究刑事责任；尚不构成犯罪的，依法给予行政处分。

2. 对中国人民银行的工作人员贪污受贿、徇私舞弊、滥用职权、玩忽职守应当追究法律责任的规定。中国人民银行的工作人员贪污受贿、徇私舞弊、滥用职权、玩忽职守，构成犯罪的，依法追究刑事责任；尚不构成犯罪的，依法给予行政处分。

第三章　商业银行法律制度

第一节　商业银行概述

一、商业银行的概念和特征

从经济学的角度看，商业银行是以经营工商业存、放款为主要业务，并以获取利润为目的的货币经营企业。这一概念包括三层含义：①商业银行是一个信用授受的中介机构；②商业银行是以营利为目的的企业；③商业银行是唯一能提供“银行货币”的金融组织。从法学的角度理解，《商业银行法》第2条规定，本法所称的商业银行是指依照本法和《公司法》设立的吸收公众存款、发放贷款、办理结算等业务的企业法人。它包括三层基本含义：①商业银行是企业法人，是拥有自己名称和独立财产，能够以自己名义从事经济活动，享受权利、承担义务和责任的独立法律主体，其从事经营活动是以营利为目的。②商业银行是以吸收公众存款、发放贷款、办理结算为基本业务的企业法人。它一方面表明商业银行的基本业务，另一方面暗示了它具有创造派生存款的特殊功能。③商业银行是依据《商业银行法》和《公司法》设立的。因此，所有商业银行都是公司组织形式的，不得以非公司组织形式设立商业银行。这一定义，着重强调商业银行的组织形式和主体资格。

一般来看，商业银行的特征如下：

(1) 商业银行与一般企业一样，是以营利为目的的企业。它也具有从事业务经营所需要的自有资本，依法经营，照章纳税，自负盈亏，它与其他企业一样，以利润为目标。

(2) 商业银行是不同于一般企业的特殊企业。其特殊性具体表现于经营对象的差异上。一般企业经营的是具有一定使用价值的商品，从事商品生产和流通；而商业银行是以金融资产和金融负债为经营对象，经营的是特殊商品——货币和货币资本。经营内容包括货币收付、借贷以及各种与货币运动有关的或者与之相联系的金融服务。

(3) 商业银行与专业银行相比又有所不同。商业银行的业务更综合，功能更全面，经营一切金融业务，为客户提供所有的金融服务。而专业银行只集中经营指定范围内的业务和提供专门服务。随着西方各国金融管制的放松，专业银行的业务经营范围也在不断扩大，但与商业银行相比，仍差距甚远，商业银行在业务经营上具有优势。

二、商业银行的产生和发展

银行业的产生与发展是与商品生产和交换的产生与发展联系在一起的，商品生产与交换需要以货币作为媒介，商品生产与交换的发展会产生货币暂时的剩余与短缺，这就必然会导致商业银行的产生与发展。

（一）世界商业银行的产生与发展

现代商业银行，是在货币兑换业的基础上，随着资本主义经济的发展而产生和发展起来的。在金属货币本体制度时代，为服务于流通而从商人中逐步分离出了专门提供货币保管、鉴定、兑换、汇兑服务的商人。随着货币经营规模的不断扩大，货币兑换商发现，尽管不断有人将委托保管的货币取走，但同时又不断地有人存入，两相综合总能保持一个相对稳定的余额。于是，他们在此基础上开展了贷款业务，并以提供服务和支付利息为条件吸收存款，以扩大其贷款业务的资金来源。这样，便形成了商业银行业的雏形，并在资本主义银行与高利贷银行的斗争中，逐步确立起了现代商业银行制度。

现代商业银行是通过两条途径产生的：一是将旧的高利贷性质的银行，转变为适应市场经济需要的银行；二是组建新型的适应市场经济需要的股份制银行。1694 年，在英国政府支持下由私人创办的英格兰银行，是最早出现的股份银行之一，它的正式贴现率一开始就定为 4.5%~6%，大大低于早期银行业的贷款利率。英格兰银行的成立，标志着现代银行制度的建立，也意味着高利贷在信用领域中的垄断地位的动摇。18 世纪末到 19 世纪初，各资本主义国家纷纷建立起规模巨大的股份银行，进入 20 世纪以后，特别是二战以后，商业银行更是得到了迅猛的发展。70 年代以来，商业银行又出现了全能化、服务化、革新化、电子化、国际化的发展趋势。

（二）我国商业银行的产生与发展

当资本主义国家先后建立起自己的商业银行体系时，在中国信用领域占统治地位的依旧是高利贷性质的票号和钱庄。直到 1845 年，在中国才出现了第一家新式银行，即由英资开设的丽如银行。此后，英国的其他银行以及其他帝国主义列强的银行，相继到中国开设了一批分行。中国自办的第一家银行，是 1897 年成立的中国通商银行。这家银行是以商办面目出现的股份银行，但实际上受控于官僚、买办。随后，又出现了官商合办的户部银行、交通银行以及一些个人集资或私人独资兴办的商业银行。第一次世界大战及以后的几年中，随着民族资本主义工商业的发展，中国的私人银行业有了较快的发展。

国民党政府时期，官僚资本垄断全国的金融活动和金融机构，主要的商业银行，除由国民党政府直接控制的中国银行、交通银行和中国农民银行外，还有人称“小四行”的中国通商银行、四明银行、中国实业银行和中国国货银行，它们是官商合办的商业银行；有人称“南三行”的江浙财团——浙江兴业、浙江实业和上海商业储蓄银行，他们也受到官僚资本的控制；还有人称“北四行”的盐业银行、金城银行、中南银行、大陆银行，他们虽未被直接控制，但实际上也并非全然独立。此外，还有几家较大的商业银行以及众多的中小商业银行，他们都或多或少、或直接或间接受控于国民党官僚资本银行体系。

第二次国内革命战争时期、抗日战争时期和解放战争时期，中国共产党为发展生产、改善人民生活，保证军队的物资供给、巩固胜利成果，在苏区、根据地和解放区也建立了自己的银行。新中国成立后，政府没收了官僚资本的商业银行，对民族资本主义金融业实行了社会主义改造。在此后长达30年的计划经济时期，国家实行金融统制政策，金融机构体系中，除中国人民银行外，仅有3家国家专业银行以及中国人民保险公司和农村信用合作社。1983年9月，国务院作出决定，由中国人民银行专门行使中央银行职能，另外成立中国工商银行，承担原来由中国人民银行办理的工商信贷和城镇储蓄业务。这样就形成了以中国人民银行为中心，以中国工商银行、中国银行、中国人民建设银行（当时的名称）、中国农业银行为基础的专业银行金融体系。《中国人民银行法》和《商业银行法》颁布后，才正式确立了我国银行业的商业银行体系。

我国现在的商业银行按照出资人的不同可分为三类：①内资商业银行；②中外合资商业银行；③外资商业银行、外国商业银行的分支机构。

三、商业银行的种类

从一般意义上讲，商业银行是指以经营工商业的存、贷款为主要业务，并以利润为其主要经营目标的信用机构。从各国金融业的情况看，商业银行是金融业务范围最为广泛、实力最为雄厚的金融机构，是各国金融体系的骨干，在金融系统中居于主导地位。从各国商业银行的组织形式看，大致可以分为以下四个主要类型：①单一制类型，指每一个商业银行仅由其自身构成，不设任何分支机构。目前采取这种单一银行制的只有美国，在美国这种单一体制的银行仍占多数。②分行制类型，与单一体制相反，即在总行下面设置许多分支机构，这些分支机构遍布国内外。目前，世界上多数国家实行这种制度。与单一制相比，由于有众多的分支机构，更易于统一指挥和灵活调动资金，降低经营成本，提高经营规模效益。③集团制类型，即由一家股权公司控制两家或两家以上的银行，目前采用这种制度的主要是美国。④连锁制类型，又称联合制，即形式上两家或两家以上银行各自独立经营，但实际上所有权操纵在一个集团手中。这个集团是通过购买几个彼此独立的银行股票而取得控股权，以取得对这些银行的控制权。连锁制银行的业务和经营政策受到集团公司的控制。

四、商业银行的职能

商业银行的职能是由它的性质所决定的，主要有五个基本职能：

（一）信用中介职能

信用中介是商业银行最基本、最能反映其经营活动特征的职能。这一职能的实质是通过银行的负债业务，把社会上的各种闲散货币集中到银行里来，再通过资产业务，把它投向经济各部门。商业银行是作为货币资本的贷出者与借入者的中介人或代表来实现资本的融通，并从吸收资金的成本与发放贷款利息收入、投资收益的差额中，获取利益收入，形成银行利润。商业银行通过信用中介的职能实现资本盈余者和短缺者之间的融通，并不改变货币资本的所有权，改变的只是货币资本的使用权。

（二）支付中介职能。

商业银行除了作为信用中介，融通货币资本以外，还执行着货币经营的职能。它通过存款在账户上的转移代理客户支付，在存款的基础上为客户兑付现款等，成为工商企业、团体和个人的货币保管者、出纳者和支付代理人。以商业银行为中心，形成经济过程中持续不断的支付链条和债权债务关系。

（三）信用创造功能

商业银行在信用中介职能和支付中介职能的基础上，产生了信用创造职能。商业银行是能够吸收各种存款的银行并用其所吸收的各种存款发放贷款，在支票流通和转账结算的基础上，贷款又转化为存款，在这种存款不提取现金或不完全提现的基础上，就增加了商业银行的资金来源，最后在整个银行体系中，形成数倍于原始存款的派生存款。因此，商业银行就可以把自己的负债作为货币来流通，具有了信用创造功能。

（四）金融服务职能

随着经济的发展，工商企业的业务经营环境日益复杂化，银行间的业务竞争也日益剧烈化。银行由于联系面广，信息比较灵通，特别是电子计算机在银行业务中的广泛应用，使其具备了为客户提供信息服务的条件，咨询服务、对企业“决策支援”等服务应运而生，工商企业生产和流通专业化的发展，又要求把许多原来属于企业自身的货币业务转交给银行代为办理，如发放工资，代理支付其他费用等。个人消费也由原来的单纯钱物交易，发展为转账结算。现代化的社会生活，从多方面给商业银行提出了金融服务的要求。在强烈的业务竞争压力下，各商业银行也不断开拓服务领域，通过金融服务业务的发展，进一步促进资产负债业务的扩大，并把资产负债业务与金融服务结合起来，开拓新的业务领域。在现代经济生活中，金融服务已成为商业银行的重要职能。

（五）调节经济职能

调节经济是指商业银行通过其信用中介活动，调剂社会各部门的资金短缺，同时在央行货币政策和其他国家宏观政策的指引下，实现经济结构、消费比例投资、产业结构等方面的调整。此外，商业银行通过其在国际市场上的融资活动还可以调节本国的国际收支状况。

商业银行因其广泛的职能，使得它对整个社会经济活动的影响十分显著，在整个金融体系乃至国民经济中居于特殊而重要的地位。随着市场经济的发展和全球经济的一体化发展，现在的商业银行已经凸现了职能多元化的发展趋势。

3－1（2008年司法考试单选）商业银行在吸收存款的基础上发放贷款，在票据流通和转账结算的基础上，贷款又转化为存款，在此存款不提取的情况下，商业银行增加了资金来源，可再次转为贷款，最后整个银行体系形成了超过原始存款的派生存款。这体现了商业银行的下列哪一种职能？

A. 支付中介职能

B. 金融服务职能

C. 信用创造职能

D. 金融工具创造职能

________C。商业银行有信用中介职能、支付中介职能、信用创造职能、创造金融工具的职能、金融服务职能等五大职能。所谓信用中介职能是指商业银行从社会借入资金，然后再贷给借款人，银行在社会货币供需过程中起着一种中介作用。支付中介职能即货币经营的职能，是指将债务人客户账上的存款式货币转到债权人客户账上，帮助交易当事人实现支付与转移。信用创造是商业银行区别于其他金融机构的最显著的特征，商业银行在吸收存款的基础上发放贷款，在票据流通和转账结算的基础上，贷款又转化为存款，在存款不提取的情况下，就增加了商业银行的资金来源，可再次转为贷款，最后整个银行体系形成了超过原始存款的派生存款，这就是商业银行的信用创造功能。创造金融工具的职能是商业银行在其负债业务和中间业务中不断地创造着各种金融工具，如可转让大额定期存单、各种金融债券、银行支票、本票、银行承兑汇票、信用证、银行保函等能够代表一定货币的法律文件。金融服务职能是银行除了资产负债业务和汇兑、结算业务外，还有一些基本上无经营风险的业务，因为这些业务不列入资产负债表内，而且不影响银行资产与负债总额的经营活动，这种被称为表外业务的种类主要有：现金管理，代理保管，代理租赁，代客资信调查，信息咨询业务，商业信用证，银行承兑汇票，备用信用证，贷款销售与资产证券化发行等业务。

综上，本题题干所表述的正是商业银行的信用创造职能，所以本题应该选C项。

■ 第二节　商业银行的设立和组织机构

一、商业银行设立的条件

任何一个企业法人在设立时都应当具备一定的条件，商业银行作为专门经营货币的企业，其要求具备的条件更为严格。《商业银行法》第12条规定，设立商业银行，应当具备下列条件：①有符合本法和《公司法》规定的章程。②有符合本法规定的注册资本最低限额；设立全国性商业银行的注册资本最低限额为10亿元人民币。设立城市商业银行的注册资本最低限额为1亿元人民币，设立农村商业银行的注册资本最低限额为5000万元人民币。注册资本应当是实缴资本。国务院银行业监督管理机构根据审慎监管的要求可以调整注册资本最低限额，但不得少于前款规定的限额。③有具备任职专业知识和业务工作经验的董事、高级管理人员。④有健全的组织机构和管理制度。⑤有符合要求的营业场所、安全防范措施和与业务有关的其他设施。设立商业银行，还应当符合其他审慎性条件。

3－2（2002年司法考试不定向选择）依据《商业银行法》，下列哪些表述是不正确的？

A. 商业银行的注册资本应当是实缴资本

B. 设立城市合作银行的注册资本最低限额为1亿元人民币

C. 商业银行可自主决定在境内地点设立分支机构

D. 商业银行自取得营业执照之日起超过6个月无正当理由未开业的，人民银行吊销其经营许可证

________ C。

（1）《商业银行法》第13条规定："设立全国性商业银行的注册资本最低限

额为 10 亿元人民币。设立城市商业银行的注册资本最低限额为 1 亿元人民币，设立农村商业银行的注册资本最低限额为 5000 万元人民币。注册资本应当是实缴资本。”所以 A、B 项是正确的。

(2)《商业银行法》第 19 条第 1 款规定：“商业银行根据业务需要可以在中华人民共和国境内外设立分支机构。设立分支机构必须经国务院银行业监督管理机构审查批准。在中华人民共和国境内的分支机构，不按行政区划设立。”因此选项 C 是错误的，应选。

(3)《商业银行法》第 23 条第 2 款规定：“商业银行及其分支机构自取得营业执照之日起无正当理由超过 6 个月未开业的，或者开业后自行停业连续 6 个月以上的，由国务院银行业监督管理机构吊销其经营许可证，并予以公告。”所以 D 项是正确的。

设立商业银行必须达到规定的条件，这在世界各国都是通例。如英国银行法规定，凡意图成为认可银行的机构，须向英格兰银行证明符合下列条件：①该机构提供多种银行业务，或者提供一种专业性极强的银行业务；②该机构长期以来在金融界享有良好的信誉；③该机构经营业务诚实无欺、谨慎明智，其专业技术与所经营业务的规模和范围相适应。持牌接受存款的公司所必须具备的条件是：该机构必须是注册公司或者合作组织，至少有 2 人主持该机构业务。该机构的董事、审计或者经理须有恰当人选出任。经营业务必须审慎明智，特别要符合下列要求：①其净资产及其他来源的资金数额须足以保障存款人的利益；②须维持适当的流动金比例；③须为坏账和意外损失提出足够准备。

我国台湾地区“银行法”规定，设立银行者，应载明下列各款，报请中央主管机关许可：①银行的种类、名称及其公司组织的种类；②资本总额；③营业计划；④本行及分支机构所在地；⑤发起人姓名、籍贯、住居所、履历及认股金额。由于商业银行是经营货币的企业，绝大部分资金都是由存款构成，为了使银行有清偿债务的能力，保护存款人的利益，保证金融秩序的稳定，各国银行法除规定设立商业银行的基本条件外，还特别明确规定设立商业银行应当具备的最低注册资本的具体数额。

在不同的历史时期，我国对设立商业银行的条件也有不同的规定。1984 年，在中国人民银行《关于金融机构机构设置或撤并管理的暂行规定》中规定，金融机构的设置必须符合下列条件：①确属经济发展需要，并有相当业务量的；②符合各金融部门专业分工要求的；③符合经济核算原则，能够取得较好经济效益的。1987 年，在中国人民银行《关于审批金融机构若干问题的通知》中规定了设立金融机构的条件：①确属经济发展需要，具有同其规模相适应的业务量；②拥有最低限额以上的实收货币资本金；③具有合格的金融业务管理人员；④符合经济核算原则；⑤新建银行及其分支机构必须按经济区域设置。该通知还规定了具体的资本金最低限额。

1994 年，在中国人民银行《金融机构管理规定》中规定，申请设立金融机构必须符合以下条件：①具有符合中国人民银行规定的最低限额以上的人民币货币资本金或营运资金。设置全国性银行，应具有 20 亿元人民币以上的实收货币资本金；设置区域性银行，应具有 10 亿元人民币以上的实收货币资本金。经营外汇业务的，另应具有符合规定的外币资本金或营运资金。②法定代表人和董事长、副董事长、行长、副行长、总经理、副总经理、主任、副主任必须符合中国人民银行规定的任职资格。同时其从业人员中应有 60% 以上从事过金融业务工作或属于大中专院校金融专业毕业生。③具有符合中国人民银行规定条件的营业场所和完备的防盗、报警、通讯、消防等设施。④中国人民银行要求具备的其他条件。

二、商业银行设立的程序

（一）提出申请，提交资料

《商业银行法》第 14 条规定，设立商业银行，申请人应当向国务院银行业监督管理机构提交下列文件、资料：①申请书，申请书应当载明拟设立的商业银行的名称、所在地、注册资本、业务范围等；②可行性研究报告；③国务院银行业监督管理机构规定提交的其他文件、资料。

（二）填写正式申请，提交文件、资料

《商业银行法》第 15 条规定，设立商业银行的申请经审查符合本法第 14 条规定的，申请人应当填写正式申请表，并提交下列文件、资料：①章程草案；②拟任职的董事、高级管理人员的资格证明；③法定验资机构出具的验资证明；④股东名册及其出资额、股份；⑤持有注册资本 5% 以上的股东的资信证明和有关资料；⑥经营方针和计划；⑦营业场所、安全防范措施和与业务有关的其他设施的资料；⑧国务院银行业监督管理机构规定的其他文件、资料。

（三）颁发许可证，办理注册登记

经国务院银行业监督管理机构对申请人的正式申请表及开业申请所提交的文件、资料审查后，认为符合设立商业银行的条件的，批准其设立商业银行，由国务院银行业监督管理机构颁发经营许可证。商业银行也是企业，只不过是经营特殊商品——人民币的企业，申请人应当凭经营许可证向工商行政管理部门办理工商登记，领取营业执照。

根据《银行业监督管理法》第22条的规定，国务院银行业监督管理机构对银行业金融机构设立的批准期限，应当自收到申请书之日起6个月内作出批准或者不批准的书面决定；审查董事和高级管理人员的任职资格，应当自收到申请文件之日起30月内作出批准不批准的决定；决定不批准的，应当说明理由。

三、商业银行分支机构的设立

商业银行根据其业务需要可以在中华人民共和国境内外设立分支机构。设立分支机构必须经国务院银行业监督管理机构审查批准。在中华人民共和国境内的分支机构，不按行政区划设立。

商业银行在中华人民共和国境内设立分支机构，应当按照规定拨付与其经营规模相适应的营运金额。拨付各分支机构营运资金的总和，不得超过总行资本金总额的60%。

设立商业银行分支机构，申请人应当向国务院银行业监督管理机构提交下列文件、资料：①申请书，申请书应当载明拟设立的分支机构的名称、营运资金额、业务范围、总行及分支机构所在地等；②申请人最近2年的财务会计报告；③拟任职的高级管理人员的资格证明；④经营方针和计划；⑤营业场所、安全防范措施和与业务有关的其他设施的资料；⑥国务院银行业监督管理机构规定的其他文件、资料。

经批准设立的商业银行分支机构，由国务院银行业监督管理机构颁发经营许可证，并凭该许可证向工商行政管理部门办理登记，领取营业执照。

四、商业银行的组织制度

《商业银行法》第17条规定，商业银行的组织形式、组织机构适用《公司法》的规定。本法施行前设立的商业银行，其组织形式、组织机构不完全符合《公司法》规定的，可以继续沿用原有的规定，适用前款规定的日期由国务院规定。

按照《公司法》的规定，我国商业银行的组织形式为有限责任公司和股份有限公司。

1. 有限责任公司股东以其出资额为限对公司承担责任，公司则以其全部资产对公司的债务承担责任。有限责任公司的组织机构是：

（1）股东会。股东会是由全体股东组成的最高权力机构。《公司法》规定有限责任公司股东会由全体股东组成，股东会是公司的权力机构，依照本法行使职权。

（2）董事会或者执行董事。董事会或者执行董事是有限责任公司的执行机构。《公司法》规定，有限责任公司设立董事会，其成员为3～13人；股东人数较少或规模较小的，可设1名执行董事，不设董事会。

（3）监事会或者监事。监事会或者监事是有限责任公司设立的监督机构。《公司法》规定，有限责任公司经营规模较大的，设立监事会，其成员不得少于3人。监事会应当在其组成人员中推选1名召集人。监事会由股东代表和适当比例的公司职工代表组成。有限责任公司股东人数较少和规模较小的，可以设1～2名监事，不设监事会。

2. 股份有限公司将其全部资本分为等额股份，股东以其所持有的股份为限对公司承担责任，公司以其全部资产对公司的债务承担责任。股份有限公司的组织机构是：

（1）股东大会。股东大会由股东组成，是公司的权力机构，决定公司的经营方针、投资计划等一切重大问题。

（2）董事会。董事会是股份有限公司的经营决策和业务执行机构。按照《公司法》的规定，董事会由5～19名董事组成，从股东或者非股东中选出。《公司法》还规定，股份有限公司设经理，由董事会聘任或者解聘。经理组织公司的生产管理工作，组织实施董事会决议和公司年度经营计划、投资方案，拟定公司内部管理机构设置方案和公司的基本管理制度，制定公司的具体规章，提请聘任或者解聘公司副经理、财务负责人，聘任或者解聘应由董事会聘任或者解聘以外的负责管理人员。

（3）监事会。《公司法》规定，股份有限公司设监事会，其成员不得少于3人。监事会应在其组成人员中推选1名召集人。监事会由股东代表和适当比例的职工代表组成。监事会检查公司的财务，对董事、经理执行公司职务时违反法律、法规或者公司章程的行为进行监督，当董事和经理的行为损害公司利益时，要求董事或经理予以纠正。

国有独资商业银行是国家授权投资的机构或者国家授权的部门单独投资设立的银行。依照公司法的规定，国有独资商业银行的组织形式是有限责任公司，国有独资公司不设股东会，由国家授权投资的机构或者国家授权的部门，授权公司董事会行使股东会的部分职权，决定公司的重大事项，但公司的合并、分立、解散、增减资本和发行公司债券，必须由国家授权投资的机构或者国家授权的部门决定。公司董事会成员为3～13人，由国家授权投资的机构或者国家授权的部门按照董事会的任期委派或者更换。董事会成员中应当有公司职工代表。国有独资公司设经理，由董事会聘任或者解聘。《商业银行法》第18条规定，国有独资商业银行设立监事会。监事会的产生办法由国务院规定。监事会对国有独资商业银行的信贷资产质量、资产负债比例、国有资产保值增值等情况以及高级管理人员违反法律、行政法规或者章程的行为和损害银行利益的行为进行监督。

根据《商业银行法》第27条的规定，有下列情形之一的，不得担任商业银行的董事、高级管理人员：①因犯有贪污、贿赂、侵占财产、挪用财产罪或者破坏社会经济秩序罪，被判处刑罚，或者因犯罪被剥夺政治权利的；②担任因经营不善破产清算的公司、企业的董事或者厂长、经理，并对该公司、企业的破产负有个人责任的；③担任因违法被吊销营业执照的公司、企业的法定代表人，并负有个人责任的；④个人所负数额较大的债务到期未清偿的。

3－3（2008年司法考试多选）根据我国《商业银行法》、《银行业监督管理法》的相关规定，下列哪些选项是正确的？

A. 商业银行的组织形式既可以是有限责任公司，也可以是股份有限公司

B. 商业银行的设立、变更等应经中国人民银行批准

C. 由于商业银行涉及存款人的利益，故商业银行不能通过破产程序而终止

D. 中国银监会负责对所有金融机构的监管

AD。

（1）《商业银行法》第2条规定："本法所称的商业银行是指依照本法和《中华人民共和国公司法》设立的吸收公众存款、发放贷款、办理结算等业务的企业法人。"所以A项正确。

（2）《商业银行法》第11条第1款规定："设立商业银行，应当经国务院银行业监督管理机构审查批准。"第24条第1款规定："商业银行有下列变更事项之一的，应当经国务院银行业监督管理机构批准：①变更名称；②变更注册资本；③变更总行或者分支行所在地；④调整业务范围；⑤变更持有资本总额或者股份总额5%以上的股东；⑥修改章程；⑦国务院银行业监督管理机构规定的其他变更事项。"所以B项错误。

（3）《商业银行法》第71条第1款规定："商业银行不能支付到期债务，经国务院银行业监督管理机构同意，由人民法院依法宣告其破产。商业银行被宣告破产的，由人民法院组织国务院银行业监督管理机构等有关部门和有关人员成立清算组，进行清算。"所以C项错误。

（4）《银行业监督管理法》第2条第1款规定："国务院银行业监督管理机构负责对全国银行业金融机构及其业务活动监督管理的工作。"所以D项正确。

五、商业银行的变更

商业银行有下列变更事项之一的，应当经国务院银行业监督管理机构批准：

①变更名称；②变更注册资本；③变更总行或者分支行所在地；④调整业务范围；⑤变更持有资本总额或者股份总额5%以上的股东；⑥修改章程；⑦国务院银行业监督管理机构规定的其他变更事项。

3－4（2008年司法考试单选）根据《商业银行法》规定，商业银行的某些变更事项应当报经国务院银行业监督管理机构批准，否则不发生法律效力。下列哪一事项无需报经国务院银行业监督管理机构批准？

A. 变更银行注册名称、变更注册资本

B. 变更银行总行或分支机构所在地

C. 缩小银行业务范围并相应修改银行章程

D. 变更持有资本总额或者股份总额4%股东

________D。《商业银行法》第24条规定，商业银行有下列变更事项之一的，应当经国务院银行业监督管理机构批准：①变更名称；②变更注册资本；③变更总行或者分支行所在地；④调整业务范围；⑤变更持有资本总额或者股份总额5%以上的股东；⑥修改章程；⑦国务院银行业监督管理机构规定的其他变更事项。更换董事、高级管理人员时，应当报经国务院银行业监督管理机构审查其任职资格。因此，本题的正确答案是D。

■ 第三节　商业银行的经营运作

一、商业银行经营的原则

（一）安全性、流动性、效益性原则

商业银行以安全性、流动性、效益性为经营原则，实行自主经营，自担风险，自负盈亏，自我约束。商业银行依法开展业务，不受任何单位和个人的干涉。商业银行以其全部法人财产独立承担民事责任。

“安全性”就是要使其资产尽可能地免遭或降低风险，使其经营保持长期稳定，保证各方利益不受损失。这就要求商业银行在发放贷款时要考虑贷款的安全性，实行担保贷款，并对保证人的清偿能力，抵押物、质物的权属和价值以及变现的可能性进行严格审查，同时商业银行还要加强自身的业务管理，健全稽核检查制度，以避免因经营管理不善而造成的损失。“流动性”是指银行资金的流动和融通，能够随时应对客户的提存、借贷的需求。对于银行来讲，保持资金的流动性是十分重要的，银行的大部分资金都是通过存款吸纳的，存款人随时可能取

款，而资金不贷出去又很难创造效益，因此，保证资金的周转和流动，才能服务好客户并保证其信用。“效益性”包括经济效益和社会效益，这里主要是强调经济效益即银行的营利性，获取利润是商业银行经营所追求的目标，银行只有营利才可以增加银行自身的经营实力，提高银行的信用，更好地服务于社会。商业银行安全性、流动性、效益性的经营原则有其内在的逻辑关系，只有在保证安全性和流动性的基础上才能争取更大的效益性。

“自主经营”是指商业银行为了避免风险，实现自己的经营目标，拥有自己的、全部的、独立的业务经营自主权，不受其他单位和个人的干预，不奉行政命令贷款，而是可以根据国家产业政策和发展政策，自主选择投资项目，决定贷款与否。“自担风险”是指商业银行独自承担经营风险。商业银行面临的风险主要包括贷款信用风险、利率风险、汇率风险、流动性风险等，其中贷款信用风险是主要的风险，即贷款方不能履约归还到期贷款的风险。无论何种风险，商业银行都要自己承担。“自负盈亏”是指商业银行作为自主经营者，既要享有通过自主经营所取得的利润，也要承担由此而造成的损失，以自己的全部资产承担民事责任。“自我约束”是指商业银行建立自我约束的机制，建立、健全本行的业务管理和内部稽核、检查制度。

《商业银行法》第4条第2款规定，商业银行依法独立开展业务，不受任何单位和个人的干涉。只有确立不干涉原则，才能真正保证商业银行独立开展业务。由于长期受计划经济体制的影响，我国的商业银行，尤其是国有专业银行在业务经营中，特别是发放贷款或担保方面常常受到来自地方政府或其他方面的压力，不能完全按照法律所规定的经营原则自主经营，造成了一些呆账、坏账，严重影响了商业银行的信贷资产质量，挫伤了其经营积极性。根据这种情况，法律明确规定，商业银行自主经营，不受任何单位和个人的干涉。

《商业银行法》第4条第3款规定，商业银行以其全部法人财产独立承担民事责任。这项规定有两层意思：①商业银行承担有限责任，其有限的责任范围是“全部法人财产”，这里所说的全部财产不仅是其注册资本额，而是指银行的全部实有资产，包括注册登记的资本金和经营累积的财产；②商业银行独立承担民事责任，对国有银行，国家只以其出资额承担有限责任，而非无限连带责任。这一款的规定，使商业银行企业法人的性质更加明确，彻底划清了政府与企业的关系，为商业银行的经营自主权提供了法律保障，同时也明确了经营风险的责任承担主体和承担范围。

3-5（2008年司法考试多选）某商业银行发放的下列贷款，哪些应计入不良贷款？

A. 甲公司的一笔流动资金贷款于本周到期，现银行同意其延展还款期 1 个月

B. 乙公司的一笔房地产项目贷款于 2005 年 6 月到期，2004 年 7 月该项目因资金短缺而停建

C. 丙公司的一笔委托贷款于 2005 年 9 月到期，2004 年 7 月该公司已进入破产清算程序

D. 丁公司的一笔拖欠多年的固定资产贷款，现已按规定以呆账准备金予以冲销

______ BC。《贷款通则》第 34 条规定：不良贷款系指呆账贷款、呆滞贷款、逾期贷款。呆账贷款，系指按财政部有关规定列为呆账的贷款。呆滞贷款，系指按财政部有关规定，逾期（含展期后到期）超过规定年限以上仍未归还的贷款，或虽未逾期或逾期不满规定年限但生产经营已终止、项目已停建的贷款（不含呆账贷款）。逾期贷款，系指借款合同约定到期（含展期后到期）未归还的贷款（不含呆滞贷款和呆账贷款）。A 项中银行同意其延展还款期 1 个月，并未出现展期后到期超过规定年限以上仍未归还的贷款的情况，不构成呆滞贷款，故不属于不良贷款。B 项中的贷款属于虽未逾期但生产经营项目已停建的贷款，C 项中的贷款属于虽未逾期但生产经营已经终止的贷款，构成呆滞贷款，故均属于不良贷款。A 项中的固定资产贷款虽拖欠多年，但现已按规定以呆账准备金予以冲销，故不属于不良贷款。所以本题选 B、C。

（二）平等、自愿、公平和诚实信用原则

平等、自愿、公平、诚实信用是民商事法律规范的基本原则。商业银行与客户的业务往来，应当遵循平等、自愿、公平和诚实信用的原则。平等是指商业银行与客户之间处于同等的地位，享有同样的权利，得到同样的法律保护。自愿是指当事人中的任何一方都按照自己的意思表示从事民事法律行为，任何一方不能将自己的意思表示强加于对方。公平指合情合理或说公平合理，处理事务以同一个标准和尺度，不倾斜于哪一方。诚实信用是指诚实守信用，遵守商业道德，不欺骗对方。

（三）遵守法律、行政法规、不得损害国家利益和社会公共利益

商业银行开展业务，应当遵守法律、行政法规的有关规定，不得损害国家利益和社会公共利益。商业银行开展业务，要遵守法律、行政法规的有关规定，这是对商业银行及其工作人员最基本的要求。此处所说的遵守法律、行政法规，不

仅是金融方面的法律法规，而且包括其他有关的法律法规。国家利益是指国家的根本利益，社会公共利益是指社会全体成员的共同利益，国家利益也是社会公共利益，两者是相辅相成的。在一般情况下，银行利益与国家利益、社会公共利益是统一的，但在实践中，商业银行在进行业务活动时，其利益有时会与国家利益、社会公共利益产生一定的矛盾，这就需要商业银行依照法律、行政法规的有关规定，调整好与国家利益、社会公共利益之间的关系，不得为了牟取私利或者局部利益，损害国家利益和社会公共利益。

（四）公平竞争原则

商业银行开展业务，应当遵守公平竞争的原则，不得从事不正当竞争。在市场经济中，商业银行之间不可避免地会发生竞争，通过竞争能够促进银行业不断地提高管理水平，提高信贷资产质量，增强服务意识，为社会提供高质量的服务。商业银行的竞争，应当遵守公平竞争的原则。公平竞争是指经营者在经营中遵守国家法律，遵守诚实信用等民法原则进行正当竞争的行为。例如，可以采取以下措施加强制度建设，提高管理水平：在信贷业务方面，提高信贷质量，减少呆账、坏账；在吸收存款方面，改进服务态度，增加便民措施，更新服务设施；遵守有关银行业的法律、法规，不从事不正当竞争的行为等。

不正当竞争是指经营者违反法律、法规的规定，损害其他经营者的合法权益，扰乱社会经济秩序的行为。例如，擅自提高存款利率招揽储蓄或者采用违法的有奖储蓄；利用汇款、贷款业务收取各种不合理的费用；窃取竞争对手的商业秘密或者捏造、散布虚伪事实，损害竞争对手的商业信誉等。不正当竞争不但起不到促进银行业发展的目的，而且会破坏商业银行的稳健运营，使金融秩序发生混乱，对经济发展起破坏作用。

国家鼓励、支持经营者采取公平竞争的方式进行竞争，禁止不正当竞争的行为。目前，为适应市场竞争机制的需要，国家正在对国有商业银行进行改制，同时，国外商业银行也纷纷在我国设立其分支机构，今后，竞争将更为激烈。我国商业银行应当增强竞争能力，提高公平竞争意识，防范不正当竞争行为，才能在竞争中求生存、求发展。

（五）保障存款人的合法权益不受任何单位和个人的侵犯

商业银行应当保障存款人的合法权益不受任何单位和个人的侵犯。存款人即在商业银行存入款项的人，包括自然人和单位。根据法律的规定，存款人的合法权益包括以下几项：①存款自愿、取款自由、存款有息、为存款人保密。②对个人储蓄存款，商业银行有权拒绝任何单位或者个人查询、冻结、扣划，但法律另有规定的除外；对单位存款，商业银行有权拒绝任何单位或者个人查询，但法律、行政法规另有规定的除外；有权拒绝任何单位或者个人冻结、划扣，但法律另有规定的除外。③存款利率的知情权。④存款本金和利息的取得权。

二、商业银行的业务范围

商业银行可以经营下列部分或者全部业务：①吸收公众存款；②发放短期、中期和长期贷款；③办理国内外结算；④办理票据承兑与贴现；⑤发行金融债券；⑥代理发行、代理兑付、承销政府债券；⑦买卖政府债券、全融债券；⑧从事同业拆借；⑨买卖、代理买卖外汇；⑩从事银行卡业务；⑪提供信用证服务及担保；⑫代理收付款项及代理保险业务；⑬提供保管箱服务；⑭经国务院银行业监督管理机构批准的其他业务。

商业银行的经营范围由商业银行章程规定，报国务院银行业监督管理机构批准。商业银行经中国人民银行批准，可以经营结汇、售汇业务。

三、商业银行的业务规则

商业银行是特殊的产业单位，它的业务活动既具有同客户之间一定的不平等性，同时又具有广泛的社会性和一定的公益性。因此，为维护社会正常的经济秩序，必须对商业银行的基本业务进行必要的规范。按照《商业银行法》和相关法律规定，商业银行的业务规则主要包括存款业务基本规则、贷款业务基本规则、同业拆借业务基本规则以及其他业务基本规则。

（一）存款业务规则制度

存款业务是商业银行的基本负债业务，是商业银行业务资金的主要来源。存款业务规则制度主要包括两个方面：一是存款法律性质制度；二是存款人权益的保护制度。从法律角度看，存款业务实质上是一种借款合同。存款人就是存款合同中的贷款人，而银行则是借款人。

按照《商业银行法》及相关法律的规定，存款人权益的保护制度主要包括：①商业银行应当保护存款人的合法权益不受任何单位和个人的侵犯；②商业银行办理个人储蓄存款业务，应当遵循存款自愿、取款自由、存款有息、为存款人保密的原则；③商业银行应当保证存款本金和利息的支付，不得拖延、拒绝支付存款本金和利息；④商业银行应当按照中国人民银行规定的存款利率上下限，规定存款利率，并予以公告；⑤商业银行应当按照中国人民银行的规定，向中国人民银行交存存款准备金，留足备付金；⑥对存款人的存款，除税务、公安、检察部门和法院，可以按照法定程序和要求查询、冻结和扣划外，商业银行有权拒绝任何单位和个人查询、冻结、扣划存款人的存款。

（二）贷款业务规则制度

贷款是商业银行主要的资产业务和利润来源，商业银行贷款业务的经营情况、贷款业务的质量高低，直接影响到商业银行的经营业绩和安全，也影响到整个社会的金融秩序和经济秩序。因此，必须对商业银行的贷款业务规定严格的业务规则。按照《合同法》第 197～201 条以及相关法律的规定，商业银行贷款必须以书面形式签订借款合同。《商业银行法》第 37 条规定，商业银行贷款，应当与借款人订立书面合同。合同应当约定贷款种类、借款用途、金额、利率、还款期限、还款方式、违约责任和双方认为需要约定的其他事项。借款人应当按照贷款人的要求，提供与借款有关的业务活动和财务状况的真实情况。借款的利息不得预先在本金中扣除；利息在本金中扣除的，应当按照实际借款数额返还借款并计算利息。贷款人未按照约定的日期、数额提供借款，造成借款人损失的，应当承担赔偿责任。

按照《商业银行法》34 条的规定，在贷款的指导思想上，商业银行应当根据国民经济和社会发展的需要，在国家产业政策的指导下开展贷款业务。在贷款的自主权上，任何单位和个人不得强令商业银行发放贷款或者提供担保，对此，商业银行有拒绝的权利。经国务院批准的特定贷款项目，国有独资商业银行应当发放贷款；因贷款造成的损失，由国务院采取相应补救措施。在贷款的审查上，商业银行贷款，应当对借款人的借款用途、偿还能力、还款方式等情况进行严格审查。对借款人资信状况的要求，《贷款通则》作了较为详尽的规定，借款人申请贷款，应当具备产品有市场、生产经营有效益、不挤占挪用信贷资金、恪守信用等基本条件，并且应当符合以下要求：①有按期还本付息的能力，原应付贷款利息和到期贷款已清偿；没有清偿的，已经做了贷款人认可的偿还计划。②除自然人和不需要经工商部门核准登记的事业法人外，应当经过工商部门办理年检手续。③已开立基本账户或一般存款账户。④除国务院规定外，有限责任公司和股份有限公司对外股本权益性投资累计额未超过其净资产总额的 50%。⑤借款人的资产负债率符合贷款人的要求。⑥申请中期、长期贷款的，新建项目的企业法人所有者权益与项目所需总投资的比例不低于国家规定的投资项目的资本金比例。

商业银行应当实行审贷分离、分级审批的制度。在担保原则上，商业银行应当对保证人的偿还能力，抵押物、质物的权属及价值以及实现抵押权、质权的可行性进行严格审查。经商业银行审查评估，确认借款人资信良好，确能偿还贷款的，可以不提供担保。在利率管理上，商业银行应当按照中国人民银行规定的贷款利率的上下限，确定贷款利率。

商业银行贷款，应当遵守资产负债比例管理制度。在资产与负债的比例上，商业银行的资本充足率不得低于 8%；贷款余额与存款余额的比例不得超过

75%；流动性资产的余额与流动性负债的比例不得低于25%；对同一借款人的贷款余额与商业银行资本余额的比例不得超过10%。除此之外，中国人民银行还要根据具体情况，增加其他资产负债比例管理的比例要求，并根据需要对这些比例关系进行适当的调整。在对关系人贷款的限制上，商业银行不得向关系人发放信用贷款，同时，向关系人发放担保贷款的条件不得优于其他借款人同类贷款的条件。这里的贷款关系人是指商业银行的董事、监事、管理人员、信贷业务人员及其近亲属，和这些人员投资或者担任高级管理职务的公司、企业和其他经济组织。

3-6（2007年司法考试单选）根据《商业银行法》的规定，商业银行不得向关系人发放信用贷款。下列哪一类人属于该规定所指的关系人？

A. 商业银行的董事、监事、管理人员、信贷业务人员及其近亲属

B. 与商业银行有业务往来的非银行金融机构的董事、监事和高级管理人员

C. 甲商业银行的上级主管部门的负责人及其近亲属

D. 商业银行的客户企业的董事、监事和高级管理人员

A。《商业银行法》第40条规定："商业银行不得向关系人发放信用贷款；向关系人发放担保贷款的条件不得优于其他借款人同类贷款的条件。前款所称关系人是指：①商业银行的董事、监事、管理人员、信贷业务人员及其近亲属；②前项所列人员投资或者担任高级管理职务的公司、企业和其他经济组织。"故本题答案为A。

3-7（2008司法考试单选）关于商业银行贷款法律制度，下列哪一选项是错误的？

A. 商业银行贷款应当实行审贷分离、分级审批的制度

B. 商业银行可以根据贷款数额以及贷款期限，自行确定贷款利率

C. 商业银行贷款，应当遵守资本充足率不得低于8%的规定

D. 商业银行贷款，应当对借款人的借款用途、偿还能力、还款方式等情况进行严格审查

B。《商业银行法》第35条第2款规定："商业银行贷款，应当实行审贷分离、分级审批的制度。"所以A项是正确的。该法第38条规定："商业银行应当按照中国人民银行规定的贷款利率的上下限，确定贷款利率。"所以B项是错误的。该法第39条第1款第1项规定："商业银行贷款，资本充足率不得低于8%。"所以C项是正确的。该法第35条第1款规定："商业银行贷款，应

当对借款人的借款用途、偿还能力、还款方式等情况进行严格审查。”所以 D 项是正确的。因此本题应选 B。

（三）同业拆借规则制度

同业拆借是商业银行之间，以及商业银行与其他金融机构之间相互融通短期资金的行为。因此，必须对同业拆借行为和拆入资金的使用作出明确规定，以保证不改变同业拆借业务的性质，维护正常的金融和经济秩序。按照《商业银行法》第 46 条的规定，商业银行参加同业拆借，应当遵守中国人民银行规定的期限，拆借的期限最多不得超过 4 个月；禁止利用拆入资金发放固定资产贷款或者用于投资；拆出资金限于交足存款准备金、留足备付金和归还中国人民银行到期贷款之后的闲置资金；拆入资金只能用于弥补票据清算、联行汇差头寸的不足和解决临时性周转资金的需要。

（四）其他业务规则制度

按照《商业银行法》第 44 条的规定，商业银行办理票据承兑、汇兑、委托收款等结算业务，应当按照规定的期限兑现、收付入账，不得压单、压票或者违反规定退票。按照《商业银行法》第 45 ~ 51 条的规定，商业银行发行金融债券或到境外借款，应当依照法律、行政法规的规定报经批准。商业银行的营业时间应方便客户，并予以公告；商业银行应当在公告时间内营业，不得擅自停止营业或者缩短营业时间。商业银行办理业务或提供服务，应当按照中国人民银行的规定收取手续费；同时，商业银行应当按照国家有关规定保存财务会计报表、业务合同以及其他资料。

此外，按照《商业银行法》第 52 条的规定，商业银行的工作人员应当遵守法律、行政法规和其他各项业务管理的规定，不得利用职务上的便利，索取、收受贿赂或者违反国家规定收受各种名义的回扣、手续费；不得利用职务上的便利，贪污、挪用、侵占本行或者客户的资金；不得违反规定徇私向亲属、朋友发放贷款或者提供担保；不得在其他经济组织兼职；也不得从事违反法律、行政法规和业务管理规定的其他行为。

四、商业银行经营禁止

《商业银行法》第 43 条规定，商业银行在中华人民共和国境内不得从事信托投资和证券经营业务，不得向非自用不动产投资或者向非银行金融机构和企业投资，但国家另有规定的除外。

■ 第四节 商业银行的接管

一、接管的概念和条件

接管是国务院银行业监督管理机构对商业银行进行监督和管理的一种手段，是国务院银行业监督管理机构在商业银行已经或者可能发生信用危机，严重影响存款人利益时，对该银行采取的整顿、改组等措施。

接管作为对商业银行监管的一种手段，不少国家和地区的银行法都作了规定，其中对接管条件的规定基本相似。比如，我国台湾地区规定，银行因业务或者财务状况明显恶化，不能支付其债务或者有损存款人利益时，中央主管机构得勒令其停业并限期清理、停止其部分业务，派有关人员接管。新加坡规定，有以下情况之一的，银行主管机构可以接办该银行的管理和业务，或者命令他人管理及经营该银行业务：①银行无法履行债务，已经或者将被破产、停止支付时；②以有可能损害存款人或者债权人权益的方法经营其业务的；③曾违反或者未能遵守法律或者执照的规定和条件的。

《商业银行法》第64条规定："商业银行已经或者可能发生信用危机，严重影响存款人的利益时，国务院银行业监督管理机构可以对该银行实行接管。接管的目的是对被接管的商业银行采取必要措施，以保护存款人的利益，恢复商业银行的正常经营能力。被接管的商业银行的债权债务关系不因接管而变化。"

根据上述规定，国务院银行业监督管理机构可以在以下情形采取接管措施：

1. 商业银行已经发生信用危机的。对于银行经营管理不善，或者违反法律、公司章程的规定，造成银行资金无法收回，存款人的到期存款不能兑现，严重影响存款人利益时，国务院银行业监督管理机构可以采取接管措施。

2. 商业银行可能发生信用危机的。有的商业银行虽然从其目前的经营状况看还可以支付到期的债务，但是由于发生重大事项该银行将没有能力支付存款人存款，比如，某商业银行的巨额贷款无法收回，必然会影响存款人利益的。在这种可能发生信用危机的情况下，国务院银行业监督管理机构也可以采取接管措施。

我国银行业监督管理法对接管的问题也作出了规定。《银行业监督管理法》第38条规定，银行业金融机构已经或者可能发生信用危机，严重影响存款人和其他客户合法利益的，国务院银行业监督管理机构可以依法对该银行业金融机构实行接管或者促成机构重组。此外，为了保证接管工作的顺利进行，并追究有关责任人员的责任，《银行业监督管理法》第40条还规定，银行业金融机构被接管的，国务院银行业监督管理机构有权要求该银行业金融机构的董事、高级管理人员和其他工作人员，按照国务院银行业监督管理机构的要求履行职责。在接管期间，经国务院银行业监督管理机构负责人批准，对直接负责的董事、高级管理人员和其他直接责任人员，可以采取下列措施：①直接负责的董事、高级管理人员和其他直接责任人员出境将对国家利益造成重大损失的，通知出境管理机关依法阻止其出境；②申请司法机关禁止其转移、转让财产或者对其财产设定其他权利。

二、接管程序

接管由国务院银行业监督管理机构决定并组织实施。国务院银行业监督管理机构决定采取接管措施时，应当以书面形式作出接管决定。接管决定应当包括以下内容：

（1）被接管的商业银行的名称。

（2）接管理由。即需要采取接管措施的原因，比如，由于银行内部人员违法贷款致使不能支付存款人到期存款等。

（3）接管组织。即经国务院银行业监督管理机构决定，由接管人员组成的临时机构。

（4）接管期限。即采取接管措施的起止日期。根据《商业银行法》第67条的规定，接管期限届满，国务院银行业监督管理机构可以决定延长接管期间，但接管期限最长不得超过2年，接管组织应当在法定的期限内采取接管措施。

接管决定作出后，国务院银行业监督管理机构应当予以公告，使被接管银行的存款人、客户及广大公众能了解该银行已经被接管的情况，从而能够配合接管组织采取的相关措施。在接管期间，接管组织一般首先要了解和调查被接管商业银行发生信用危机的原因，然后根据问题所在，制定出相应的措施来挽救被接管的商业银行。

三、接管终止

接管终止是指由于发生法律规定的情形，导致接管工作停止。《商业银行法》第68条规定了接管终止的法定情形。根据规定，有以下情形之一的，接管终止：

1. 接管决定规定的期限届满或者国务院银行业监督管理机构决定的接管延期届满。接管工作应当在接管决定规定的期限内进行，接管期限届满的，接管工作应当停止。根据《商业银行法》第67条的规定，国务院银行业监督管理机构在接管决定规定的期限届满后，有权决定延期。这种情况下，接管应当在延期期限届满后终止。由于法律规定的接管期限最长为2年，所以，接管最长只有2年的期限。

2. 接管期限届满前，被接管的商业银行已恢复正常经营能力。在接管期间，如果接管组织采取了较为有效的措施，妥善解决了被接管商业银行存在的问题，使被接管商业银行的信用得以恢复，具有了正常的经营能力并能够支付存款人的到期存款，那么，即使接管期限还未届满，接管组织也应当终止接管工作，将被接管商业银行的经营管理权移交给该银行自己行使。

3. 接管期限届满前，被接管的商业银行被合并。接管期限届满前，接管组织为了恢复被接管商业银行的经营能力，可以将被接管商业银行合并于另一家银行。采取合并措施后，被接管商业银行的债权和债务关系由合并后的商业银行承担，接管组织应当终止接管工作。

4. 接管期限届满前，被接管的商业银行被依法宣告破产。国务院银行业监督管理机构采取接管措施后，被接管的商业银行仍不能恢复正常经营并无法支付存款人到期债务的，可以依照法定程序进人破产程序。在这种情况下，被接管商业银行的债权和债务应当交给依法成立的清算组进行清算，接管组织应当终止接管工作。

3-8（2008年司法考试多选）商业银行出现信用危机严重影响存款人利益时，可由中央银行对其实行接管。下列有关商业银行接管的表述，哪些符合我国现行法律的规定？

A. 非经接管程序，商业银行不得解散或破产

B. 实行接管后，商业银行的债权债务由接管组织概括承受

C. 接管的期限最长不超过2年

D. 自接管之日起，由接管组织行使商业银行的经营管理权力

________ CD。《商业银行法》第64条规定："商业银行已经或者可能发生信用危机，严重影响存款人的利益时，国务院银行业监督管理机构可以对该银行实行接管。接管的目的是对被接管的商业银行采取必要措施，以保护存款人的利益，恢复商业银行的正常经营能力。被接管的商业银行的债权债务关系不因接管而变化。"第66条规定："接管自接管决定实施之日起开始。自接管开始之日起，由接管组织行使商业银行的经营管理权力。"第67条规定："接管期限届满，国务院银行业监督管理机构可以决定延期，但接管期限最长不得超过2年。"所以本题应选CD。

■ 第五节　商业银行的解散、破产和清算

一、商业银行的解散

商业银行因分立、合并或者出现公司章程规定的解散事由需要解散的，应当向国务院银行业监督管理机构提出申请，并附解散的理由和支付存款的本金和利息等债务清偿计划，经国务院银行业监督管理机构批准后解散。

商业银行解散的，应当依法成立清算组，进行清算，按照清偿计划及时偿还存款本金和利息等债务。国务院银行业监督管理机构监督清算过程。

二、商业银行的破产

商业银行的破产清算程序与其他清算程序不同。按照《商业银行法》第71条的规定，商业银行不能支付到期债务的，应经过国务院银行业监督管理机构同意，由人民法院宣告其破产。商业银行在被宣告破产后，应由人民法院组织国务院银行业监督管理机构等部门和有关人员成立清算组进行清算。商业银行破产的条件原则上只有一个，即不能支付到期债务。在商业银行的破产过程中，除了按照《商业银行法》的有关规定实施破产程序外，还应根据《破产法》和《民事诉讼法》的规定办理有关破产事宜。此外，商业银行破产清算时，在支付清算费用、所欠职工工资和劳动保险费用后，应当优先支付个人储蓄存款的本金和利息。在此支付后剩余的破产财产，才能按顺序支付国家的税款、清偿普通的债权，包括其他银行、单位、机构在银行的存款、拆出资金和其他债权等。

三、商业银行的清算

商业银行的清算，是指在银行出现分立、合并、解散、撤销或破产时，在实施清算过程中所必须遵守的法律制度，它的主要内容包括清算形式制度、清算条件制度和清算程序制度。商业银行清算制度除需遵守普通产业单位清算的有关法律制度外，还必须遵守其特有的法律规定。按照《商业银行法》第69条的规定，商业银行在因分立、合并或者出现公司章程规定的解散事由需要解散时，应当向国务院银行业监督管理机构申请，并附申请解散的理由和支付存款的本金和利息等债权债务清偿计划，经国务院银行业监督管理机构批准后解散。商业银行解散的，应当依法成立清算组，清算组成员由国务院银行业监督管理机构指定。由清算组进行清算，按照既定的清偿计划及时偿还存款本金和利息等债务，然后再偿还银行其他的债务。国务院银行业监督管理机构监督清算的过程，对清算的重大事项有否决权。按照《商业银行法》第70条的规定，商业银行因吊销经营许可

证被撤销的，国务院银行业监督管理机构应当依法及时组织成立清算组，进行清算，按照清偿计划及时偿还存款本金和利息等债务。

3－9（2007年司法考试单选）根据《商业银行法》的规定，商业银行破产清算时的财产分配适用下列哪一种顺序？

A. 清算费用，所欠职工工资和劳动保险费用，个人储蓄存款的本金和利息

B. 清算费用，个人储蓄存款的本金和利息，所欠职工工资和劳动保险费用

C. 个人储蓄存款的本金和利息，清算费用，所欠职工工资和劳动保险费用

D. 所欠职工工资和劳动保险费用，清算费用，个人储蓄存款的本金和利息

________ A。《商业银行法》第71条规定："商业银行不能支付到期债务，经国务院银行业监督管理机构同意，由人民法院依法宣告其破产。商业银行被宣告破产的，由人民法院组织国务院银行业监督管理机构等有关部门和有关人员成立清算组，进行清算。商业银行破产清算时，在支付清算费用、所欠职工工资和劳动保险费用后，应当优先支付个人储蓄存款的本金和利息。"所以选A。

■ 第六节 法律责任

一、商业银行的法律责任

1. 根据《商业银行法》第73条的规定，对存款人或者其他客户造成财产损害的，应当承担支付迟延履行的利息以及其他民事责任：

（1）无故拖延、拒绝支付存款本金和利息的。

（2）违反票据承兑等结算业务规定，不予兑现，不予收付入账，压单、压票或者违反规定退票的。

（3）非法查询、冻结、扣划个人储蓄存款或者单位存款的。

（4）违反本法规定对存款人或者其他客户造成损害的其他行为。

有前款规定情形的，由国务院银行业监督管理机构责令改正，有违法所得的，没收违法所得，违法所得5万元以上的，并处违法所得1倍以上5倍以下罚款；没有违法所得或者违法所得不足5万元的，处5万元以上50万元以下罚款。

2. 根据《商业银行法》第74条的规定，商业银行有下列情形之一，由国务院银行业监督管理机构责令改正，有违法所得的，没收违法所得，违法所得50万元以上的，并处违法所得1倍以上5倍以下罚款；没有违法所得或者违法所得不足50万元的，处50万元以上200万元以下罚款；情节特别严重或者逾期不改

正的，可以责令停业整顿或者吊销其经营许可证；构成犯罪的，依法追究刑事责任：

（1）未经批准设立分支机构的。

（2）未经批准分立、合并或者违反规定对变更事项不报批。

（3）违反规定提高或者降低利率以及采用其他不正当手段，吸收存款，发放贷款的。

（4）出租、出借经营许可证的。

（5）未经批准买卖、代理买卖外汇的。

（6）未经批准买卖政府债券或者发行、买卖金融债券的。

（7）违反国家规定从事信托投资和证券经营业务、向非自用不动产投资或者向非银行金融机构和企业投资的。

（8）向关系人发放信用贷款或者发放担保贷款的条件优于其他借款人同类贷款的条件的。

3. 根据《商业银行法》第 75 条的规定商业银行有下列情形之一，由国务院银行业监督管理机构责令改正，并处 20 万元以上 50 万元以下罚款；情节特别严重或者逾期不改正的，可以责令停业整顿或者吊销其经营许可证；构成犯罪的，依法追究刑事责任：

（1）拒绝或者阻碍国务院银行业监督管理机构检查监督的。

（2）提供虚假的或者隐瞒重要事实的财务会计报告、报表和统计报表的。

（3）未遵守资本充足率、存贷比例、资产流动性比例、同一借款人贷款比例和国务院银行业监督管理机构有关资产负债比例管理的其他规定的。

4. 根据《商业银行法》第 76 条的规定，商业银行有下列情形之一，由中国人民银行责令改正，有违法所得的，没收违法所得，违法所得 50 万元以上的，并处违法所得 1 倍以上 5 倍以下罚款；没有违法所得或者违法所得不足 50 万元的，处 50 万元以上 200 万元以下罚款；情节特别严重或者逾期不改正的，中国人民银行可以建议国务院银行业监督管理机构责令停业整顿或者吊销其经营许可证；构成犯罪的，依法追究刑事责任：

（1）未经批准办理结汇、售汇业务的。

（2）未经批准在银行间债券市场发行、买卖金融债券或者到境外借款的。

（3）违反规定同业拆借的。

5. 根据《商业银行法》第 77 条的规定，商业银行有下列情形之一的，由中国人民银行责令改正，并处 20 万元以上 50 万元以下罚款；情节特别严重或者逾期不改正的，中国人民银行可以建议国务院银行业监督管理机构责令停业整顿或者吊销其经营许可证；构成犯罪的，依法追究刑事责任：

（1）拒绝或者阻碍中国人民银行检查监督的。

（2）提供虚假的或者隐瞒重要事实的财务会计报告、报表和统计报表的。

（3）未按照中国人民银行规定的比例交存存款准备金的。

3－10（2004年司法考试单选）商业银行的下列违规行为哪一项依法应由中国人民银行负责查处？

A. 提供虚假财务报告

B. 出借营业许可证

C. 未经批准代理买卖外汇

D. 未经批准设立分支机构

________A。《商业银行法》第77条规定："商业银行有下列情形之一，由中国人民银行责令改正，并处20万元以上50万元以下罚款；情节特别严重或者逾期不改正的，中国人民银行可以建议国务院银行业监督管理机构责令停业整顿或者吊销其经营许可证；构成犯罪的，依法追究刑事责任：①拒绝或者阻碍中国人民银行检查监督的；②提供虚假的或者隐瞒重要事实的财务会计报告、报表和统计报表的；③未按照中国人民银行规定的比例交存存款准备金的。"因此，A项依法由中国人民银行负责查处。而B、C、D三项都规定在《商业银行法》第74条中，由国务院银行业监督管理机构负责查处。所以应选A。

6. 根据《商业银行法》第80条的规定，商业银行不按照规定向国务院银行业监督管理机构报送有关文件、资料的，由国务院银行业监督管理机构责令改正，逾期不改正的，处10万元以上30万元以下罚款。

二、商业银行工作人员的法律责任

1. 根据《商业银行法》第78条的规定，商业银行有本法第73～77条规定情形的，对直接负责的董事、高级管理人员和其他直接责任人员，应当给予纪律处分；构成犯罪的，依法追究刑事责任。

2. 根据《商业银行法》第84条的规定，商业银行工作人员利用职务上的便利，索取、收受贿赂或者违反国家规定收受各种名义的回扣、手续费，构成犯罪的，依法追究刑事责任；尚不构成犯罪的，应当给予纪律处分。有前款行为，发放贷款或者提供担保造成损失的，应当承担全部或者部分赔偿责任。

3. 根据《商业银行法》第85条的规定，商业银行工作人员利用职务上的便利，贪污、挪用、侵占本行或者客户资金，构成犯罪的，依法追究刑事责任；尚不构成犯罪的，应当给予纪律处分。

4. 根据《商业银行法》第 86 条的规定，商业银行工作人员违反本法规定玩忽职守造成损失的，应当给予纪律处分；构成犯罪的，依法追究刑事责任。违反规定徇私向亲属、朋友发放贷款或者提供担保造成损失的，应当承担全部或者部分赔偿责任。

5. 根据《商业银行法》第 87 条的规定，商业银行工作人员泄露在任职期间知悉的国家秘密、商业秘密的，应当给予纪律处分；构成犯罪的，依法追究刑事责任。

6. 根据《商业银行法》第 89 条的规定，商业银行违反本法规定的，国务院银行业监督管理机构可以区别不同情形，取消其直接负责的董事、高级管理人员一定期限直至终身的任职资格，禁止直接负责的董事、高级管理人员和其他直接责任人员一定期限直至终身从事银行业工作。

商业银行的行为尚不构成犯罪的，对直接负责的商业银行董事、高级管理人员和其他直接责任人员，给予警告，处 5 万元以上 50 万元以下罚款。

三、借款人的法律责任

根据《商业银行法》第 82 条的规定，借款人采取欺诈手段骗取贷款，构成犯罪的，依法追究刑事责任。

四、其他有关人员的法律责任

1. 根据《商业银行法》第 79、80 条的规定，有下列情形之一，由国务院银行业监督管理机构责令改正，有违法所得的，没收违法所得，违法所得 5 万元以上的，并处违法所得 1 倍以上 5 倍以下罚款；没有违法所得或者违法所得不足 5 万元的，处 5 万元以上 50 万元以下罚款：①未经批准在名称中使用“银行”字样的；②未经批准购买商业银行股份总额 5% 以上的；③将单位的资金以个人名义开立账户存储的。

商业银行不按照规定向国务院银行业监督管理机构、中国人民银行报送有关文件、资料的，由国务院银行业监督管理机构和中国人民银行分别责令改正，逾期不改正的，处 10 万元以上 30 万元以下罚款。

2. 根据《商业银行法》第 81 条的规定，未经国务院银行业监督管理机构批准，擅自设立商业银行，或者非法吸收公众存款、变相吸收公众存款，构成犯罪的，依法追究刑事责任；并由国务院银行业监督管理机构予以取缔。伪造、变造、转让商业银行经营许可证，构成犯罪的，依法追究刑事责任。

3. 根据《商业银行法》第 88 条的规定，单位或者个人强令商业银行发放贷款或者提供担保的，应当对直接负责的主管人员和其他直接责任人员或者个人给予纪律处分；造成损失的，应当承担全部或者部分赔偿责任。

商业银行的工作人员对单位或者个人强令其发放贷款或者提供担保未予拒绝的，应当给予纪律处分；造成损失的，应当承担相应的赔偿责任。

第四章　政策性银行法律制度

第一节　政策性银行概述

一、政策性银行的概念

所谓政策性银行是由政府出资设立、参股或保证的，不以营利为目的，专门为贯彻、配合政府社会经济政策或意图，在特定的业务领域内，直接或间接地从事政策性融资活动，充当政府发展经济、促进社会进步、进行宏观经济管理工具的金融机构。政策性银行是国家干预经济的产物，从出现至今已有大半个世纪的历史。1994 年在社会主义市场经济目标已经确立，经济体制改革逐步深化的形势下，根据党的十四届三中全会精神和《国务院关于金融体制改革的决定》及其他文件，我国相继设立了国家开发银行（1994 年 3 月 17 日）、中国农业发展银行（1994 年 11 月 8 日）、中国进出口银行（1994 年 7 月 1 日）三家政策性银行。根据经济体制改革和经济发展需要，我国不仅可能设立其他政策性银行，而且也可能设立必要的政策性非银行金融机构，如社会保险公司、存款保险公司等。

当今世界上许多国家都建立有政策性银行，其种类较为全面，并构成较为完整的政策性银行体系，如日本著名的“二行九库”体系，包括日本输出入银行、日本开发银行、日本国民金融公库、住宅金融公库、农林渔业金融公库、中小企业金融公库、北海道东北开发公库、公营企业金融公库、环境卫生金融公库、冲绳振兴开发金融公库、中小企业信用保险公库；韩国设有韩国开发银行、韩国进出口银行、韩国中小企业银行、韩国住宅银行等政策性银行；法国设有法国农业信贷银行、法国对外贸易银行、法国土地信贷银行、法国国家信贷银行、中小企业设备信贷银行等政策性银行；美国设有美国进出口银行、联邦住房信贷银行体系等政策性银行。这些政策性银行在各国社会经济生活中发挥着独特而重要的作用，构成各国金融体系的一部分。

二、政策性银行的特征

(一) 政策性银行的产生和发展是国家干预、协调经济的产物

市场经济是通过市场将资源配置到最合适的环节中去的经济体制。但市场经济也有其明显的缺陷，即市场调节具有自发性、滞后性和一定的盲目性，这就是所谓的市场失灵或者市场失效，因此，国家对经济的调控是必须的，也是必要的，这就是所谓的市场经济的发展需要有“两只手”，一只是国家宏观调控之手，即“看得见的手”；另一只手，就是市场经济运行之手，即“看不见的手”。在市场经济的条件下，发挥信用作用的商业银行是以营利为目的的企业，其所追求的是利润，在“效益性、安全性、流动性”基本原则下从事信贷活动，为了企业的生存、发展，其信贷方向、额度、规模、期限，尤其是借款人的资质是其考虑的主要方面，同时，《商业银行法》及其国家监管部门的规定都必须予以严格遵照执行。因此，实际上，在我国国民经济发展的过程中，在整个国民经济的结构中，一些行业、领域、地区存在的问题是商业银行不愿涉足的，而这些行业、领域、地区是国家要求必须发展的、甚至其中一些是国民经济的基础产业或者支柱产业，比如农业、水利、基础设施、港口、码头、进出口等，它们直接关系到整个国家经济的发展。因此，如果没有资金的支持，没有信用的支持其发展必然会落后于整个国民经济的速度，如何解决这一市场经济本身过错引发的问题，直接关系到国民经济发展的成败。建立政策性银行是解决这一问题的基本思路。

(二) 政策性银行由政府出资设立

在我国政策性银行由政府出资设立，在这一点上与中国人民银行具有同样的地位。而作为金融主体的商业银行虽然有国家出资，而且绝大部分由国家控股，但其设立都是以公司形式出现的，国家可以是出资人，成为国家股东，但同样允许社会投资人出资入股，而社会公众出资入股后享有和国家同等的股东权利，履行同样的出资义务，承担同样的出资责任。即使是已经改组的国家开发银行股份有限公司，其股东也只有两家，一家是财政部；一家是中央汇金投资有限责任公司，仍然不改变其国有的性质。

(三) 政策性银行不以盈利为目的

一般情况下，由于政策性银行背靠政府，是体现政府政策意图的金融机构，贯彻实施国家经济发展规划和产业政策，注重的是社会效益。所以，在资金的运用上虽然具有偿还性，但却不以盈利为目的。但这一设立初衷受到了来自市场本身的挑战，因此，2008 年 10 月改组的国家开发银行完全按照建立现代金融企业制度的要求，全面推行商业化运作，成为自主经营、自担风险、自负盈亏，且主

要从事中长期业务的金融机构。这种改革显然成为另外两家政策性银行的必然之路。

（四）政策性银行不吸收公众存款

政策性银行与商业银行的最大区别是不能吸收一般社会公众的存款，这也是其能成为金融机构但不能成为商业银行的根本原因。因为《商业银行法》第2条规定："本法所称的商业银行是指依照本法和《中华人民共和国公司法》设立的吸收公众存款、发放贷款、办理结算业务的企业法人。"

（五）政策性银行有其特定的业务领域，不与商业银行竞争

所谓特定的领域是指国家决定的需要由政府融资的、特别支持的、体现国家政策的领域、行业或者地区。作为政策性银行，必须严格按照国家的政策去履行自己的职责。它与商业银行的关系具有互补性，而不具有竞争性，或者说不与商业银行竞争是政策性银行的基本原则。

三、政策性银行的分类

政策性银行按照不同的标准可以对其进行不同目的或者价值的分类。

1. 依据政策性银行业务活动范围不同，可以将其分为全国性政策性银行和地方性政策性银行。全国性政策性银行，是指在业务经营区域上覆盖整个国家的政策性银行。世界各国的政策性银行绝大多数都是全国性政策性银行；地方性政策性银行，是指在业务经营区域上仅限于全国范围内的某一特定区域的政策性银行。地方性政策性银行常见于区域经济发展失衡的不发达国家，主要用于重点投资开发某一特定落后地区，以对其进行某些政策性倾斜。

2. 依照政策性银行组织结构的不同，可以将其划分为单元型政策性银行和总分型政策性银行。单元型政策性银行，是指在整个社会范围内只设立一个经营全部业务的总的经营机构，在这个总机构之外不再设立任何分支机构的政策性银行。总分型政策性银行，是指在整个社会范围内设立一个总的领导和经营机构，在这个总的领导和经营机构之下还根据需要，设立若干不同层次的具有相对独立性的经营机构的政策性银行。

3. 按照政策性银行规定的业务范围不同，可以将其划分为不同专业属性的政策性银行。如农业政策性银行、对外贸易政策性银行、投资政策性银行、国民福利政策性银行等。

四、政策性银行设立的目的

（一）实现国家对经济运行的宏观调控目的

国家对经济的宏观调控有多种手段、多种形式，但无论采取哪一种方法，对一个正常的市场经济的国家来说都是针对其市场经济本身所带来的后果而采取的

再正常不过的措施或者修正。前已述及，市场经济本身对资源的基础性配置存在着先天的营养不良，如何予以弥补对经济学家来说应该不仅仅是一种关注，而更应该是拿出解决对策。其实，早在上世纪初，英国著名的经济学家凯恩斯就批判了“萨伊法则”，[1] 反对放任自流的经济政策，明确提出国家直接干预经济的主张。古典经济学家和新古典经济学家都赞同放任自流的经济政策，而凯恩斯却反对这些，提倡国家直接干预经济。他论证了国家直接干预经济的必要性，提出了比较具体的目标。他的这种以财政政策和货币政策为核心的思想后来成整个宏观经济学的核心。当市场经济直接影响到货币的供给和需求平衡时，国家对其干预就是顺理成章的事情。因此，如何在市场本身不能有效分配资金的情况下由国家干预分配就是一个非常重要的课题。政策性银行的设立价值或者目的符合这一思路。

（二）解决历史遗留问题

经济体制改革使我国的经济建设完成了恢复之路，可谓经济建设正回归正轨，而商业银行的设立是这种回归的必然结果。但恢复性建设之路漫漫其修远，在金融领域诸多严重的历史遗留问题尚未得以解决，如不良资产问题、政策性金融和商业性金融混同问题等。

所谓政策性金融是相对于商业性金融而言的。在市场经济条件下，纯粹的商业性金融和纯粹的政策性金融，都有无法避免的明显局限。在以市场为基础配置的机制中，商业性金融无疑应当占据主导地位，但是，追逐利润、规避风险、注重资产的流动性，决定了商业性金融机构对那些社会效益明显而自身收益微薄的项目，特别是投资大、期限长、回收慢、前景模糊的基础设施建设，必然会较少地涉足。其后果是产生资源配置的盲点，形成瓶颈制约，妨碍经济的协调发展。另一方面，政策性投资虽能充分体现政府的政策意图，弥补市场之不足，但财政收支毕竟有限，而且无偿的财政性投资的不适当扩大，也会导致资金浪费和降低市场效率的负面效果。政策性金融将政策性目标与信用有机地融为一体，无疑是解决这种矛盾的理想形式。在商业性金融起主导作用的前提下，政策性金融不是对市场机制的否定，更不是对计划经济的复归，而是对市场机制有益的必要补充，有助于市场机制的健全与发展。[2]

---

〔1〕“萨伊法则”又称市场法则，是指在正常情况下，市场上的一种供给会引起对它的需求。布罗代尔提供的一个未具名的解释为：迟早将供应市场的任何产品，在其生产过程中，带动了金钱的分配，因其必须买原料，付运费和发工资。分发的金钱在正常情况下迟早将以需求的形式，或者说，以购买的形式重新出现。

〔2〕汪鑫主编：《金融法学》，中国政法大学出版社1999年版，第123页。

政策性金融和商业性金融的交叉，一个基本的原因是没有专业的办理政策性金融业务的金融机构。这一机构的缺失造成了两个很直接的后果：①政策性业务掩盖了商业性业务的亏损；②政策性亏损影响了商业性业务的盈利。因此，政策性金融与商业性金融的分离，一方面可以促使商业银行本身机制的建立，另一方面则通过专门的机构办理政策性信贷以集中体现政府的政策意图，实现国家所希望的社会效益。

五、政策性银行的职能

政策性银行作为金融机构，负责政策性的信贷业务，因此，作为资金的供应者和资金需求者的中介是其基本职能。除此之外，政策性银行还有另外不同于商业银行和中央银行的职能。

1. 弥补市场本身的缺陷。市场机制下的商业银行以其平均利润率作为自己融资的基本条件，但是，当一个市场缺少或者根本不具备这样的条件时，商业银行的机制就不能真正实现，这必然产生资源配置的不均衡问题。政策性银行的资金供给可以解决这一问题。因为，从国家设立政策性银行的目的上看，获得盈利不是必需的要求。但当国家开发银行改组为股份有限公司，而其他政策性银行也势必跟进的时候，对这一问题的解决还应引起足够的重视。

2. 集中资金支持特定范围或者特定区域的经济发展。目前，我国的政策性银行还是以特定范围或者特定领域的专门投资作为其对国家政策的遵守或者支持的体现，如中国农业发展银行的资金投入依然是国家规定的范围，即全民所有制下对粮、棉、油企业的扶持。

一个国家的某些特定范围及特定区域的经济发展会直接影响到整个国家的经济发展水平。尤其由于历史原因，我国一直就存在的东西发展问题和南北发展问题。如何利用以及利用好国家政策扶持资金，集中支持这些地区、这些领域也是政策性银行的基本职责。

4-1　下列有关政策性银行的选项中哪些是错误的？

A. 我国的政策性银行不以盈利为目的

B. 我国的政策性银行不吸收居民存款

C. 我国政策性银行是为了国家干预经济设立的

D. 我国的政策性银行中包括全国性和区域性的银行

________D。①我国政策性银行组建的时候，国家明确了政策性银行的性质是不以盈利为目的。所以不选A。②目前我国政策性银行的业务中不包括吸收存款。所以不选B。③政策性银行设立的目的之一就是国家在市场经济本身调控出现问题的时候以国家之手对经济干预的一种结果。所以不选C。④我国的政策性银行都是全国性银行，没有区域性。因此，选D。

■ 第二节 政策性银行法律地位

一、政策性银行的资金构成

（一）资金来源

政策性银行的资金来源由两个部分构成，其一是注册资本金；其二是营运资金。

政策性银行的注册资本金或者由政府财政全额拨付，或者由政府和商业性金融机构共同出资，或者由国家授权投资的部门投资而形成。如国家开发银行的注册资本金3000亿元，其中财政部和中央汇金投资有限责任公司分别持有国开行股份有限公司51.3%和48.7%的股权。而中国农业发展银行和中国进出口银行的资金全部来源于国家出资。

政策性银行的营运资金则主要来源于以下几个方面：①政府提供的一定数量的信贷资金；②向财政和中央银行借入资金；③通过在国内外发行债券筹集资金；④以及向国际金融组织和外国政府的贷款；⑤必要时还可以按商业条件向国内外金融机构借款。

例如，中国农业发展银行在2008年宏观调控政策出现大幅调整，货币政策基调、资金市场利率波动加剧的形势下，审时度势，积极应对，资金筹措取得明显成效。其2008年全年成功发行20期金融债券，金额达2815.6亿元，同比多发行314.4亿元，增幅12.6%。同时，首次尝试与券商合作，通过簿记建档的方式成功发行一期10年期固定利率债券，不仅探索出了在市场波动环境下发行债券的新途径，也与长期债券投资者建立了联系渠道。与民生银行票据业务部成功开办了第一笔买断式票据交易，实现了票据业务的又一突破；经中国人民银行批准，中国农业发展银行的拆借限额由2007年的175亿元扩大到2008年的373亿元，进一步提高了短期头寸的调节能力。[1]

而国家开发银行主要通过发行债券筹集资金。国家开发银行人民币债券发行量占银行间债券市场债券发行量的28.9%（不含央行票据及特别国债）。2007年，国家开发银行发行人民币金融债券6850.7亿元，筹措外汇资金129亿美元。

〔1〕 资料来源：http：//www.adbc.com.cn/index/index.asp.

2007年，国家开发银行在香港成功发行人民币债券50亿元人民币，成为第一家在港发行人民币债券的内地金融机构。[1]

（二）政策性银行的资金运用

政策性银行的资金运用主要有：贷款和投资两种形式。贷款是政策性银行的主要业务，包括普通贷款和优惠贷款。在贷款方式上，可以采取直接贷款、委托贷款和转贷款等形式。政策性银行的投资业务包括直接投资和间接投资两种形式，它是政策性银行资金运用的次要方式。虽然其他政策性银行也可以从事投资，但政策性开发银行以投资方式运用资金的情况较多。政策性银行的资金运用还包括：对融资对象办理票据贴现业务；对商业性金融机构符合政策意图的业务予以利息补贴，对其提供贷款和票据的转贴现。除上述表内业务外，政策性银行还可以基于政策需要，在不运用资金的情况下，办理有关的表内业务，如还款担保业务、信息咨询业务、投资中介业务。

中国农业发展银行在2008年认真执行国家经济金融政策，大力强化信贷支农，其全年累放粮棉油收购贷款3948.3亿元；累放食糖、肉类、化肥等储备贷款325.6亿元；年末农业开发和农村基础设施建设贷款余额达到1315.2亿元，净增872.9亿元，共支持项目1060个；全年累放农业产业化龙头企业和加工企业贷款925.5亿元；累放农业科技成果转化贷款45.8亿元，支持项目185个；累放农村流通体系建设贷款37.6亿元，支持项目78个；累放农业小企业贷款104.9亿元，支持企业4000个；到年末，灾区各级分行累计投放灾后重建贷款619.8亿元。截至年末，各项贷款余额达12 192.8亿元，比年初净增1968.4亿元，加上核呆因素，年贷款增量突破2000亿元。2008年，中国农业发展银行始终把支持粮油收购作为第一要务，以贯彻落实国家粮油宏观调控政策为主线，准确把握政策，切实履行职责，粮油信贷杠杆在粮油产业发展中的支柱和骨干作用进一步增强，有效促进了粮食安全和市场稳定。以服务客户为中心，强化贷款管理，突出风险防控，信贷服务与管理水平明显提升，实现了粮油各类贷款业务有效发展。截至12月末，粮油贷款余额8854亿元，占全行各项贷款余额的72.6%，比年初增加1000亿元，增幅12.7%。[2]

国家开发银行2008年认真贯彻国家宏观经济政策，紧密结合形势要求，及时调整工作重点，严格把握贷款的投向和节奏，发挥中长期融资优势，支持经济社会发展。截至去年底，开行贷款余额2.8万亿元。开行去年进一步加大对薄弱

---

〔1〕 资料来源：http：//www.cdb.com.cn/web/index.asp.

〔2〕 资料来源：http：//www.adbc.com.cn/index/index.asp.

环节和重点领域的投入力度，将83.3%的贷款投向煤电油运、农林水、通讯和公共基础设施领域，支持了首钢搬迁、国家石油储备、上海世博会、京沪高铁等重大项目建设，将64.5%的贷款投向中西部地区和东北老工业基地。“三农”和民生等基层业务是开行去年融资支持的重点。截至去年底，开行全年发放基层业务贷款2015亿元。其中，发放农村基础设施和农业龙头企业贷款1067亿元；发放农民工培训基地建设贷款19.1亿元；发放中小企业贷款368亿元；在24个省区发放生源地信用助学贷款29.6亿元；发放中低收入家庭住房贷款475.8亿元等。[1]

二、政策性银行的法律地位

（一）政策性银行的法律性质

对政策性银行的法律性质，各国都在有关的单行法律或行政法规中予以规定。各国政策性银行在法律性质上的共性主要包括以下几个方面：①政策性银行具有法人资格，能够以自己的名义参与经济活动，以其所有或经营管理的财产独立承担法律责任；②政策性银行同商业银行不同，在经营目标上不以盈利为主要目的，在西方的法律框架中属于按公法设立的公法法人；③政策性银行与中央银行不同，它不是国家机关，不享有金融行政管理权；④政策性银行是根据特别法而非普通银行法经营业务。

有学者认为，我国现有中国农业发展银行、中国进出口银行和国家开发银行三家政策性银行，但对比从现有的规范性文件中还难以找到直接的答案。仅仅根据其章程无法判断其属于什么性质的法人。本书认为，对于已经改组的国家开发银行来说，已经具有独立的企业法人资格。而对于另外两家政策性银行来说，在其没有改组之前属于以公益为目的的特殊法人。

（二）政策性银行和政府的关系

政策性银行是由政府出资设立的，主要以贯彻政府产业政策和区域发展战略为目的的政府金融机构，所以从各国的情况看，它都与政府保持着特别密切的关系。这种密切的关系是由以下几个方面决定的：

1. 政策性银行由政府创立。尽管目前尚未制定和颁布政策性银行法，但由政府或国家权力机关颁布单行法律或行政法规对其进行规范，不以盈利为目的，而以落实政府经济政策为基本宗旨的这一性质是不会改变的。当然，法律制度本身作为一种价值的选择和判断，可以预见政策性银行将来会有较大的改革和深刻的变化。事实上，现在的国家开发银行已经迈出了改革最重要的一步，即从一个

---

〔1〕 资料来源：http：//www.cdb.com.cn/web/index.asp.

特殊形式的法人改变为由两个国有投资主体共同投资设立的股份有限公司。

2. 在资金上，政策性银行以政府财政为资金的基本来源，但市场筹资逐渐成为主要形式。政府财政除拨付全部或部分资本金外，通常还拨付或者贷给一定的营运资金，并弥补其经营亏损；政策性银行对外筹资，必要时也由财政提供担保。

3. 人事管理的法定性。在人事组织关系上，政策性银行的高层管理人员通常由政府任免，其监督机构的组织和人员任免还由政府决定，以对其经营管理特别是贯彻政府经济政策的情况实行监督。目前，我国的政策性银行由国务院银行业监督管理部门统一监督和管理。

(三) 政策性银行与中央银行的关系

中央银行是国家金融监管的主要部门，但作为一个国家的中央银行，其职责的重点和中心是如何通过货币政策工具的实施对整个市场的资金流动，包括信用创造进行监督检查，所以，中央银行一般不直接管理政策性银行。我国的《银行业监督管理法》也明确规定，政策性银行的监管由国务院银行业监督管理部门执行。但作为金融机构，中央银行对政策性银行在业务上具有指导与监督的职责和权限，政策性银行也必须尽力与中央银行的货币信用政策保持协调一致。同时，中央银行的再贴现和再贷款，构成政策性银行营运资金的重要来源。

(四) 政策性银行与商业银行的关系

政策性银行的存在和设立有其特殊的目的和价值，其中重要的一方面就体现在对商业银行资金不愿涉足的行业、领域的信贷支持，因此，从资源配置的角度分析，双方是一种互补的关系，由于政策性银行不吸收存款，因此在这个领域双方不存在竞争，双方的法律地位完全是平等的，而且双方还可以通过业务往来实现合作。

(五) 政策性银行与客户的关系

政策性银行的往来对象，是指同政策性银行直接发生业务往来的各个单位和个人。由于不同的政策性银行都有各自的经营范围和业务重心，所以其往来的对象通常也有特定的范围。政策性银行与往来对象的关系主要体现在以下两个方面：

(1) 当事人之间的平等关系。从政策性银行与客户的法律地位上看，双方的地位是平等的。

(2) 合同关系。这种合同关系包括两个方面：一是借款合同关系；二是投资合同关系。从借款合同关系看，政策性银行以直接或间接的方式向其业务对象提供贷款，由此当事人双方完全按照《合同法》建立彼此的法律权利与义务关系；另一种合同关系是政策性银行通过认购往来对象发行的公司债券，或者以资本的形式向其往来对象进行投资而形成投资合同权利义务关系。

4－2 下列关于政策性银行法律地位的表述哪些是正确的？

A. 政策性银行是国家机关法人

B. 政策性银行的监管部门是中央银行

C. 政策性银行和商业银行是平等关系

D. 政策性银行和客户是平等关系

________ CD。①政策性银行不具有国家机关的管理职责，不是国家机关。所以不选A。②依据《银行业监督管理法》的规定，政策性银行由国务院银行业监督管理机构监管，其监管部门不是中央银行。所以不选B。③政策性银行和商业银行、客户之间的业务往来完全处在平等的基础之上。所以选C、D。

■ 第三节 我国的政策性银行

一、国家开发银行

（一）国家开发银行的设立与改组

国家开发银行是负责筹措和引导社会资金，对国家基础设施、基础产业和支柱产业的大中型基本建设和技术改造项目办理政策性金融业务的银行。国家开发银行（China Development Bank）于1994年3月成立，直属国务院领导。目前在全国设有32家分行和4家代表处。

中国人民银行2007年12月31日宣布，经国务院批准，中央汇金公司和国家开发银行12月31日在北京签署协议，确认即日起中央汇金公司向国家开发银行注资200亿美元。注资之后，国开行在2008年全面推行商业化改革。2008年12月16日，根据国务院决定，经中国银监会批准，国家开发银行股份有限公司在北京召开成立大会。经过改组，注册资本为3000亿元人民币。财政部和中央汇金投资有限责任公司分别持有国开行股份有限公司51.3%和48.7%的股权。中国银监会和国家工商行政管理总局于2008年12月16日分别为国家开发银行股份有限公司颁发了《金融许可证》和《营业执照》。

（二）国家开发银行的任务

国家开发银行贯彻国家宏观经济政策，筹集和引导社会资金，缓解经济社会发展的瓶颈制约，致力于以融资推动市场建设和规划先行，支持国家基础设施、基础产业、支柱产业和高新技术等领域的发展以及国家重点项目建设；向城镇化、中小企业、“三农”、教育、医疗卫生和环境保护等社会发展瓶颈领域提供资金支持，促进科学发展和和谐社会的建设；配合国家“走出去”战略，积极拓展国际合作业务。

（三）国家开发银行的业务

国家开发银行办理的主要业务包括：①管理和运用国家核准拨放的预算内经营性建设基金和贴息资金；②向国内金融机构发行金融债券和向社会发行财政担保建设债券；③办理有关的外国政府和国际金融组织贷款的转贷；④经国家批准在国外发行债券；⑤根据国家利用外资计划筹借国际商业贷款等；⑥向国家基础设施、基础产业和支柱产业的大中型基本建设和技术改造等政策性项目及其配套工程发放政策性贷款；⑦办理建设项目贷款条件评审、咨询和担保等业务；⑧为国家重点建设项目物色国内外合作伙伴，提供投资机会和投资信息。此外，还可以根据国家经济建设和国民经济发展需要，开展经批准的其他业务。

目前，国家开发银行的重点义务或者工作中心主要在以下几个方面：

（1）支持国家基础设施、基础产业和支柱产业建设。

（2）促进区域协调发展和产业结构调整。

（3）加快推进国际合作业务，交流发展经验。

（4）以支持县域经济发展为切入点，推动社会主义新农村建设。

（5）加强对中小企业及教育、医疗等社会瓶颈领域的支持，承担社会责任。

（6）加强与各类金融机构合作，促进中小金融机构的改革与发展。

（7）加强金融合作、增强产品创新功能、完善银行功能、改进金融服务、增强可持续发展能力。

（8）完善贷后管理、提高风险防范能力。

除信贷业务外，目前开发银行已经得到批准并开展的业务包括：

（1）管理和运用国家预算内经营建设基金和贴息资金业务。

（2）在国内发行金融债券及财政担保建设债券业务。

（3）经批准在国外发行债券，根据国家计划筹借国际商业借款业务。

（4）办理有关外国政府和国际金融组织贷款的转贷业务。

（5）办理人民币同业拆借业务。

（6）向国家基础设施、基础产业、支柱产业的大中型基本建设和技术改造等政策性项目及其配套工程发放政策性贷款业务。

（7）建设项目贷款的评审、咨询和担保业务。

（8）外汇贷款业务。

（9）与贷款项目有关的本外币企业存款和结算业务。

（10）贷款项下的外汇汇款业务。

（11）贷款项下的国际结算业务。

（12）贷款项下的结汇、售汇业务。

（13）贷款项目进口设备项下代客资金保值的代客外汇买卖业务。

（14）外汇担保。

（15）自营外汇买卖。

（16）发行股票以外的外币有价证券。

（17）买卖股票以外的外币有价证券。

（18）同业外汇拆借业务。

（19）承销有信贷关系的企业债券。

（20）资信调查、咨询、见证业务。

（21）业务范围内建设项目的短期贷款。

（22）间接银团贷款。[1]

（四）组织机构

国家开发银行改组为股份有限公司后完全按照公司法的规定设立了公司的组织机构，包括两名股东的股东大会、董事会和监事会。

二、中国农业发展银行

（一）中国农业发展银行的设立和发展

中国农业发展银行是负责筹集农业政策性信贷资金、办理国家规定的农业政策性金融业务、代理财政性支农资金拨付的银行。中国农业发展银行是根据国务院 1994 年 4 月 19 日发出的《关于组建中国农业发展银行的通知》成立的国有农业政策性银行，直属国务院领导。

中国农业发展银行于 1994 年 6 月 30 日正式接受中国农业银行、中国工商银行划转的农业政策性信贷业务，共接受各项贷款 2592 亿元。1995 年 4 月底，中国农业发展银行完成了省级分行的组建工作。1996 年 8 月至 1997 年 3 月末，按照国务院《关于农村金融体制改革的决定》增设了省以下的分支机构，形成了比较健全的机构体系。1998 年 3 月，国务院决定将中国农业发展银行承办的农村扶贫、农业综合开发、粮棉企业附营业务等几项贷款业务划转到有关国有商业银行，中国农业发展银行主要集中精力加强粮棉油收购资金的封闭管理。

2004 年以来，中国农业发展银行的业务范围逐步拓展：①根据国务院粮食

---

〔1〕 资料来源：http：//www. cdb. com. cn/web/index. asp.

市场化改革的意见，将传统贷款业务的支持对象由国有粮棉油购销企业扩大到各种所有制的粮棉油购销企业；②2004 年 9 月，银监会批准农发行开办对粮棉油产业化龙头企业和加工企业贷款业务；③2006 年 7 月，银监会批准农发行扩大对产业化龙头企业贷款业务范围和开办农业科技贷款业务；④2007 年 1 月，银监会批准农发行开办农村基础设施建设贷款、农业综合开发贷款和农业生产资料贷款业务。目前，中国农业发展银行已形成了以粮棉油收购信贷为主体，以农业产业化信贷为一翼，以农业和农村中长期信贷为另一翼的“一体两翼”的业务发展格局。

（二）中国农业发展银行资金来源与运用

中国农业发展银行注册资本为 200 亿元人民币。中国农业发展银行运营资金的来源是：①业务范围内开户企事业单位的存款；②发行金融债券；③财政支农资金；④向中国人民银行申请再贷款；⑤同业存款；⑥协议存款；⑦境外筹资。

中国农业发展银行的运营资金来源长期以来主要依靠中国人民银行的再贷款，从 2005 年开始加大了市场化筹资的力度，目前暂未开展境外筹资业务。截至 2006 年 12 月末，中国农业发展银行向中国人民银行再贷款余额 3870 亿元，金融债券余额 3131 亿元。

中国农业发展银行的运营资金目前主要用于粮棉油收购等流动资金贷款。截至 2006 年 12 月末，中国农业发展银行各项贷款余额为 8844 亿元，其中粮油贷款 7454 亿元，棉花贷款 1173 亿元。

（三）中国农业发展银行的主要任务

按照国家的法律、法规和方针、政策，以国家信用为基础，筹集农业政策性信贷资金，承担国家规定的农业政策性和经批准开办的涉农商业性金融业务，代理财政性支农资金的拨付，为农业和农村经济发展服务。中国农业发展银行在业务上接受中国人民银行和中国银行业监督管理委员会的指导和监督。

（四）组织机构

中国农业发展银行在机构设置上实行总行——一级分行——二级分行——支行制；在管理上实行总行一级法人制，总行行长为法定代表人；系统内实行垂直领导的管理体制，各分支机构在总行授权范围内依法依规开展业务经营活动。

中国农业发展银行总行设在北京。其分支机构按照开展农业政策性金融业务的需要，并经银监会批准设置。截至 2006 年底，除总行及总行营业部外，设立省级分行 30 个，地（市）级分行（含省级分行营业部）330 个，地（市）分行营业部 210 个，县（市）级支行 1600 个，县级办事处 3 个。目前暂未在西藏自治区设立分支机构。

（五）中国农业发展银行的业务

中国农业发展银行的业务范围，由国家根据国民经济发展和宏观调控的需要并考虑到农发行的承办能力来界定。自中国农业发展银行成立以来，国务院对其业务范围进行过多次调整。中国农业发展银行目前的主要业务是：①办理粮食、棉花、油料收购、储备、调销贷款；②办理肉类、食糖、烟叶、羊毛、化肥等专项储备贷款；③办理粮食、棉花、油料加工企业和农、林、牧、副、渔业的产业化龙头企业贷款；④办理粮食、棉花、油料种子贷款；⑤办理粮食仓储设施及棉花企业技术设备改造贷款；⑥办理农业小企业贷款和农业科技贷款；⑦办理农业基础设施建设贷款，支持范围限于农村路网、电网、水网（包括饮水工程）、信息网（邮政、电信）建设以及农村能源和环境设施建设；⑧办理农业综合开发贷款，支持范围限于农田水利基本建设、农业技术服务体系和农村流通体系建设贷款；⑨办理农业生产资料贷款，支持范围限于农业生产资料的流通和销售环节的贷款；⑩代理财政支农资金的拨付；⑪办理业务范围内企事业单位的存款及协议存款、同业存款等业务；⑫办理开户企事业单位结算；⑬发行金融债券；⑭资金交易业务；⑮办理代理保险、代理资金结算、代收代付等中间业务；⑯办理粮棉油政策性贷款企业进出口贸易项下的国际结算业务以及与国际业务相配套的外汇存款、外汇汇款、同业外汇拆借、代客外汇买卖和结汇、售汇业务；⑰办理经国务院或中国银行业监督管理委员会批准的其他业务。

三、中国进出口银行

（一）中国进出口银行的设立

中国进出口银行是执行国家产业政策和外贸政策，为机电产品和成套设备等资本性货物进出口办理政策性金融业务的银行。

中国进出口银行成立于 1994 年，是直属国务院领导的、政府全资拥有的国家政策性银行。中国进出口银行总部设在北京。目前，在国内设有 10 余家营业性分支机构和代表处；在境外设有东南非代表处、巴黎代表处和圣彼得堡代表处；与 300 多家银行建立了代理行关系。

（二）中国进出口银行的主要任务

中国进出口银行是我国外经贸支持体系的重要力量和金融体系的重要组成部分，是我国机电产品、成套设备和高新技术产品进出口和对外承包工程及各类境外投资的政策性融资主渠道，外国政府贷款的主要转贷行和中国政府对外优惠贷款的承贷行，为促进我国开放型经济的发展发挥着越来越重要的作用。

中国进出口银行的主要职责是贯彻执行国家产业政策、外经贸政策、金融政策和外交政策，为扩大我国机电产品、成套设备和高新技术产品进出口，推动有比较优势的企业开展对外承包工程和境外投资，促进对外关系发展和国际经贸合作提供政策性金融支持。

（三）中国进出口银行的组织机构

中国进出口银行实行董事会制度，银行设有监事会。董事会设董事长、行长，董事长是银行的法定代表人。董事会下设委员会，包括战略委员会、审计与监督委员会、项目评审委员会、风险与内控委员会、资产负债管理委员会、业务发展与创新委员会、信息技术委员会。

（四）中国进出口银行的业务

中国进出口银行经营和办理的主要业务包括：为机电产品和设备等资本性货物进出口提供卖方信贷、买方信贷；办理与机电产品进出口信贷有关的外国政府贷款、混合贷款、出口信贷转贷，以及中国政府对外国政府贷款、混合贷款转贷；办理国际银行间贷款，组织或参加国际、国内银团贷款；提供出口信用保险、出口信贷担保、进出口保险和保险业务服务；在境内发行金融债券和在境外发行有价证券；经营经批准的外汇业务；参加国际进出口银行组织及政策性金融保险组织；为进出口业务进行咨询和项目评审，为对外经济技术合作和贸易提供服务。此外，还可以根据国家进出口贸易和国民经济发展的需要，办理经批准的其他业务。

4-3　下列有关政策性银行业务、组织及资金正确的说法是：

A. 政策性银行可以发行债券募集资金

B. 国家开发银行是股份制银行

C. 中国农业发展银行采用总分银行制

D. 中国进出口银行不设股东会

________ ABCD。①从政策性银行的业务范围看，政策性银行可以发行债券募集资金，所以选A。②国家开发银行从2008年12月起改组为股份有公司，是股份制银行，所以选B。③中国农业发展银行在北京设有总行，在全国设立30个省级分行，因此选C。④中国进出口银行只有国家一家投资，所以不设股东会，因此选D。

第五章 银行业监督管理法律制度

■ 第一节 银行业监督管理法概述

一、银行业监督管理法的立法宗旨

《银行业监督管理法》第1条规定，为了加强对银行业的监督管理，规范监督管理行为，防范和化解银行业风险，保护存款人和其他客户的合法权益，促进银行业健康发展，制定本法。可见《银行业监督管理法》的立法宗旨体现在下列几个方面：

（一）规范监督管理行为

金融是市场经济的核心，银行业尤其是商业银行是金融体系的主体。对银行业的监管直接关系到国民经济的发展。加强对银行业的监管，首先要规范监督管理行为。所谓“规范”应该从三个方面理解：

（1）应明确规范者的主体资格和主体地位。《银行业监督管理法》第2条明确规定，国务院银行业监督管理机构负责对全国银行业金融机构及其业务活动监督管理的工作。

（2）应明确监督管理机构的职责。通过法律的形式赋予银行业监督管理机构法定的监管权力，明确监管机构应承担的责任与义务。

（3）程序应当合法。在确定监管机构行使法定的监管权力的同时，对监管机构实施监管行为的权限、方法，特别是监管程序“程序化”，避免监管权力的不当使用，防范对监管权力的滥用。

（二）防范和化解银行风险

经验表明，任何一次的经济危机都源于金融危机，而金融危机的破解，银行业都扮演着极为重要的角色。经济的发展离不开金融，更离不开银行，因此银行的稳健运行至关重要。在我国，金融市场的发展仍处于发展初期，在一定时期内，间接融资仍将是我国资金资源配置的主要方式和途径。银行是典型的金融中介机构，银行业能否健康、稳健、快速发展，直接关系到我国社会稳定和经济发展的全局。经济体制改革后，源于各种原因，我国银行体系积聚了大量不良资产，为此，国家专门成立了处理不良资产的资产管理公司，而大量的不良资产的产生，不仅是对整个银行业信誉的影响，更为严重的是对整个社会经济的发展和稳定都构成了潜在的威胁。因此，加强银行监管首先需要解决的问题，就是要防范和化解银行业的风险，维护经济金融体系的安全，促进我国银行业的健康发展。

（三）保护存款人和其他客户的合法权益

银行是"负债"经营的企业，银行的资金来源有多种渠道，但在我国，一个明显的情况是银行的资金更多地来自存款。因此，存款人和银行之间形成债权债务关系，而这种债权债务关系和一般的债权债务关系不同，银行作为债务人如不能按期偿还债务，影响的是千家万户的利益甚至生活。因此，银行出现经营风险，甚至倒闭，受损失的不仅是投资人的利益，广大存款人的利益也会受到严重损害。同时，由于信息的不对称，存款人很难对银行的经营活动实施有效的监督管理。金融监管机构作为国家的管理部门，基本职责之一就是代表存款人的利益监督管理银行经营活动，保护存款人的利益。

二、监管法适用范围

根据《银行业监督管理法》第2条的规定，国务院银行业监督管理机构负责对全国银行业金融机构及其业务活动监督管理的工作。

所谓银行业金融机构，是指在中华人民共和国境内依法设立的商业银行、城市信用合作社、农村信用合作社等吸收公众存款的金融机构以及政策性银行。

对在中华人民共和国境内设立的金融资产管理公司、信托投资公司、财务公司、金融租赁公司以及经国务院银行业监督管理机构批准设立的其他金融机构的监督管理，适用本法对银行业金融机构监督管理的规定。

国务院银行业监督管理机构依照《银行业监督管理法》的有关规定，对经其批准在境外设立的金融机构以及金融机构在境外的业务活动实施监督管理。

政策性银行是指由政府创立或担保，以贯彻国家产业政策和区域发展政策为目的，具有特殊的融资原则，不以营利为目标的金融机构。商业银行是指以经营存款、贷款，办理转账结算为主要业务，以营利为目标的金融企业。城市信用合作社是指在城市为城市信用社社员和中小企业服务，以吸收存款、发放贷款、办理结算为主要业务的金融企业。农村信用合作社是指由农民自愿入股组成，由入股社员民主管理，主要为入股社员服务的具有法人资格的合作金融机构。金融资产管理公司是指经国务院批准设立的收购国有独资商业银行不良贷款，管理和处置国有独资商业银行不良贷款形成的国有独资非银行业金融机构。信托投资公司是指以受托人的身份，代理理财的非银行金融机构，具有财产管理和运用、融通资金，提供信息及咨询，社会投资等功能。财务公司包括企业集团财务公司和按照《外资金融机构管理条例》设立的独资财务公司、中外合资财务公司。企业集团财务公司是指经国务院银行业监督管理机构批准，吸收企业集团成员3个月以上定期存款，为集团成员提供贷款、融资租赁等金融服务，以中长期金融业务为主的金融机构。独资财务公司、中外合资财务公司是吸收每笔不少于100万元人民币或者其等值的自由兑换货币、期限不少于3个月的存款，办理贷款等金融业务的外资金融机构。金融租赁公司是指以融资租赁为经营方式，具有融资、投资、促销和管理功能的金融机构。汽车金融公司是指经国务院银行业监督管理机构批准，为中国境内汽车购买者及销售者提供贷款的非银行业金融机构。农村合作银行是指在农村信用合作社的基础上组建的合作性质的银行。

国务院银行业监督管理机构批准的其他金融机构是指根据银行业发展的需要，经国务院银行业监督管理机构批准的其他类型的金融机构。只要经国务院银行业监督管理机构依法批准，就应当接受其监督管理。

5-1（2004年司法考试单选）根据我国《银行业监督管理法》的规定，在我国境内设立的下列哪一机构不属于银行业监督管理的对象？

A. 农村信用合作社

B. 财务公司

C. 信托投资公司

D. 证券公司

________D。《银行业监督管理法》第2条明文规定："国务院银行业监督管理机构负责对全国银行业金融机构及其业务活动监督管理的工作。本法所称银行业金融机构，是指在中华人民共和国境内设立的商业银行、城市信用合作社、农村信用合作社等吸收公众存款的金融机构以及政策性银行。对在中华人民共和国境内设立的金融资产管理公司、信托投资公司、财务公司、金融租赁公司以及经国务院银行业监督管理机构批准设立的其他金融机构的监督管理，适用本法对银行业金融机构监督管理的规定。国务院银行业监督管理机构依照本法有关规定，对经其批准在境外设立的金融机构以及前二款金融机构在境外的业务活动实施监督管理。"D项所述的证券公司由国务院证券监督管理机构负责监督管理，所以本题的正确答案是D。

三、监管目标

银行业监督管理的目标是促进银行业的合法、稳健运行，维护公众对银行业的信心。同时，银行业监督管理应当保护银行业公平竞争，提高银行业竞争能力。银行业监督管理的目标是根据银行业监督管理的使命及立法目的提出的实施银行业监督管理的总体方向、要求和应达到的目的。

银行业监督管理的目标分为广义目标和狭义目标。银行业监督管理的广义目标是保持银行体系的稳定，即促进银行业的合法、安全、稳健运行。银行业监督管理的狭义目标是保护存款人的利益，维护公众对银行业的信心。

保持银行业具有竞争能力也是银行业监督管理的目标之一。银行业监督管理机构在加强监督管理，促进银行业合法、安全、稳健运行的同时，还应当注意鼓励银行业提高竞争能力，允许银行业不断地进行业务创新，向市场提供更多的金融产品和服务，以满足经济发展对金融服务的需求，支持经济的稳定发展。银行业金融机构不具有竞争能力就不能在竞争激烈的市场中占有一定的份额、保持盈利，最终将会被市场淘汰而倒闭。银行业机构的倒闭有可能引发银行业系统性风险，会对银行体系的稳定产生严重的负面影响。因此，不具有竞争能力的银行业不可能长期保持安全、稳健运行，这不利于保持银行体系的稳定。

四、监管原则

根据《银行业监督管理法》的有关规定，国务院银行业监督管理机构对银行业实施监督管理，应当遵循下列基本原则：

（一）依法原则

依法原则又称为合法原则，它是指监管部门在监管职权的设定、行使方面必须依据法律、行政法规的规定。监管的法律性质是一种行政行为，因此监管应当遵循依法原则。依法原则的内容包括：任何监管职权都必须基于法律的授权才能存在；任何监管职权的行使都依据法律、遵守法律；任何监管职权的授予及其运用都必须依据法律。

银行业监督管理机构在实施监督管理过程中，依法原则主要体现在两方面：①在制定规章和其他规范性文件时，应当遵守法律、行政法规的规定，本身不得违法；②在市场准入、日常监管和市场退出等过程中，实施行政许可、现场检查和非现场监管、行政处罚等具体行政行为时，必须以法律、行政法规和规章为依据，没有依据的，不得实施。

（二）公开原则

在此的公开原则，也可以称为透明度原则，它是指监管行为除依法应当保密的以外，应当一律公开进行，应该具有高度的透明度。行政法规、规章、监管政策以及银行业监督管理机构作出的影响行政相对人权利、义务的行为的标准、条件、程序应当依法公布。主要包括四方面的内容：①监管立法和政策公开；②监管执法行为公开，包括监管的标准、条件、程序，涉及相对人重大权益的行为如重大行政处罚应该采取公开的形式；③行政复议的依据、标准、程序应予以公开；④行政信息应当予以公开。

（三）公正原则

公正原则实为民商法的基本原则。在此原则的指导下，作为银行业的监管部门，对于市场中的任何从事民商事活动的主体应该一视同仁。公正原则包括实体公正和程序公正两个方面的要求，在实体公正方面，要求监管部门依法监管，平等对待所有市场主体，不偏不倚。在程序公正方面，要求监管部门处理案件时符合法律、行政法规规定的程序，尤其是涉及与自己有利害关系的事务或裁决与自己有利害关系的争议时，应实行回避制度；不在事先未通知和听取相对人申辩意见的情况下，作出对行政相对人不利的监管行为。

（四）效率原则

法律追求公平，市场追求效率。银行业监管部门在行使自己的职权时两个方面都要妥善考虑，即在行使监管职权时要及时、高效，严格遵循行政程序和时限，使监管行为既符合法律要求，又符合市场要求。

（五）独立性原则

所谓独立性是指监管部门在依法行使职权时，不受任何其他有关主体的干预和干涉。银行业监督管理机构对银行业实施监督管理的主要目的是监督管理银行业金融机构合法经营，维护银行业秩序，确保银行业金融机构安全、合法、稳健运行，发挥市场对资金资源的配置机制。由于资金对社会和经济的重要性，一些企业和个人出于对生产经营的需要或出于一些非法目的，往往通过各种手段从银行业金融机构获取资金。因此，以法律的形式赋予银行业监督管理机构监管的独立性，以维护银行业金融机构合法、稳健运行，维护银行业秩序，促进我国金融事业健康发展。

（六）协同原则

所谓协同原则，是指国务院银行业监督管理部门应当和中国人民银行、国务院其他金融监督管理机构建立监督管理信息共享机制，以便它们在各自的职责范围内，开展对银行业和金融市场的有效监督。

5－2（2008年司法考试多选）根据《银行业监督管理法》的规定，国务院银行业监督管理机构应当与下列哪些机构建立监督管理信息共享机制？

A. 中国人民银行

B. 国家工商行政管理总局

C. 国务院证券监督管理机构

D. 国务院保险监督管理机构

________ACD。《银行业监督管理法》第6、7条规定，国务院银行业监督管理机构应当和中国人民银行、国务院其他金融监督管理机构建立监督管理信息共享机制。国务院银行业监督管理机构可以和其他国家或者地区的银行业监督管理机构建立监督管理合作机制，实施跨境监督管理。所以选A、C、D项。

第二节　监督管理机构及其职责

一、监督管理机构

《银行业监督管理法》第2条规定，国务院银行业监督管理机构负责对全国银行业金融机构及其业务活动监督管理的工作。国务院银行业监督管理机构根据履行职责的需要设立派出机构。国务院银行业监督管理机构对派出机构实行统一领导和管理。国务院银行业监督管理机构的派出机构在国务院银行业监督管理机构的授权范围内，履行监督管理职责。

作为银行业监督管理机构从事监督管理工作的人员，应当具备与其任职相适应的专业知识和业务工作经验。同时，银行业监督管理机构工作人员，应当忠于职守，依法办事，公正廉洁，不得利用职务便利谋取不正当的利益，不得在金融机构等企业中兼任职务。应当依法保守国家秘密，并有责任为其监督管理的银行业金融机构及当事人保守秘密。

5-3（2005年司法考试多选）下列哪些活动须经国务院银行业监督管理机构批准？

A. 商业银行的设立

B. 商业银行开办分支机构

C. 商业银行的分立、合并

D. 商业银行的解散

________ABCD。①《商业银行法》第11条规定：“设立商业银行，应当经国务院银行业监督管理机构审查批准。未经国务院银行业监督管理机构批准，任何单位和个人不得从事吸收公众存款等商业银行业务，任何单位不得在名称中使用‘银行’字样。”由此A项正确。②该法第19条第1款规定：“商业银行根据业务需要可以在中华人民共和国境内外设立分支机构。设立分支机构必须经国务院银行业监督管理机构审查批准。在中华人民共和国境内的分支机构，不按行政区划设立。”由此 B 项正确。③该法第 25 条规定：“商业银行的分立、合并，适用《公司法》的规定。商业银行的分立、合并，应当经国务院银行业监督管理机构审查批准。”由此 C 项正确。④该法第 69 条第 1 款规定：“商业银行因分立、合并或者出现公司章程规定的解散事由需要解散的，应当向国务院银行业监督管理机构提出申请，并附解散的理由和支付存款的本金和利息等债务清偿计划。经国务院银行业监督管理机构批准后解散。”由此 D 项正确。

二、监管职责

根据《银行业监督管理法》的规定，银行业监督管理机构具有下列监督管理职责：

（1）国务院银行业监督管理机构依照法律、行政法规制定并发布对银行业金融机构及其业务活动监督管理的规章、规则。

（2）国务院银行业监督管理机构依照法律、行政法规规定的条件和程序，审查批准银行业金融机构的设立、变更、终止以及业务范围

（3）申请设立银行业金融机构，或者银行业金融机构变更持有资本总额或者股份总额达到规定比例以上的股东的，国务院银行业监督管理机构应当对股东的资金来源、财务状况、资本补充能力和诚信状况进行审查。

根据《商业银行法》的有关规定，设立商业银行机构的申请人应当提交股东名册及其出资额、股份，法定验资机构出具的资信证明，持有注册资本 5% 以上的股东的资信证明和有关资料。商业银行变更持有资本总额或者股份总额 5% 以上的股东的，应当经监管部门批准。

（4）银行业金融机构业务范围内的业务品种，应当按照规定经国务院银行业监督管理机构审查批准或者备案。需要审查批准或者备案的业务品种，由国务院银行业监督管理机构依照有关法律、行政法规作出规定并公布。未经国务院银行业监督管理机构批准，任何单位或者个人不得设立银行业金融机构或者从事银行业金融机构的业务活动。

（5）国务院银行业监督管理机构对银行业金融机构的董事和高级管理人员实行任职资格管理。具体办法由国务院银行业监督管理机构制定。

（6）银行业金融机构的审慎经营规则，由法律、行政法规规定，也可以由国务院银行业监督管理机构依照法律、行政法规的规定制定。

银行业金融机构应当严格遵守审慎经营规则。所谓审慎经营规则，包括风险管理、内部控制、资本充足率、资产质量、损失准备金、风险集中、关联交易、

资产流动性等内容。

（7）国务院银行业监督管理机构应当在规定的期限，对下列申请事项作出批准或者不批准的书面决定；决定不批准的，应当说明理由：①银行业金融机构的设立，自收到申请文件之日起6个月内；②银行业金融机构的变更、终止，以及业务范围和增加业务范围内的品种，自收到申请书之日起3个月内；③审查董事和高级管理人员任职资格，自收到申请文件之日起30日内。

（8）银行业监督管理机构应当对银行业金融机构的业务活动及其风险状况进行非现场监管，建立银行业金融机构监督管理信息系统，分析、评价银行业金融机构的风险状况。

非现场监管是按照审慎性原则，由监管机构通过收集银行业金融机构的经营管理和财务数据，运用一定的技术方法，研究分析银行业金融机构经营的总体状况、风险管理状况、合规情况等，发现其风险管理中存在的问题，对其稳健性经营情况进行评价，为现场检查提供依据。非现场监管包括审查和分析各种报告和统计报表。这些资料包括基本财务报表及有关辅助资料，能详细说明银行业金融机构的各种风险和财务状况。

（9）银行业监督管理机构应当对银行业金融机构的业务活动及其风险状况进行现场检查。国务院银行业监督管理机构应当制定现场检查程序，规范现场检查行为。

现场检查是指银行业监督管理机构的监管工作人员直接深入到银行业金融机构进行业务检查和风险判断分析。现场检查的范围包括合规经营与风险状况，体现了合规监管与风险监管并重的原则。检查的目的是要通过对银行业金融机构的业务活动、财务活动和管理活动的现场检查和处理，确保银行业金融机构会计报表、统计资料的真实性，保障银行业金融机构审慎经营，提高经营管理水平，保障金融资产的完整，维护金融体系的安全，保护存款人的合法权益。

现场检查按检查的范围和内容划分，可分为全面检查和专项检查。

全面检查是国务院银行业监督管理机构为全面系统评价被检查银行业金融机构的经营管理状况而实施的对该金融机构某一时期内所有业务活动进行实地检查，通过检查，对被检查银行业金融机构的整体经营状况有了全面地掌握，对被检查银行业金融机构做出总体评价，对其存在的问题提出整改意见，并依法给予处罚。全面检查的内容包括：报表和报告的准确性、经营状况、内部控制和风险管理的完善性及有效性、资产质量及损失准备金的充足性、管理能力、会计处理的审慎性、管理信息系统的完善性、合规经营情况、非现场监管和以往现场检查发现的问题及整改情况等。

专项检查是指国务院银行业监督管理机构针对被检查银行业金融机构可能或者已经出问题的业务到实地进行详细现场检查。专项检查要重点突出，抓住那些对被检查银行业金融机构经营管理活动影响较大、涉及面较广的业务或问题来开展检查工作。按被检查业务可分为：内部控制检查、贷款业务检查、存款业务检查、现金检查等。银行业金融机构必须定期或者不定期的接受全面或者专项的现场检查。

(10) 国务院银行业监督管理机构应当对银行业金融机构实行并表监督管理。一般而言，并表监管是指母国监管当局在合并资产负债表基础上，对银行或银行集团在全球范围内面临的所有风险予以监督控制，而不论其机构注册于何地的一种监管方法。并表监管不同于财务会计并表。并表监管既是定性监管，也是定量监管，而财务会计并表只是一个定量的会计处理过程。合并账目有助于并表监管，但并不充分。在业务和风险性质截然不同时，合并账目不一定合适，某些风险，如流动性风险和市场风险，也需要在当地进行管理。而且，若存在对资本自由流动的法律限制，合并账目则可能人为地抵消风险。规定并表监管可以提升我国银行的监管水平。

(11) 国务院银行业监督管理机构应当建立银行业金融机构监督管理评级体系和风险预警机制，根据银行业金融机构的评级情况和风险状况，确定对其现场检查的频率、范围和需要采取的其他措施。

(12) 国务院银行业监督管理机构应当建立银行业突发事件的发现、报告岗位责任制度。银行业监督管理机构发现可能引发系统性银行业风险、严重影响社会稳定的突发事件的，应当立即向国务院银行业监督管理机构负责人报告；国务院银行业监督管理机构负责人认为需要向国务院报告的，应当立即向国务院报告，并告知中国人民银行、国务院财政部门等有关部门。

5-4（2008 年司法考试单选）某省银行业监督管理局依法对某城市商业银行进行现场检查时，发现该行有巨额非法票据承兑，可能引发系统性银行业风险。根据《银行业监督管理法》的规定，应当立即向下列何人报告？

A. 该省人民政府主管金融工作的负责人

B. 国务院主管金融工作的负责人

C. 中国人民银行负责人

D. 国务院银行业监督管理机构负责人

________ D。《银行业监督管理法》第 28 条第 2 款规定：“银行业监督管理机构发现可能引发系统性银行业风险、严重影响社会稳定的突发事件的，应当立即向国务院银行业监督管理机构负责人报告；国务院银行业监督管理机构负责人认为需要向国务院报告的，应当立即向国务院报告，并告知中国人民银行、国务院财政部门等有关部门。”所以本题应选D。

(13) 国务院银行业监督管理机构应当会同中国人民银行、国务院财政部门等有关部门建立银行业突发事件处置制度，制定银行业突发事件处置预案，明确处置机构和人员及其职责、处置措施和处置程序，及时、有效地处置银行业突发事件。

(14) 国务院银行业监督管理机构负责统一编制全国银行业金融机构的统计数据、报表，并按照国家有关规定予以公布。

(15) 国务院银行业监督管理机构对银行业自律组织的活动进行指导和监督。银行业自律组织的章程应当报国务院银行业监督管理机构备案。在我国，银行业自律组织应具有以下功能：制定自律规则，监督会员履行义务，负责从业人员任职资格考试、认定和职业注册、行业信息交流和培训，负责行业公共标准的制定和维护，制定行业服务规则，依法对会员、从业人员违法、违规行为进行调查和处分，接受国务院银行业监督管理委员会委托的工作。

■ 第三节 监督管理措施

一、会计报表的报送

银行业监督管理机构根据履行职责的需要，有权要求银行业金融机构按照规定报送资产负债表、利润表和其他财务会计、统计报表、经营管理资料以及注册会计师出具的审计报告。

在我国，报表资料可以采取直接报送报表、报送计算机存储介质或进行数据通讯等方式传递。为确保有关材料真实、充分，除银行业金融机构应对其报送资料的完整性、真实性和准确性负责外，国务院银行业监督管理机构有权要求被监管银行业金融机构提供由外部审计机构出具的审计证明，也有权直接对这些材料的真实性进行核查。在本法中规定监管当局有权要求银行业金融机构及时报送外部审计报告的原因在于：①外部审计是银行类金融机构外部监管的重要组成部分，是监管当局实施有效监管的必要补充，因此监管当局需要借助外部审计来了解银行类金融机构的经营状况及存在的问题；②一般情况下，审计双方签订的审计协议中都明文规定审计报告不得提供给第三方，据此被审计机构和审计机构一般都拒绝向监管当局提供审计报告的全部内容。

二、现场检查

银行业监督管理机构根据审慎监管的要求，可以采取下列措施进行现场检查：①进入银行业金融机构进行检查；②询问银行业金融机构的工作人员，要求其对有关检查事项做出说明；③查阅、复制银行业金融机构与检查事项有关的文件、资料，对可能被转移、隐匿或者毁损的文件、资料予以封存；④检查银行业金融机构运用电子计算机管理业务数据的系统。

进行现场检查，应当经银行业监督管理机构负责人批准。现场检查时，检查人员不得少于2人，并应当出示合法证件和检查通知书；检查人员少于2人或者未出示合法证件和检查通知书的，银行业金融机构有权拒绝检查。对现场检查措施，可详细解释如下：

（1）可以进入银行业金融机构的任何场所进行检查，现场检查是检查人员亲自到被检查机构的办公和营业场所进行实地检查，为此需赋予检查人员根据检查需要进入被检查银行业金融机构任何场所的权力。

（2）可以询问工作人员，要求其对有关检查事项做出说明。检查人员通过找被检查机构的负责人、部门负责人或者重要岗位的业务人员进行座谈，就他们各自负责的工作进行提问，或者检查人员针对被检查机构业务经营的异常变化，向其负责人或者其他工作人员进行询问，让其书面或者口头解释，通过谈话和质询来寻找被检查机构经营管理中存在的弱点和问题。被询问的银行业金融机构工作人员有义务配合检查人员的调查工作。

（3）可以掌握和控制资料和文件，只要是与检查事项有关的文件、资料，无论是纸质还是电子形式，国务院银行业监督管理机构都可以查阅和复制，这是查找和保存证据的重要方式。同时赋予国务院银行业监督管理机构封存可能被转移、隐匿或者毁损的文件、资料的权力，这是一项行政强制措施，多用在重要证据有可能灭失的情况下，能够及时保全证据资料。

（4）可以进入银行业金融机构运用电子计算机管理业务数据的系统进行检查。现代银行业金融机构电子化和信息化程度加快，其大量经营管理活动通过电子计算机进行，因此需赋予国务院银行业监督管理机构检查银行业金融机构运用电子计算机管理业务数据的系统的权力。例如，通过检查某些业务的计算机程序，可以检查业务操作是否在程序中作出一些设定，使其符合风险管理和内控制度的要求，如会计账户的管理，大额取现的授权管理等。

三、审慎性监管

银行业监督管理机构根据履行职责的需要，可以与银行业金融机构董事、高级管理人员进行监督管理谈话，要求银行业金融机构董事、高级管理人员就银行业金融机构的业务活动和风险管理的重大事项作出说明。

审慎性监督管理会谈手段与非现场监督和现场检查手段之间既有联系又有区别。这三种手段在时间和内容上共同构成了对银行业金融机构的持续性监督管理，实现了监督管理的连续性。但这三种手段实施的方式是不同的，主要表现在：①非现场监管主要依靠定期收集银行业金融机构的报表、数据和各种资料，对其经营状况和风险状况做出各种定量和定性的分析与判断。②现场检查在非现场分析与判断的基础上，主要依靠监管人员到银行业金融机构的现场，对涉及其经营管理行为的各种管理制度、资料、数据进行实地检查，与董事和各级经营管理人员谈话了解情况，对其经营管理状况和风险状况做出综合评估。③审慎性监督管理会谈是现场检查手段、非现场监督管理手段的补充手段，主要依靠监管人员与银行业金融机构的董事和高级管理人员的会谈了解其经营状况、风险状况及发展趋势，由于实施现场检查的监管成本较高，监管当局的监管资源有限，因此现场检查之间都有一定的间隔期间，在2次现场检查之间举行监管人员与被监管机构董事和高级管理人员之间的审慎性会谈，保持相互之间的接触，可以保持监管的连续性，提高监管效率。

四、信息披露

银行业监督管理机构应当责令银行业金融机构按照规定，如实向社会公众披露其财务会计报告、风险管理状况、董事和高级管理人员变更以及其他重大事项等信息。

银行业金融机构应当按照国务院银行业监督管理机构规定的原则、内容、方式和程序，真实、准确、及时、完整地向投资者、存款人和相关利益人披露反映其经营管理和财务状况的主要信息，如财务会计报告、风险管理状况、董事和高级管理人员变更以及其他重大事项等信息。银行业金融机构的信息披露使投资者、存款人和相关利益人能真实、准确、及时、完整地了解其财务状况、风险管理状况、董事和高级管理人员变更以及其他重大事项等信息，分析、判断其经营管理和风险状况，同时投资者、存款人和相关利益人从维护其自身利益的角度出发采取相应行动，形成对银行业金融机构的激励约束，促使其完善法人治理，加强风险管理和内部控制，提高经营管理和盈利能力。

5-5（2006年司法考试多选）下列哪些方面的情况是银行业监督管理机构应当责令银行业金融机构如实向社会公众披露的重大事项？

A. 财务会计报告

B. 风险管理状况

C. 控股股东转让股份

D. 董事和高级管理人员的变更

________ ABD。《银行业监督管理法》第36条规定："银行业监督管理机构应当责令银行业金融机构按照规定，如实向社会公众披露财务会计报告、风险管理状况、董事和高级管理人员变更以及其他重大事项等信息。"可见，银行业金融机构应向社会公众披露的重大事项不包括控股股东转让股份的情况，故C项错误。由此可知，本题答案为A、B、D项。

五、强制措施

银行业金融机构违反审慎经营规则的，国务院银行业监督管理机构或者其省一级派出机构应当责令其限期改正；逾期未改正的，或者其行为严重危及该银行业金融机构的稳健运行、损害存款人和其他客户合法权益的，经国务院银行业监督管理机构或者其省一级派出机构负责人批准，可以区别情形，采取下列措施：①责令暂停部分业务、停止批准开办新业务；②限制分配红利和其他收入；③限制资产转让；④责令控股股东转让股权或者限制有关股东的权利；⑤责令调整董事、高级管理人员或者限制其权利；⑥停止批准增设分支机构。

5-6（2004年司法考试多选）根据《银行业监督管理法》的规定，银行业金融机构违反审慎经营规则且逾期未改正的，国务院银行业监督管理机构可以对其采取下列哪些措施？

A. 限制资产转让

B. 限制分配红利

C. 责令暂停部分业务

D. 促成机构重组

________ ABC。《银行业监督管理法》第37条规定："银行业金融机构违反审慎经营规则的，国务院银行业监督管理机构或者其省一级派出机构应当责令限期改正；逾期未改正的，或者其行为严重危及该银行业金融机构的稳健运行、损害存款人和其他客户合法权益的，经国务院银行业监督管理机构或者其省一级派出机构负责人批准，可以区别情形，采取下列措施：①责令暂停部分业务、停止批准开办新业务；②限制分配红利和其他收入；③限制资产转让；④责令控股股东转让股权或者限制有关股东的权利；⑤责令调整董事、高级管理人员或者限制其权利；⑥停止批准增设分支机构。银行业金融机构整改后，应当向国务院银行业监督管理机构或者其省一级派出机构提交报告。国务院银行业监督管理机构或者其省一级派出机构经验收，符合有关审慎经营规则的，应当自验收完毕之日起3日内解除对其采取的前款规定的有关措施。”据此，本题选ABC。

六、接管与重组

银行业金融机构已经或者可能发生信用危机，严重影响存款人和其他客户合法权益的，国务院银行业监督管理机构可以依法对该银行业金融机构实行接管或者促成机构重组，接管和机构重组依照有关法律和国务院的规定执行。

接管的目的是对被接管的银行业金融机构采取必要措施，以保护存款人的利益，恢复银行业金融机构的正常经营能力。被接管的银行业金融机构的债权债务关系不因接管而变化。

对于需要采取接管措施的情形，可以考虑银行业金融机构是否有以下情形：

（1）有严重违法经营行为或屡次违法经营，对存款人利益和债权人利益造成重大威胁的。

（2）有国务院银行业监督管理机构认定的不安全和不稳健的经营行为，且严重损害存款人利益和金融稳定的。

（3）由于公司治理结构不健全，经营管理不善，导致长期亏损的。

（4）不良资产与总资产的比例超过50%，且不良资产比例持续升高的。

（5）资本充足率长期低于2%，且无法按照国务院银行业监督管理机构的要求予以补足的。

（6）董事会成员或高级管理人员有洗钱等违法犯罪行为，严重损害企业利益的。

（7）涉及重大刑事诉讼或民事诉讼，致使决策或者管理机构无法正常运作，严重影响企业正常经营的。

在接管程序上，应由国务院银行业监督管理机构作出书面决定并予以公告。

机构重组的目的是对被重组的银行业金融机构采取对银行业体系冲击较小的市场退出方式，以此维护市场信心与秩序，保护存款人等债权人的利益。

国务院银行业监督管理机构对银行业金融机构的接管和机构重组主要有两种情况：①该银行业金融机构经营不好，已经发生信用危机，严重影响存款人的利益时，可由国务院银行业监督管理机构对其进行接管或促成机构重组；②银行业金融机构可能发生信用危机，将严重影响存款人利益时，被国务院银行业监督管理机构接管或促成机构重组。

银行业金融机构如有下列情形之一的，国务院银行业监督管理机构可以促成对该银行业金融机构进行重组：

(1) 银行业金融机构被接管，经接管人评估、国务院银行业监督管理机构认定应当进行重组的。

(2) 银行业金融机构被接管，至接管期限届满仍未能恢复正常经营能力的。

(3) 发生非暂时流动性不足的支付困难，且有可能引发支付链条断裂、其他相关金融机构挤提等系统性风险的。

(4) 无力清偿债务，但考虑其资产结构、所持债券头寸、一定期限流动性头寸、救助价值、重组市场容量、无力偿债原因等因素，仍具有生存能力或救助价值的。

机构重组应是指通过合并、兼并收购、购买与承接等方式对银行业金融机构进行的机构重整。

七、撤销金融机构

银行业金融机构有违法经营、经营管理不善等情形，不予撤销将严重危害金融秩序、损害公众利益的，国务院银行业监督管理机构有权依法予以撤销。

撤销是指监管部门对经其批准设立的具有法人资格的金融机构依法采取行政措施，终止其经营活动，并对其债权债务进行清算，最终消灭其法人主体资格的行为。金融机构被宣布撤销后到办理注销登记前，其法人地位存续，但其权利能力和行为能力受到限制。

根据《银行业监督管理法》的规定，撤销银行业金融机构必须符合以下条件：

1. 银行业金融机构有违法经营、经营管理不善等情形。我国的金融业在改革开放中稳步发展，新的金融体制已初步形成，并在控制通货膨胀，防止通货紧缩，促进国民经济持续、快速、健康发展中发挥了重要的作用。但是，应当看到银行业金融机构经营中存在的诸多问题，如国有银行不良贷款比例较高，个别地方的少数中小金融机构支付不了到期债务，非银行金融机构存在一定的风险，金融系统职务违法犯罪案件频发。而所谓的银行业金融机构经营管理不善，主要是指银行业金融机构管理机制不健全，内控制度不完善，高级管理人员未尽职尽责、经营长期亏损等。

2. 不予撤销将严重危害金融秩序、损害公众利益。银行业本身就是所谓的负债经营的行业，而违规经营的后果不仅仅是资不抵债的问题。对这类有问题的银行业金融机构，如果仍允许其继续经营、继续吸收社会公众存款、从事同业拆借，而不采取果断的停止措施，其风险会扩大，而且会严重影响其他金融机构的正常经营，从而会影响整个金融业的健康、稳健运行，严重危害金融秩序，损害社会公众利益，破坏国家金融和经济安全。因此，对严重危害金融秩序、损害社会公众利益的银行业金融机构，应当坚决予以撤销。

八、查询和冻结

经国务院银行业监督管理机构或者其省一级派出机构负责人批准，银行业监督管理机构有权查询涉嫌金融违法的银行业全融机构及其工作人员以及关联行为人的账户；对涉嫌转移或者隐匿违法资金的，经银行业监督管理机构负责人批准，可以申请司法机关予以冻结。

法律赋予监管机构查询权，可以方便监管机构有权针对特定的违法犯罪案件进行调查核实。在中国人民银行行使银行业监管权期间，证监会在查处证券违法行为过程中曾经多次要求其协助查询有关存款，但因为中国人民银行没有存款查询权，有的无法协助，有的只能通过安排现场检查来达到查询目的，使其工作很被动，也给两个监管机构之间的协调合作带来了一定的负面影响，所以新的立法应当解决过去出现的问题。当然，存款涉及到存款人的商业秘密或者个人隐私，对查询权应当严格约束，《银行业监督管理法》第 41 条对监管机构的查询权规定了严格的适用程序，即必须经国务院银行业监督管理机构或者其省一级派出机构负责人批准。

在查处金融违法行为时，涉嫌违法行为人可能转移或者隐匿违法资金，导致无法取得证据从而有效打击金融违法行为，因此本条规定，经银行业监督管理机构负责人批准，可以申请司法机关冻结违法资金。

■　第四节　法律责任

一、银行业监督管理机构工作人员的责任

根据《银行业监督管理法》第 43 条的规定，银行业监督管理机构从事监督管理工作的人员有下列情形之一的，依法给予行政处分；构成犯罪的，依法追究刑事责任：

（1）违反规定审查批准银行业金融机构的设立、变更、终止，以及业务范围和业务范围内的业务品种的。

（2）违反规定对银行业金融机构进行现场检查的。

（3）未依照《银行业监督管理法》第 28 条规定报告突发事件的。

（4）违反规定查询账户或者申请冻结资金的。

（5）违反规定对银行业金融机构采取措施或者处罚的。

（6）滥用职权、玩忽职守的其他行为。

银行业监督管理机构从事监督管理工作的人员贪污受贿，泄露国家秘密或者所知悉的商业秘密和个人隐私，构成犯罪的，依法追究刑事责任；尚不构成犯罪的，依法给予行政处分。

5-7（2006年司法考试多选）下列哪些机构和人员能够成为承担《银行业监督管理法》规定的法律责任的主体？

A. 银行业金融机构

B. 银行业金融机构的高级管理人员

C. 非法从事银行业金融业务的非银行金融机构

D. 银行业监督管理机构从事监管工作的人员

________ABCD。

（1）《银行业监督管理法》第43条规定：“银行业监督管理机构从事监督管理工作的人员有下列情形之一的，依法给予行政处分；构成犯罪的，依法追究刑事责任：①违反规定审查批准银行业金融机构的设立、变更、终止，以及业务范围和业务范围内的业务品种的；②违反规定对银行业金融机构进行现场检查的；③未依照本法第28条规定报告突发事件的；④违反规定查询账户或者申请冻结资金的；⑤违反规定对银行业金融机构采取措施或者处罚的；⑥违反本法第42条规定对有关单位或者个人进行调查的；⑦滥用职权、玩忽职守的其他行为。银行业监督管理机构从事监督管理工作的人员贪污受贿，泄露国家秘密、商业秘密和个人隐私，构成犯罪的，依法追究刑事责任；尚不构成犯罪的，依法给予行政处分。”故D项正确。

（2）《银行业监督管理法》第44条规定：“擅自设立银行业金融机构或者非法从事银行业金融机构的业务活动的，由国务院银行业监督管理机构予以取缔；构成犯罪的，依法追究刑事责任；尚不构成犯罪的，由国务院银行业监督管理机构没收违法所得，违法所得50万元以上的，并处违法所得1倍以上5倍以下罚款；没有违法所得或者违法所得不足50万元的，处50万元以上200万元以下罚款。”故C项正确。

（3）《银行业监督管理法》第45条规定：“银行业金融机构有下列情形之一，由国务院银行业监督管理机构责令改正，有违法所得的，没收违法所得，违法所得50万元以上的，并处违法所得1倍以上5倍以下罚款；没有违法所得或者违法所得不足50万元的，处50万元以上200万元以下罚款；情节特别严重或者逾期不改正的，可以责令停业整顿或者吊销其经营许可证；构成犯罪的，依法追究刑事责任：①未经批准设立分支机构的；②未经批准变更、终止的；③违反规定从事未经批准或者未备案的业务活动的；④违反规定提高或者降低存款利率、贷款利率的。”第46条规定：“银行业金融机构有下列情形之一，由国务院银行业监督管理机构责令改正，并处20万元以上50万元以下罚款；情节特别严重或者逾期不改正的，可以责令停业整顿或者吊销其经营许可证；构成犯罪的，依法追究刑事责任：①未经任职资格审查任命董事、高级管理人员的；②拒绝或者阻碍非现场监管或者现场检查的；③提供虚假的或者隐瞒重要事实的报表、报告等文件、资料的；④未按照规定进行信息披露的；⑤严重违反审慎经营规则的；⑥拒绝执行本法第37条规定的措施的。”第47条规定：“银行业金融机构不按照规定提供报表、报告等文件、资料的，由银行业监督管理机构责令改正，逾期不改正的，处10万元以上30万元以下罚款。”故A项正确。

（4）《银行业监督管理法》第48条第2项规定：“银行业金融机构违反法律、行政法规以及国家有关银行业监督管理规定的，银行业监督管理机构除依照本法第44条至第47条规定处罚外，还可以区别不同情形，采取下列措施：……②银行业金融机构的行为尚不构成犯罪的，对直接负责的董事、高级管理人员和其他直接责任人员给予警告，处5万元以上50万元以下罚款；……”故B项正确。由此可知，本题答案为ABCD。

二、银行业金融机构的责任

（1）根据《银行业监督管理法》第45条的规定，银行业金融机构有下列情形之一，由国务院银行业监督管理机构责令改正，有违法所得的，没收违法所得，违法所得50万元以上的，并处违法所得1倍以上5倍以下罚款；没有违法所得或者违法所得不足50万元的，处50万元以上200万元以下罚款；情形特别严重或者逾期不改正的，可以责令停业整顿或者吊销其经营许可证；构成犯罪的，依法追究刑事责任：①未经批准设立分支机构的；②未经批准变更、终止的；③违反规定从事未经批准或者未备案的业务活动的；④违反规定提高或者降低存款利率、贷款利率的。

（2）根据《银行业监督管理法》第46条的规定，银行业金融机构有下列情形之一，由国务院银行业监督管理机构责令改正，并处20万元以上50万元以下罚款；情节特别严重或者逾期不改正的，可以责令停业整顿或者吊销其经营许可证；构成犯罪的，依法追究刑事责任：①未经任职资格审查任命董事、高级管理人员的；②拒绝或者阻碍非现场监管或者现场检查的；③提供虚假的或者隐瞒重要事实的报表、报告等文件、资料的；④未按照规定进行信息披露的；⑤严重违反审慎经营规则的；⑥拒绝执行本法第37条规定的措施的。

(3) 根据《银行业监督管理法》第47条的规定，银行业金融机构未按照规定提供有关报表、报告等文件、资料的，由国务院银行业监督管理机构责令改正，逾期不改正的，处10万元以上30万元以下罚款。

(4) 根据《银行业监督管理法》第48条的规定，银行业金融机构违反法律、行政法规以及国家有关银行业监督管理规定的，银行业监督管理机构除依照本法第44~47条规定处罚外，还可以区别不同情况，采取下列措施：①责令银行业金融机构对直接负责的董事、高级管理人员和其他直接责任人员给予纪律处分；②银行业金融机构的行为尚不构成犯罪的，对直接负责的董事、高级管理人员和其他直接责任人员给予警告，处5万元以上50万元以下罚款；③取消直接负责的董事、高级管理人员一定期限直至终身的任职资格，禁止直接负责的董事、高级管理人员和其他直接责任人员一定期限直至终身从事银行业工作。

三、其他有关人员的法律责任

根据《银行业监督管理法》第44条的规定，擅自设立银行业金融机构或者非法从事银行业金融的业务活动的，由国务院银行业监督管理机构予以取缔；构成犯罪的，依法追究刑事责任；尚不构成犯罪的，由国务院银行业监督管理机构没收违法所得，违法所得50万元以上的，并处违法所得1倍以上5倍以下罚款；没有违法所得或者违法所得不足50万元的，处50万元以上200万元以下罚款。

第六章　货币法律制度

■ 第一节　货币概述

一、货币及其职能

如果说一切经济问题的发生都是货币制度失灵的结果，这当然有点言过其实，但某些很重要的经济问题则确实如此。显然通货膨胀是一个货币问题，而失业虽然带有许多非货币方面的特征，但也和货币供给的变化有着密切的关系。如果货币供给的增长高于期望的速率，则失业会暂时减少，而货币量的急剧减少通常又会暂时地增长失业。因此，货币对经济的影响是有目共睹，而且是极其深远的。

（一）货币的涵义

货币在经济学里有其专门的涵义，它与我们在日常生活中对货币的理解不同。在日常的生活中，货币常常用来表示许多不同的东西，其中之一就是指通货。如平时人们常说的“钱”，指的就是通货。但是在经济学里，货币决不是唯一被定义为通货的，因为可开列支票存款和通货能够执行同样的职能——支付所购买的商品或者劳务。实际上，在发达的国家，人们购买物品的价值金额中仅有很小的比例是用通货来支付的。另外，有些人把货币看成是财富，但如此就会混淆货币与不动产、股票、债券及其他财富的区别。经济学家既不是把货币狭义地定义为通货，也不把货币广义地定义为财富，而是根据货币的职能定义，即任何一种能执行交换媒介、价值标准或者完全流动的财富贮藏手段职能的物品都可以看成是货币。〔1〕

从本质上说，所谓货币，系完全基于其传统习惯和地区而异，凡在某一社会中，被用作支付债务、物品与劳务而具有普遍接受性的，当属货币。〔2〕

---

〔1〕［美］托马斯·梅耶、詹姆斯·S. 杜森贝里、罗伯特·Z. 阿利伯著，洪文金、林志军等译：《货币、银行与经济》，上海三联书店、上海人民出版社2003年版，第6页。

〔2〕周大中：《现代金融学》，北京大学出版社1994年版，第14页。

也有学者，如罗伯逊（D. H. Robertson）认为，被广泛地作为商品支付或者偿付其他营业性债务而接受的任何东西，均可称为货币。索罗门（Solomon）认为，在一个社会中，任何东西，凡作为计价单位，有其固定价值，而用以偿债或者购买财货与劳务又为人所普遍接受者，皆为货币。

（二）货币的职能

货币具有下列四种职能：

1. 交换媒介（Medium of Exchange）。货币作为交换的媒介是显而易见的。货币的交换媒介即为支付的方法，以货币交换物品或者劳务，使买进或者卖出分别进行，以物品与服务交换为货币，再以货币购进所需要的物品与劳务，避免物物交换的缺陷。

2. 价值标准（Measure of Value）。就是利用货币作为比较价值的工具。作为测定价值的货币，会规定一个单价，以衡量所有可用于交换的物品的有关价值。以货币表示价格的高低，反映对各种物品和服务的评价。当然，在经济生活中，货币并非是唯一的测定标准，其他还存在长度、质量、重量等标准，而这些标准是不变的，但货币作为价值标准却有其缺陷，即货币的价值在不断地变化，而且有时是惊人的变化。

3. 价值贮藏（Store of Value）。货币作为价值贮藏手段有若干独特之处：①它不需要或者仅需要极少的交易成本。如果人们决定用任何其他资产来贮藏财富，就必须运用货币去购买该资产，以后当他们想用商品或者其他资产代替这种资产时，又必须将其转换为货币，这其中的成本是可想而知的。②货币本身的价值是相对稳定的。正是由于其稳定性，货币可以作为财富贮藏起来。

4. 延期支付（Standard of Deferred Payments）。货币可以作为借贷的媒介，可以作为债务表示的标准。如政府发行的债券、公司债券、银行存款、远期汇票等，都属于延期支付的债券，可以用货币来表示。

（三）货币本位制度

在任何货币制度中，会有多种货币同时在社会上流通，但物品与劳务的交换及公司财务会计的处理，则以其中一种作为计算单位或者基本单位，充当计算单位或者基本单位的货币，被称为本位货币（Standard Money）。换言之，本位货币即一国用一定单位表示的标准货币，其具有无限清偿性，而在该国境内通行无阻，作为最后支付的工具。

在世界货币制度史上，曾经出现过下列货币本位制度：

1. 金本位制。金本位制度的特点之一是本位货币与一定量的黄金保持等价关系，而以黄金担任货币的角色。其经历了三个发展阶段：（1）金币本位。它在金本位中实行最早，在第一次世界大战之前，世界主要国家均采用金币本位。金币本位的特点是：①国家以法令规定每个金币所含纯金重量；②金币可以自由熔化与铸制；③黄金可以自由处理，包括买卖、输出、输入、窖藏，不受任何限制；④金币与其他形态的货币，按照等价相互兑换；⑤金币为无限清偿。（2）金块本位。由于黄金的产量问题，在缺乏黄金的国家，不再将纸币兑换成金币，如果继续兑换，一旦黄金流出太多，会直接影响本国的支付能力和信誉。因此，一战后，除美国外，世界各主要国家均放弃了金本位制，而采取金块本位。其特点为：①不铸造金币，也不再使其流通，政府或者中央银行按照固定价格，无限制收购黄金，以避免金价低于货币价值；②持有其他货币兑换时是金块，但金块的重量有明确规定，不能分割；③外汇可以自由买卖。（3）金汇兑本位。金汇兑本位是一个实施金本位的关键国家，在国际清算上使用黄金或黄金的代替品，而另一个国家的货币不与黄金发生联系，即间接与黄金发生关系的本位制。如1933年4月以后至1971年8月15日，美国财政部规定，对任何一国的中央银行所积累的美元超过本身需要时，都可以向美国政府以35美元兑换1盎司黄金，这就是以美元为关键通货的金汇兑本位。

2. 银本位制。所谓银本位是以白银为币材，即一国的本位货币与白银保持一定比例的等价关系。我国清朝曾经采用这种货币本位制度。

3. 复本位制。所谓复本位是一国同时采用两种本位货币，即金币和银币都具有法定的清偿性。

4. 纸本位制。这是不与任何金属保持固定的等价关系，而以纸币为本位货币的制度。这种货币由政府授权中央银行发行，由法律赋予其无限的清偿性。由于不与黄金或者白银保持等价关系，因此，不能请求兑换。其特点为：①纸币为无限清偿，具有强制流通能力；②货币供应量不受金银的约束，可根据经济发展情况决定发行数量；③对对内币值及对外汇率做有效的管理，使其保持价值稳定。

二、货币政策（Monetary Policy）

货币政策是指中央银行为实现其特定的经济目标而采用的各种控制和调节货币供应量或信用量的方针和措施的总称。[1]

（一）货币政策目标

货币政策分担着宏观经济政策的各种目标，西方国家一般认为包括充分就业、价格稳定、国际收支平衡和经济增长四大目标。

---

〔1〕 刘亚天、魏敬森主编：《金融法》，中国政法大学出版社1996年版，第28页。

1. 充分就业。美国经济协会经济安定委员会对充分就业的定义是“充分就业意为在现行工资率下，凡寻求工作的合格人士，在生产活动方面能觅得工作而无可考虑的延迟，亦即有充分工作时间的人需工作充分时间……而不意味失业常为零”。英国充分就业法案主持人柏维里认为：“充分就业水准须达到97%，换言之，仅有3%的人没有工作，即可称为充分就业。”[1]

事实上，由于职业性的转移和季节的关系，或者由于就业人员地区性分布和职业分布的配合不当，经常有失业存在，从经济效率的角度看，保持一定的失业水平是适当的。在失业状况中，有一部分是摩擦性失业、[2] 自愿性失业、隐形失业，还有一部分是循环失业和结构性失业。[3] 这些失业都不能认为是非充分就业。

2. 价格稳定。物价稳定是指一般的物价水准无任何显著的长期变动趋势或者剧烈的短期波动。价格稳定的基本要求是降低通货膨胀率，不可预测的通货膨胀会产生许多后果。表现在：①由于通货膨胀对公司的税赋负担具有不同程度的影响，所以会导致投资资金分配的社会性低效率。因为税后利润变成了一个不可靠的指标，难以正确反映各产业部门的实际资本生产率。②通货膨胀影响了收入和财富的分配。很明显，债权人将受到损失，而债务人从中获利。③通货膨胀还会带来不确定性和不安全性。一般人不再能够把握未来，因为财产的实际价值变成了未知数。积蓄的节俭行为不仅没有得到期望的回报还受到了惩罚，可能会导致人们对政府以及一般社会条件的公允性和合理性丧失信心。因此，必须通过适当的货币政策使物价稳定。当然，物价的稳定不是一成不变的，而是控制在一个合理的范围内。

3. 经济增长。经济增长是指国民生产总值的增加，经济增长要求国民生产总值的增长要保持一个较高的水平上。

4. 国际收支平衡。国际收支平衡是指在一国国际贸易的一定时期中，对其他国家的货币收入和支出大体相当。国际收支的平衡与否，与国内价格的稳定和经济的持续发展息息相关。平衡国际收支也就是稳定一国货币的对外汇率。假如一国的经济发展不平衡，或有效需求大于有效供给，即具有通货膨胀的压力，此项压力可直接或者间接有害于国际收支的发展。就直接方面来说，由于国内物价

---

〔1〕 周大中：《现代金融学》，北京大学出版社1994年版，第436页。

〔2〕 摩擦性失业是指就业人员不能灵活运用工作机会、工作机会的信息不灵通及经济社会未能使就业人员和工作迅速配合所产生的摩擦而造成的失业。

〔3〕 结构性失业是指经济社会中某些结构性变动的发生及持续，这些变动使得某些人因为他们的年龄、种族、教育及训练不足，或因地理位置而无法获得工作，以及因技术改变而难以获得职业。

上涨，而国外产品价格相对低廉，输入自然会较输出增加；就间接方面来说，由于国内物价上涨，产品在国内销售较输出有利。因此，由于输出少而输入多，必然引起国际收支的不平衡。由于这种不平衡会使国家在资金的安排和使用上比较困难。

（二）货币政策目标的冲突

货币政策具有许多目标，但实际上这些目标之间存在一定的冲突，因此，不同的国家和地区在不同的时期，其货币政策委员会要对这些目标进行权衡，并要确定牺牲某个目标而实现另一目标的限度。

在价格稳定与经济增长之间存在一定的冲突，从长期看，经济增长与价格稳定不存在冲突，但从短期看，这种冲突是明显的。若要经济快速增长，必须加大投资力度，但加大投资力度必然使市场中的资金流通量增多，于是就要发生通货膨胀，而不可预测的通货膨胀又会使经济增长的速度下降，即为了降低通货膨胀，就要紧缩银根，失业和过剩的生产力增加，企业厂商的过剩生产力越大，投资的动机就越小，从而使经济发展速度减缓。

价格稳定与充分就业之间存在一定的冲突。价格稳定会限制充分就业，充分就业又会影响到价格稳定。若要实现充分就业，就必须增加投资，增加投资就要放松银根，放松银根就可能会导致通货膨胀，自然价格稳定难以实现；而在通货膨胀发生后，政府就必须采取措施，紧缩信用，减少货币的投放，生产规模缩小，就业机会就会减少。

充分就业与国际收支平衡之间存在一定冲突。充分就业会导致收入的增加，收入增加会造成消费水平的增大，消费水平增大就会导致国内商品价格上涨，如果汇率不变，进口就会增加，从而影响国际收支平衡。

经济增长和国际收支平衡之间存在一定冲突。在世界经济一体化的今天，市场对资源配置起决定性的作用，经济要增长，对国外的经济资源需求可能就会加大，就必然会增加进口，贸易就会出现逆差，导致国际收支的不平衡。而为了国际收支平衡，就要抑制国内对经济资源的需求，进口就会减少，而经济的发展速度就会放慢。

我国在这些问题上和西方国家的看法是一致的，因此，在确定货币政策目标的时候同样须作出选择。在权衡各种目标的冲突之上，我国《中国人民银行法》第3条规定，我国的货币政策目标是保持货币币值的稳定，并以此促进经济的增长。

（三）货币政策工具

货币政策工具是指一国的中央银行或者货币政策决策机构为实现货币政策目

标而采用的手段和措施。在西方国家，货币政策工具可以分为两种类型：①影响整个经济的最为重要的一般性工具；②加强或者改进货币政策对特殊经济领域作用的选择性控制工具，比如对证券市场的控制。但是，这种一般性控制和选择性控制的划分并不是绝对的。选择性政策对经济的其他领域也会产生某些影响。[1]

一般性的货币政策工具主要有三种：存款准备金政策、再贴现政策、公开市场业务政策。选择性的货币政策包括证券市场放款、消费信贷、道义劝告、公布与指导。

1. 一般性货币政策工具。制定和执行国家的货币政策，稳定货币，对国民经济实行有效的宏观调控，这是中央银行的核心任务。在我国，随着经济体制改革的深化，中央银行的间接调控比重不断加大，但目前仍处于模式转换阶段。《中国人民银行法》第23条规定："中国人民银行为执行货币政策，可以运用下列货币政策工具：①要求银行业金融机构按照规定的比例交存存款准备金；②确定中央银行基准利率；③为在中国人民银行开立账户的金融机构办理再贴现；④向商业银行提供贷款；⑤在公开市场上买卖国债、其他政府债券和金融债券及外汇；⑥国务院确定的其他货币政策工具。中国人民银行为执行货币政策，运用前款所列货币政策工具时，可以规定具体的条件和程序。"具体说来，一般性货币政策工具包括：

（1）存款准备金政策。存款准备金是指国家规定的金融机构从自己吸收的存款中，依照中央银行根据法律授权所确定的汇率，提取一定的金额，无息存入中央银行，此项金额被称为"存款准备金"。存款准备金政策是指中央银行在法律赋予的权限范围内，通过规定或者调整商业银行交存中央银行的存款准备金比率，控制其信用规模，从而间接控制货币供应量的活动。在现代经济社会，银行存款，特别是活期支票存款，在货币供应量中占有很大的比重。商业银行由于其特殊的经营方式，具备一种创造派生存款的能力，这种货币创造功能直接影响商业银行的信贷规模，而信贷规模的大小对市场中的资金量有实质的影响。存款准备金制度的实质，在于通过法定准备金率的调整，控制商业银行创造存款货币的基础和能力，实现对货币供应量的调节和控制。提高法定准备金率，则银根紧缩；降低法定准备金率，则银根放松。

---

〔1〕［美］托马斯·梅耶、詹姆斯·S. 杜森贝里、罗伯特·Z. 阿利伯著，洪文金、林志军等译：《货币、银行与经济》，上海三联联书店、上海人民出版社2003年版，第465页。

(2) 再贴现政策。再贴现是普通金融机构以贴现得来的票据，[1] 背书让与中央银行兑取现款，中央银行于票面金额中扣除自兑取日至到期日中之间的利息及贴现费用后，将其余额支付给普通金融机构。中央银行通过调整再贴现率，影响普通金融机构从中央银行取得信贷资金的成本和可使用额，并间接带动市场信贷利率的升降，从而实现调节货币供应量的目的。当中央银行认为货币供应量过多而实行信用紧缩政策时，便可提高再贴现率，普通金融机构便会因为向中央银行借款的成本提高，而减少借款数量，从而降低了中央银行基础货币的投放。同时，普通金融机构在营利动机的驱使下，也会相应提高对客户的贷款利率和贴现率，从而加大客户的借款成本，抑制其对于信贷资金的需求，使银行扩张信用的规模得以收缩。反之，如果中央银行降低再贴现率，则可以收到扩张信用、增加货币供应量的效果。

(3) 公开市场业务政策。公开市场业务也是货币政策的主要工具。所谓公开市场业务，是中央银行在金融市场上买卖有价证券，以此影响货币供应量和市场利率的行为。事实上，大多数公开市场业务并不是真正像字面解释意义上的买卖，大量的所谓购买是以证券回购协议的方式进行的。所谓的回购，是指卖方签订协议同意在未来的某一天按照固定价格重新买回这些证券的行为。

中央银行在金融市场上买进或卖出有价证券，可以影响商业银行的超额准备金头寸，控制商业银行的货币创造。如果中央银行自商业银行购进证券，则商业银行在证券减少的同时，直接增加其在中央银行账户上的存款。如果证券出售者为普通企业和社会公众，他们将收入款项存入商业银行，商业银行即可就提取存款准备金后的余额发放贷款。可见，无论证券出售者为谁，都将导致商业银行超额准备金头寸的增加，使货币供应按乘数原理数倍扩张。反之，如果中央银行在金融市场上抛售有价证券，则可减少商业银行的超额准备金头寸，使货币供应按倍数收缩。公开市场业务还可以影响市场利率。中央银行买进证券，会使证券因供求变化而出现价格上升，同时由于中央银行投放基础货币扩大了货币供应，使市场利率超跌，在其他条件不变的情况下，会刺激投资，对经济产生扩张性影响；反之，会使利率上升，抑制投资，对经济产生收缩性影响。[2]

我国的《中国人民银行法》第 23 条规定，中国人民银行为执行货币政策，可在公开市场上买卖国债和其他政府债券、金融债券及外汇。

---

〔1〕 票据贴现是指票据的持有人以未到期的票据提交银行，银行在扣除规定的贴现利息后把余额支付给持票人的行为。

〔2〕 朱崇实：《金融法教程》，法律出版社 1995 年版，第 37 页。

公开市场业务并非所有国家的中央银行都可以运用，它只能在具有较完善的金融市场和以政府债券为主的大量有价证券和票据买卖的国家中开展。

（4）确定中央银行的基准利率。利率政策是我国货币政策的重要组成部分，也是货币政策实施的主要手段之一。中国人民银行根据货币政策实施的需要，适时的运用利率工具，对利率水平和利率结构进行调整，进而影响社会资金供求状况，实现货币政策的既定目标。

目前，中国人民银行采用的利率工具主要有：①调整中央银行基准利率，包括：再贷款利率，指中国人民银行向金融机构发放再贷款所采用的利率；再贴现利率，指金融机构将所持有的已贴现票据向中国人民银行办理再贴现所采用的利率；存款准备金利率，指中国人民银行对金融机构交存的法定存款准备金支付的利率；超额存款准备金利率，指中央银行对金融机构交存的准备金中超过法定存款准备金水平的部分支付的利率。②调整金融机构法定存贷款利率。③制定金融机构存贷款利率的浮动范围。④制定相关政策对各类利率结构和档次进行调整等。

近年来，中国人民银行加强了对利率工具的运用。利率调整逐年频繁，利率调控方式更为灵活，调控机制日趋完善。随着利率市场化改革的逐步推进，作为货币政策主要手段之一的利率政策将逐步从对利率的直接调控向间接调控转化。利率作为重要的经济杠杆之一，在国家宏观调控体系中将发挥更加重要的作用。

（5）再贷款政策。再贷款是中央银行对商业银行的贴现及放款的一种方法，指商业银行以本票或以政府债券等作抵押向中央银行取得的贷款。申请再贷款在操作上比再贴现简便灵活，但中央银行对再贷款的限制比再贴现也更严格。商业银行通过再贷款获得的资金，一般只允许用于补充银行储备不足和资产临时性调整之需，而不能用于扩大银行资产的规模。商业银行申请再贷款必须向中央银行说明借款用途，提供财务报表以及其他反映银行经营状况的资料，经中央银行严格审查后，才能取得贷款。

2. 选择性货币政策工具。除了上述的一般性货币政策工具外，西方国家还常常运用一些其他政策工具，这些工具被称为选择性的货币政策工具。具体包括：

（1）证券市场放款。为了稳定证券市场行市，控制和调节流向证券市场的资金，防止证券投机，中央银行可对证券购买者必须支付现款的比率，即法定保证金比率作出规定，以控制金融机构证券融资额度。中央银行可根据政策需要，随时调高或调低法定保证金比率，或者简单地说，就是对使用贷款购买证券市场上已经上市或者未上市的股票加以控制。它主要针对购买股票的定金或者保证金作出规定，其目的就是要限制购买股票的比重。比如，可以把保证金要求提高到100%，以控制投机性的股票市场暴跌。在美国，产生这一政策的原因是1929年发生的经济危机。

（2）消费信贷。消费信用控制，是指中央银行对不动产以外的各种耐用消费品的销售融资予以控制。主要控制手段为：①规定以分期付款方式购买耐用消费品时第一次付款的最低金额；②规定以消费信贷购买商品的最长期限；③规定可以消费信贷购买的耐用消费品的种类，并对不同消费品规定不同的信贷条件。

（3）道义劝告。在美国，道义劝告也是一种货币政策工具，即联邦储备系统运用其说服力影响银行或者各金融机构实施不同的行为。由于联邦储备系统的利益常常和金融机构的自身长期利益一致，因此，在某些情况下，道义劝告形式的控制甚至比上述的措施更为有效。如在通货膨胀时期，联邦储备系统可以劝说贷款人更为谨慎地实施其信贷政策，而贷款人也可能会把这一劝告当作一种来自那些比他们自已能更准确地预测经营状况的专家们的正确的经营建议。一些人认为："尽管道义劝告没有可靠的法律地位，但它是联邦储备系统的一个强有力的武器。"[1]

（4）公布与指导。在美国，联邦储备系统可以通过许多方式把它的主张向社会公布。美联储主席经常到国会的专门委员会作证。工商界及新闻界对此都非常重视，因此，联邦储备系统可以轻而易举地把它的观点公布于众。

6-1　下列有关货币政策的表述正确的包括：

A. 中国人民银行可以间接买卖国债

B. 提高存款准备金率可以达到紧缩银根的目的

C. 中国人民银行提高贴现利率可以放松银根

D. 中国人民银行可以对金融机构提供贷款，但期限不得超过5年

________ AB。

（1）《中国人民银行法》第23条规定，中国人民银行为执行货币政策，可以运用下列货币政策工具：①要求银行业金融机构按照规定的比例交存存款准备金；②确定中央银行基准利率；③为在中国人民银行开立账户的银行业金融机构办理再贴现；④向商业银行提供贷款；⑤在公开市场上买卖国债、其他政府债券和金融债券及外汇；⑥国务院确定的其他货币政策工具。这里的在公开市场上买

---

[1]［美］托马斯·梅耶、詹姆斯·S. 杜森贝里、罗伯特·Z. 阿利伯著，洪文金、林志军等译：《货币、银行与经济》，上海三联联书店、上海人民出版社2003年版，第479页。

卖国债，其实就是间接买卖。《中国人民银行法》第29条规定，中国人民银行不得对政府财政透支，不得直接认购、包销国债和其他政府债券。因此，选A。

（2）提高存款准备金时商业银行可运用的资金减少，可以达到紧缩银根的目的，所以选B。

（3）提高贴现利率的目的是抑制商业银行的贴现，从而达到紧缩银根的目的，所以不选C。

（4）《中国人民银行法》第28条规定，中国人民银行根据执行货币政策的需要，可以决定对商业银行贷款的数额、期限、利率和方式，但贷款的期限不得超过1年。因此，D不是正确选项。

■ 第二节 人民币法

一、人民币的法律地位

人民币是我国的法定货币，也是唯一的合法货币，我国法律赋予人民币无限清偿的能力，并用国家强制力保证其流通。《中国人民银行法》第16条规定："中华人民共和国的法定货币是人民币。以人民币支付中华人民共和国境内的一切公共的和私人的债务，任何单位和个人不得拒收。"在我国境内，市场上只允许人民币的流通，除特殊规定外，在我国境内的一切货币的收付、计价、结算、记账、核算都必须使用人民币或者以人民币为记账本位币。《会计法》第12条规定："会计核算以人民币为记账本位币。业务收支以人民币以外的货币为主的单位，可以选定其中一种货币作为记账本位币，但是编报的财务会计报告应当折算为人民币。"

1948年12月1日，中国人民银行在河北省石家庄市成立，人民银行甫一成立即开始发行人民币。人民币发行后，中央政府陆续收回了各解放区发行的地方性货币。从1948年到现在，共发行了5套人民币。现在市场上流通的人民币分别为第三、第四、第五套。《中国人民银行法》第17条规定："人民币的单位为元，人民币辅币单位为角、分。"我国人民币主币有1元、2元、5元、10元、20元、50元、100元七种，辅币有1分、2分、5分、1角、2角、5角六种。主币和辅币具有同等的法律效力。

二、人民币的发行

人民币的发行是指中国人民银行向流通领域投放货币的行为。货币发行的具体表现形式是，货币的发行机关向流通领域投放的货币的数量，超过从流通领域回笼到发行银行的货币数量。

（一）人民币发行权

人民币的发行权集中于中国人民银行。《中国人民银行法》第 18 条规定："人民币由中国人民银行统一印制、发行。中国人民银行发行新版人民币，应当将发行时间、面额、图案、式样、规格予以公告。"

（二）人民币发行的具体模式

人民币的发行主要通过信贷渠道进行，即中国人民银行通过发行库将发行基金投入业务库，以对商业银行及其他金融机构提供存款、办理再贴现、购买有价证券等方式，将一部分货币投放到流通领域。1988 年 3 月，中国人民银行印发了《中国人民银行货币发行管理制度》，对发行库、发行基金作了明确规定。发行库是中国人民银行为保管货币的发行基金而设置的金库，是办理货币发行的具体机构。发行库是中国人民银行的组成部分，是根据需要设置的分支机构。其任务是：根据国务院批准的货币发行额度，统一调度发行基金；具体办理货币的发行工作；统一保管货币的发行基金；办理损伤票币的回收销毁工作；办理全国发行业务的会计核算。发行基金由中国人民银行统一掌管，未经国务院批准，任何单位和个人都无权动用。发行基金的支用权属于发行总库，各级分库所掌管的基金只是总库的一部分，下级库只能在上级库指定的出库限额内办理出库。对此，《中国人民银行法》第 22 条规定："中国人民银行设立人民币发行库，在其分支机构设立分支库。分支库调拨人民币发行基金，应当按照上级库的调拨命令办理。任何单位和个人不得违反规定，动用发行基金。"

（三）人民币发行原则

合理控制和调节市场上货币的流通量，保持人民币币值的稳定，是国民经济稳定协调发展的基本保证。《中国人民银行法》第 3 条规定，我国货币政策的目标是保持货币币值的稳定，并以此促进经济增长。为了实现这一目标，人民币的发行必须遵循下列原则：

1. 集中统一的原则。集中统一的原则又称为"垄断发行"的原则。在世界上，几乎所有国家的货币发行都遵循这一原则。在我国，货币的发行权集中于中国人民银行，任何单位和个人都不得以任何形式发行货币或者变相发行货币。

货币的集中统一发行是我国货币发行制度的核心，同时是国家对经济宏观调控的需要，是维护币值稳定的需要，也是中央银行加强金融实力、强化对信用控制的需要。

2. 经济发行的原则。经济发行是指中央银行发行货币时，根据市场上流通手段和支付手段的需要发行人民币，使市场上的货币流通量与商品流通量相适应。货币的发行量与商品流通量是相互联系、相互依存和相互制约的关系。为了保持货币发行的稳定和适度，西方国家都通过立法规定了货币发行准备制度和最高限额制度。在我国，虽然没有规定货币的发行必须以黄金储备、外汇储备作基准，但在有商品保证的前提条件下，黄金储备、外汇储备也是重要的参考依据。

经济发行与财政发行是相对立的。财政发行，也称非经济发行，是指超过商品生产和商品流通的正常需要而进行的货币发行，其主要目的是弥补财政赤字的发行。对于财政赤字，国家可以通过发行国债的办法解决，不允许直接发行货币或者变相发行货币。对于变相发行货币，我国立法是禁止的。《中国人民银行法》第29条规定："中国人民银行不得向政府财政透支，不得直接认购、包销国债和其他政府债券。"第30条规定："中国人民银行不得向地方政府、各级政府部门提供贷款，不得向非银行金融机构以及其他单位和个人提供贷款，但国务院决定中国人民银行可以向特定的非银行金融机构提供贷款的除外。中国人民银行不得向任何单位和个人提供担保。"

三、人民币的保护

为了维护人民币的法律地位，保证人民币发行的集中统一，规范人民币的流通秩序，国家通过多种途径、多种层次的立法对人民币加以保护。

（一）法律明确规定了与货币有关的犯罪并予以严厉打击

《中国人民银行法》第19条规定，禁止伪造、变造人民币；禁止出售、购买伪造、变造的人民币；禁止运输、持有、使用伪造、变造的人民币。第42条规定，伪造人民币、出售伪造的人民币或者明知是伪造的人民币而运输，构成犯罪的，依法追究刑事责任；[1] 尚不构成犯罪的，由公安机关处15日以下拘留、1万元以下罚款。第43条规定，购买伪造、变造的人民币或者明知是伪造、变造的人民币而持有、使用，构成犯罪的，依法追究刑事责任；尚不构成犯罪的，由公安机关处15日以下拘留、1万元以下罚款。除《中国人民银行法》的规定外，《刑法》也规定了许多与货币有关的犯罪，如金融机构工作人员购买、调换伪造的货币罪、走私伪造的货币罪等。

（二）禁止变相货币的发行和使用

《中国人民银行法》第20条规定，任何单位和个人不得印制、发售代币票

---

〔1〕《刑法》第170条规定："伪造货币的，处3年以上10年以下有期徒刑，并处5万元以上50万元以下罚金；有下列情形之一的，处10年以上有期徒刑、无期徒刑或者死刑，并处5万元以上50万元以下罚金或者没收财产：①伪造货币集团的首要分子；②伪造货币数额特别巨大的；③有其他特别严重情节的。"

券，以代替人民币在市场上流通。第45条规定，印制、发售代币票券，以代替人民币在市场上流通的，中国人民银行应当责令停止违法行为，并处20万元以下的罚款。

所谓变相货币，是指不享有国家法律赋予的货币发行权或各种其他法定信用货币制作权的单位、个人，违反国家有关规定私自印制签发的、以货币单位标明其面值，并在市场上计价流通的各种有价证券和支付凭证。变相货币的发行和使用，不仅违背了我国人民币发行集中统一的原则，在实际上造成了多种形式的货币在市场上流通，影响了人民币的信誉和法律地位，而且还违反了我国税收、财务和货币管理的有关制度，给发行者逃税和违反财经纪律提供了条件。[1]

（三）禁止故意毁损人民币和非法使用人民币图样

故意毁损人民币是指故意毁损或者损伤人民币的纸币或者铸币。非法使用人民币图样是指单位或者个人出于各种目的，在宣传品、出版物及其他商品上使用人民币图样。《中国人民银行法》第19条规定，禁止在宣传品、出版物或者其他商品上非法使用人民币图样。对此行为，第44条规定，在宣传品、出版物或者其他商品上非法使用人民币图样的，中国人民银行应当责令改正，并销毁非法使用的人民币图样，没收违法所得，并处以5万元以下的罚款。

6－2　下列有关人民币的发行、流通和保护的说法错误的有：

A. 拒收人民币是违法行为

B. 残缺人民币不得流通

C. 在人民币上签名纪念是允许的

D. 为了安全可以发行和使用代币票券

________ CD。①《中国人民银行法》规定，中华人民共和国的法定货币是人民币。以人民币支付中华人民共和国境内的一切公共的和私人的债务，任何单位和个人不得拒收。所以不选A。②《中国人民银行法》第21条规定，残缺、污损的人民币，按照中国人民银行的规定兑换，并由中国人民银行负责收回、销毁。所以不选B。③《中国人民银行法》第19条规定，禁止伪造、变造人民币。禁止出售、购买伪造、变造的人民币。禁止运输、持有、使用伪造、变造的人民币。禁止故意毁损人民币。禁止在宣传品、出版物或者其他商品上非法使用人民币图样。所以选C。④《中国人民银行法》第20条规定，任何单位和个人不得印制、发售代币票券，以代替人民币在市场上流通。所以D也是正确选项。

---

〔1〕朱崇实：《金融法教程》，法律出版社1995年版，第121页。

■ 第三节 外汇法

一、外汇的概念和分类

国内货币关系与国际货币关系之间最明显的差异在于国内货币只有一个货币本位，其国内的交易，使用同一货币作为支付手段，没有任何的障碍。但国际货币关系却不同，因为各国有其不同的货币本位制度，而货币是国家主权的一部分，具有排他性，本国货币不能在其他国家自由流通使用，国际间虽设有国际货币制度——国际货币基金（IMF），但也不过是为了谋求会员之间通货平价的建立。即使建立了国际金融组织——世界银行，也只是为国际间借贷活动提供方便。虽然欧洲有了统一的欧元，但毕竟也是区域性的，国际社会并没有统一的国际货币制度。但由于人类在国际经济社会里，不同的主体之间的经济交往必然涉及不同国家货币的支付，这就需要国际汇兑制度。

外汇就是一国货币或者信用，换算成另一个国家的货币或信用。也就是说，外汇是货币制度相异的国家的经济体，不用货币，而是以共同认定的信用中介与金融机构，结清不同国家的账务与国际支付。[1]

国际货币经济组织认为，外汇是货币行政当局以银行存款、财政部库券、长短期政府债券等形式持有的，在国际收支逆差时可以使用的债权，其中包括由中央银行及政府间协议而发行的在市场上不流通的债券，而不论它以债务国还是以债权国货币表示。我国的《外汇管理条例》[2] 第3条规定："本条例所称外汇，是指下列以外币表示的可以用作国际清偿的支付手段和资产：①外币现钞，包括纸币、铸币；②外币支付凭证或者支付工具，包括票据、银行存款凭证、银行卡等；③外币有价证券，包括债券、股票等；④特别提款权[3]；⑤其他外汇资

---

〔1〕 周大中：《现代金融学》，北京大学出版社1994年版，第468页。

〔2〕《中华人民共和国外汇管理条例》（1996年1月29日中华人民共和国国务院令第193号发布，根据1997年1月14日《国务院关于修改〈中华人民共和国外汇管理条例〉的决定》修订，2008年8月1日国务院第20次常务会议修订通过）。

〔3〕 特别提款权（SDR）是国际货币基金组织分配给其会员国的一种使用资金的权利，也是一种特殊的货币计值单位。特别提款权的性质是依其功能而不是依其名称而定，可以称为准备单位（Reserve Unit），事实上是高级形式的准备资产，有取代黄金的作用，而无黄金的实质，所以，又称为"纸黄金"（Paper Gold）。在国际货币基金账簿上成为一种特别基金，准备资产按照各会员国所提供的份额，记入各会员国的特别账户，用来结算国际收支的一种资产。

产。”上述关于外汇的不同界定是从动态和静态的角度看待的。

对于外汇的类别也有不同的分类标准：

(1) 从国际结算支付的角度看，外汇可以分为自由外汇和记账外汇。自由外汇是指在国际金融市场上可以自由买卖，在国际结算中能广泛使用，并能不受限制的兑换成其他国家货币的外汇。记账外汇是指根据政府或者民间双边协定规定的外汇收付，并记载在双方银行账户上，通过转账进行清算的外汇。这种外汇不能兑换为其他外汇，也不能向第三国办理支付。

(2) 按照在国际收支中的性质，外汇可以分为经常项目外汇和资本项目外汇。经常项目外汇是经常项目下收支的外汇。经常项目收支包括：贸易收支、劳务收支和单方面转移。资本项目外汇是指因国际资本输入和输出收支的外汇，包括直接投资、各类贷款、证券投资等形式。

(3) 按照外汇在交易中交割的时间不同，可以分为即期外汇和远期外汇。即期外汇是指外汇买卖双方达成交易后，在两天之内就办理收付交割的外汇。远期外汇是指外汇买卖双方达成交易后在约定的日期进行交割的外汇。

二、外汇管理

(一) 外汇管理的概念

外汇管理又称外汇管制（Exchange Restrictions）。20 世纪 30 年代发生的国际货币、经济制度的紊乱与政治危机，导致外汇管制的产生。这种管制就是由政府直接控制各种外汇业务。虽然各国对外汇的管制范围及程度不同，但其基本原则却几乎一样。其典型的办法是：外汇收入必须按照固定价格卖给中央银行或者外汇管理机构，以换取本国货币；对外支出必须先经政府核准，发给结汇证明，到指定银行换取外汇，并且对支付的数量及使用范围均严格控制。一般认为，外汇管制是指一个国家为了改善国际收支状况，稳定货币金融，维护正常的对外经济交往，发展本国经济，在外汇收支、买卖、借贷、转移等方面采取的限制性法令和政策措施。

(二) 外汇管理的目的

一国实施外汇管制的动机，是为了寻求国际收支的平衡，调度其有限的外汇，以供应国内外的需要，保持其本国货币对外的购买力。具体讲，外汇管制有下列目的：

1. 偿付国外债务。一国对外债务，无论其为政府借债、企业或者个人借款，必须取得债权国的货币或债权国所愿意接受的货币以为偿付。债务利息及本金必须按期偿还，以维持其信用。

2. 防止资本逃避。自第一次世界大战后，汇率深受各国政府不安与资本逃避的影响。30 年代外汇管制之初，仅为阻止资本不正常的流向国外，以保护一国国际准备的数额，以防止金融危机或者经济危机以及本国汇率的下降。

3. 外汇管制可以高估本国币值，减轻外债负担，增强币值信心，有利于经济计划的推行，可以保护本国工业，对抗贸易限制。

（三）汇率

所谓汇率是指一国货币兑换成另一国家货币的比率，或者说是一个国家的货币用另一个国家货币表示的价格。汇率有两种标价方法：①为直接标价法，是指外国货币的数额不变，用本国货币的数额来表示汇价的变动；②间接标价法，是指本国货币的数额固定不变，用外国货币的数额来表示汇价的变动。我国的汇率采取的是直接标价法。

汇率可以按照不同的标准进行划分：

1. 按照汇率是否由政府有关机关制定，可以分为法定汇率和市场汇率。法定汇率是一国政府的有关机构规定的并予以维持的汇率。市场汇率是指外汇市场上进行买卖的实际汇率。

2. 按照汇率是否可以浮动，可以分为固定汇率和浮动汇率。固定汇率是指一国对本国货币与外国货币之间规定固定的比价，同时又将该比率的波动幅度限制在一个规定的范围内的汇率形式。浮动汇率是指本国货币与其他国家货币之间的汇率不由官方制定，而由外汇市场供求关系决定，可自由浮动，官方在汇率出现过度波动时才干预市场，这是布雷顿森林体系解体后西方国家普遍实行的汇率制度。

3. 根据一国是否规定一种以上的汇率，可以分为单一汇率和复汇率。单一汇率是指一个国家只规定一种汇率，外汇买卖不分项目，均按照一种汇率进行。复汇率是指一国根据不同的项目规定不同的汇率。《外汇管理条例》第 27 条规定："人民币汇率实行以市场供求为基础的、有管理的浮动汇率制度。"

（四）外汇管理的主要内容

1. 经常项目外汇。我国对经常项目外汇的管理体现了人民币在经常项目下可兑换的精神。①境内机构的经常项目外汇收入必须调回境内，不得违反国家有关规定将外汇擅自存放在境外。②境内机构的经常项目外汇收入，应当按照国务院关于结汇、售汇及付汇管理的规定卖给外汇指定银行，或者经批准在外汇指定银行开立外汇账户。③境内机构的经常项目外汇，应当按照国务院关于结汇、售汇及付汇管理的规定，持有效凭证和商业单据向外汇指定银行购汇支付。④境内机构的出口收汇和进口付汇，应当按照国家关于出口收汇核销管理和进口付汇核销管理的规定办理核销手续。⑤属于个人所有的外汇，可以自行持有，也可以存入银行或者卖给外汇指定银行。个人的外汇储蓄存款，实行存款自愿、取款自由、存款有息、为储户保密的原则。⑥个人因私出境用汇，在规定限额内购汇超过规定限额的，可以向外汇管理机关申请。个人携带外汇进出境，应当向海关办理申报手续；携带外汇出境，超过规定限额的，还应当向海关出具有效凭证。⑦居住在境内的中国公民持有的外币支付凭证、外币有价证券等形式的外汇资产，未经外汇管理机关批准，不得携带或者邮寄出境。⑧外国驻华外交机构、领事机构收取的以人民币支付的签证费、认证费等，需要汇出境外的，可以持有关证明材料向外汇指定代理行兑付。前款规定以外的其他驻华机构的合法人民币收入，需要汇出境外的，应当持有关证明材料向外汇管理机关申请，凭外汇管理机关的售汇通知单到外汇指定银行兑付。⑨应聘在境内机构工作的外籍专家的人民币工资以及其他合法收入，除规定的情形外，依法纳税后，可以向外汇指定银行购汇汇出或者携带出境。应聘在外商投资企业工作的外籍人员的工资以及其他合法收入，是外汇的，依法纳税后，可以直接汇出或者携带出境；是人民币的，依法纳税后，可以持外汇管理机关规定的有效凭证向外汇指定银行购汇汇出或者携带出境。⑩驻华机构和来华人员由境外汇入或者携带入境的外汇，可以自行保存，可以存入银行或者卖给外汇指定银行，也可以持有效凭证汇出或者携带出境。

2. 资本项目外汇。我国对资本项目外汇的管理是严格的，目前，资本项目外汇不可以自由兑换。①境内机构的资本项目外汇收入，除国务院另有规定外，应当调回境内。②境内机构的资本项目外汇收入，应当按照国家有关规定在外汇指定银行开立外汇账户；卖给外汇指定银行的，须经外汇管理机关批准。③境内机构向境外投资，在向审批主管部门申请前，由外汇管理机关审查其外汇资金来源；经批准后，按照国务院关于境外投资外汇管理的规定办理有关资金汇出手续。④借用国外贷款，由国务院确定的政府部门、国务院外汇管理部门批准的金融机构和企业按照国家有关规定办理。⑤外商投资企业借用国外贷款，应当报外汇管理机关备案。⑥金融机构在境外发行外币债券，须经国务院外汇管理部门批准，并按照国家有关规定办理。⑦提供对外担保，只能由符合国家规定条件的金融机构和企业办理，并须经外汇管理机关批准。⑧依法终止的外商投资企业，按照国家有关规定进行清算、纳税后，属于外方投资者所有的人民币，可以向外汇指定银行购汇汇出或者携带出境；属于中方投资者所有的外汇，应当全部卖给外汇指定银行。

3. 金融机构外汇业务。①金融机构经营外汇业务须经外汇管理机关批准，领取经营外汇业务许可证。未经外汇管理机关批准，任何单位和个人不得经营外汇业务。经批准经营外汇业务的金融机构，经营外汇业务不得超出批准的范围。②经营外汇业务的金融机构应当按照国家有关规定为客户开立外汇账户，办理有关外汇业务。③金融机构经营外汇业务，应当按照国家有关规定交存外汇存款准备金，遵守外汇资产负债比例管理的规定，并建立呆账准备金。④外汇指定银行办理结汇业务所需的人民币资金，应当使用自有资金。外汇指定银行的结算周转外汇，实行比例幅度管理，具体幅度由中国人民银行根据实际情况核定。⑤金融机构经营外汇业务，应当接受外汇管理机关的检查、监督。经营外汇业务的金融机构应当向外汇管理机关报送外汇资产负债表、损益表以及其他财务会计报表和资料。金融机构终止经营外汇业务，应当向外汇管理机关提出申请。金融机构经批准终止经营外汇业务的，应当依法进行外汇债权、债务的清算，并缴销经营外汇业务许可证。

4. 人民币汇率和外汇市场。① 人民币汇率实行以市场供求为基础的、有管理的浮动汇率制度。②外汇市场交易应当遵循公开、公平、公正和诚实信用的原则。③外汇市场交易的币种和形式由国务院外汇管理部门规定和调整。④外汇指定银行和经营外汇业务的其他金融机构是银行间外汇市场的交易者。外汇指定银行和经营外汇业务的其他金融机构，应当根据中国人民银行公布的汇率和规定的浮动范围，确定对客户的外汇买卖价格，办理外汇买卖业务。⑤国务院外汇管理部门依法监督管理全国的外汇市场。⑥中国人民银行根据货币政策的要求和外汇市场的变化，依法对外汇市场进行调控。

三、法律责任

（一）逃汇行为及其法律责任

所谓逃汇是指境内的单位和个人，违反国家外汇管理的规定，对于应该结售给国家的外汇，私自转移、买卖、存放境外，以及将外汇或者外汇资产私自携带、托带或者邮寄出境的行为。根据《外汇管理条例》的规定，有下列逃汇行为之一的，由外汇管理机关责令限期调回外汇，处逃汇金额30%以下的罚款；情节严重的，处逃汇金额30%以上等值以下的罚款；构成犯罪的，依法追究刑事责任：①违反规定将境内外汇转移境外的；②以欺骗手段将境内资本转移境外等。

（二）套汇行为及其法律责任

所谓套汇是指境内的机构或者个人，违反国家外汇管理的规定，通过他人，采取各种方式用人民币或者物资非法换取外汇和外汇收益的行为。根据《外汇管理条例》的规定，有违反规定以外汇收付应当以人民币收付的款项，或者以虚假、无效的交易单证等向经营结汇、售汇业务的金融机构骗购外汇等非法套汇行为的，由外汇管理机关责令对非法套汇资金予以回兑，处非法套汇金额30%以下的罚款；情节严重的，处非法套汇金额30%以上等值以下的罚款；构成犯罪的，依法追究刑事责任。

（三）违反外汇出入境的行为及其法律责任

（1）违反规定将外汇汇入境内的，由外汇管理机关责令改正，处违法金额30%以下的罚款；情节严重的，处违法金额30%以上等值以下的罚款。非法结汇的，由外汇管理机关责令对非法结汇资金予以回兑，处违法金额30%以下的罚款。

（2）违反规定携带外汇出入境的，由外汇管理机关给予警告，可以处违法金额20%以下的罚款。法律、行政法规规定由海关予以处罚的，从其规定。

（四）其他违反外汇管理规定的行为及其责任

（1）有擅自对外借款、在境外发行债券或者提供对外担保等违反外债管理行为的，由外汇管理机关给予警告，处违法金额30%以下的罚款。

（2）违反规定，擅自改变外汇或者结汇资金用途的，由外汇管理机关责令改正，没收违法所得，处违法金额30%以下的罚款；情节严重的，处违法金额30%以上等值以下的罚款。有违反规定以外币在境内计价结算或者划转外汇等非法使用外汇行为的，由外汇管理机关责令改正，给予警告，可以处违法金额30%以下的罚款。

（3）私自买卖外汇、变相买卖外汇、倒买倒卖外汇或者非法介绍买卖外汇数额较大的，由外汇管理机关给予警告，没收违法所得，处违法金额30%以下的罚款；情节严重的，处违法金额30%以上等值以下的罚款；构成犯罪的，依法追究刑事责任。

（4）未经批准擅自经营结汇、售汇业务的，由外汇管理机关责令改正，有违法所得的，没收违法所得，违法所得50万元以上的，并处违法所得1倍以上5倍以下的罚款；没有违法所得或者违法所得不足50万元的，处50万元以上200万元以下的罚款；情节严重的，由有关主管部门责令停业整顿或者吊销业务许可证；构成犯罪的，依法追究刑事责任。未经批准经营结汇、售汇业务以外的其他外汇业务的，由外汇管理机关或者金融业监督管理机构依照前款规定予以处罚。

（5）金融机构有下列情形之一的，由外汇管理机关责令限期改正，没收违法所得，并处20万元以上100万元以下的罚款；情节严重或者逾期不改正的，由外汇管理机关责令停止经营相关业务：①办理经常项目资金收付，未对交易单证的真实性及其与外汇收支的一致性进行合理审查的；②违反规定办理资本项目资金收付的；③违反规定办理结汇、售汇业务的；④违反外汇业务综合头寸管理的；⑤违反外汇市场交易管理的。

(6) 有下列情形之一的，由外汇管理机关责令改正，给予警告，对机构可以处30万元以下的罚款，对个人可以处5万元以下的罚款：①未按照规定进行国际收支统计申报的；②未按照规定报送财务会计报告、统计报表等资料的；③未按照规定提交有效单证或者提交的单证不真实的；④违反外汇账户管理规定的；⑤违反外汇登记管理规定的；⑥拒绝、阻碍外汇管理机关依法进行监督检查或者调查的。

(7) 境内机构违反外汇管理规定的，除依照本条例给予处罚外，对直接负责的主管人员和其他直接责任人员，应当给予处分；对金融机构负有直接责任的董事、监事、高级管理人员和其他直接责任人员给予警告，处5万元以上50万元以下的罚款；构成犯罪的，依法追究刑事责任。

(8) 外汇管理机关工作人员徇私舞弊、滥用职权、玩忽职守，构成犯罪的，依法追究刑事责任；尚不构成犯罪的，依法给予处分。

6－3 下列关于外汇管理的表述哪些是正确的？

A. 中华人民共和国境内禁止外币流通，并不得以外币计价结算，但国家另有规定的除外

B. 人民币汇率实行以市场供求为基础的、单一的、有管理的浮动汇率制度

C. 违反规定将境内外汇转移境外，或者以欺骗手段将境内资本转移境外是逃汇行为

D. 境外资金进入国内市场不受限制

________ AC。①《中国人民银行法》第8条规定，中华人民共和国境内禁止外币流通，并不得以外币计价结算，但国家另有规定的除外。所以选A。②《中国人民银行法》第27条规定，人民币汇率实行以市场供求为基础的、有管理的浮动汇率制度。所以B项不是正确选项。③《中国人民银行法》第39条规定，有违反规定将境内外汇转移境外，或者以欺骗手段将境内资本转移境外等逃汇行为的，由外汇管理机关责令限期调回外汇，处逃汇金额30%以下的罚款；情节严重的，处逃汇金额30%以上等值以下的罚款；构成犯罪的，依法追究刑事责任。所以选C。④《中国人民银行法》第41条规定，违反规定将外汇汇入境内的，由外汇管理机关责令改正，处违法金额30%以下的罚款；情节严重的，处违法金额30%以上等值以下的罚款。外国资金没经过有关部门的配置，不得擅自进入中国市场。所以D项是错误的。

第七章　证券法律制度

■ 第一节　证券与证券法概述

一、证券概述

（一）证券的概念及其种类

证券是指持券人拥有某种特定权利的凭证。对证券的概念，学者通常认为有广义和狭义之分。广义的证券包括了有价证券和无价证券两种形式。无价证券是指券面载明的权利并不直接与法律上的财产权利相适应，它只证明持券人由此拥有的某种资格。狭义的证券是指有价证券。有价证券是指券面上载明的权利直接对应于法律上的财产权利。有价证券可以分为货币证券、资本证券两种形式。所谓货币证券是指对货币具有一定的请求权，如汇票、本票、支票。资本证券是指能够获取一定收益的凭证，如股票、债券等。

我国《证券法》第2条规定："在中华人民共和国境内，股票、公司债券和国务院依法认定的其他证券的发行和交易，适用本法；本法未规定的，适用《中华人民共和国公司法》和其他法律、行政法规的规定。政府债券、证券投资基金份额的上市交易，适用本法；其他法律、行政法规另有规定的，适用其规定。证券衍生品种发行、交易的管理办法，由国务院依照本法的原则规定。"该条款说明我国证券法调整的证券属于狭义的有价证券。

（二）证券的特征

1. 流通性。证券的流通性是证券的本质属性。证券发行后，在证券交易市场上进行流通，这也是证券交易市场形成的基础。在证券市场上流通的证券主要有股票、债券及经主管机关认定的其他证券。

2. 收益性。投资者进行证券投资的目的就是为了获取一定的收益。购买股票是为了获得股息和红利，而购买债券则是为了得到一定的利息。

3. 风险性。股票和债券的投资是有风险的。主要原因是决定证券的价格的因素很多，不仅有证券发行者自身的因素，而且还会受到一国的政治、经济及其他方面情况的影响，致使证券市场起伏不定，证券价格波动较大。

7－1（2008 年司法考试多选）根据《证券法》规定和证券法原理，下列哪些选项是正确的？

A. 证券法上的证券均具有流通性

B. 证券代表的权利可以是债权

C. 所有证券投资均具有风险性

D. 所有证券发行均应公开进行

________ABCD。《证券法》第 2 条规定："在中华人民共和国境内，股票、公司债券和国务院依法认定的其他证券的发行和交易，适用本法；本法未规定的，适用《中华人民共和国公司法》和其他法律、行政法规的规定。政府债券、证券投资基金份额的上市交易，适用本法；其他法律、行政法规另有规定的，适用其规定。证券衍生品种发行、交易的管理办法，由国务院依照本法的原则规定。"依据该条规定，我国《证券法》规定的、在证券市场发行和流通的资本证券包括股票、债券、证券投资基金券、经国务院依法认定的其他证券。无论是股票、债券或者其他证券均有流通性。A 项的表述正确。证券代表的权利可以是债权，如债券。B 项的表述正确。所有证券投资均具有风险性，只是风险大小不同而已。C 项的表述正确。《证券法》第 3 条规定："证券的发行、交易活动，必须实行公开、公平、公正的原则。"依据该条规定，D 项的表述正确。

二、证券法概述

（一）证券法的概念

证券法有广义和狭义之分。广义的证券法就是调整证券关系的法律，即调整证券发行关系和证券交易关系的法律规范的总称。狭义的证券法是指《中华人民共和国证券法》。该法于 1998 年 12 月 29 日经第九届全国人民代表大会常务委员会第六次会议通过，2004 年 8 月 28 日第十届全国人民代表大会常务委员会第十一次会议修正，2005 年 10 月 27 日第十届全国人民代表大会常务委员会第十八次会议修订，于 2006 年 1 月 1 日起正式实施。

（二）证券法的基本原则

证券法的基本原则是调整证券发行关系和证券交易关系的根本准则。

1. 合法原则。合法原则是指证券发行、交易活动必须遵守法律、行政法规。这里所说的法律、法规不仅包括证券法及证券发行和交易的法规，而且也包括其他与证券发行和交易有关的法律、法规、规范性文件；不仅包括实体法，也包括程序法。合法原则是社会主义法制原则的要求和具体体现。证券发行行为、证券交易行为都必须符合合法原则。只有合法，才具有法律约束力，行为人的利益才能受到法律保护。所以，《证券法》第5条规定："证券的发行、交易活动，必须遵守法律、行政法规；禁止欺诈、内幕交易和操纵证券市场的行为"。

2. 自愿、有偿、诚实信用原则。《证券法》第4条规定："证券发行、交易活动的当事人具有平等的法律地位，应当遵守自愿、有偿、诚实信用的原则。"自愿是指证券当事人可以根据自己的意愿在合法基础上决定证券的发行和交易。任何单位和个人不得违法干预。禁止违反证券发行人、投资人的意愿，禁止欺诈投资者。有偿是指在证券发行和证券交易中，当事人之间应当是互利有偿的，一方在付出代价的同时应得到相当的利益。诚实信用是指导一切民事行为的准则。这一原则要求在证券发行和交易中不欺不诈、禁止内幕交易、禁止操纵市场；禁止一切误导、损害他人利益。

3. 公平、公开、公正原则。公平、公开、公正原则是证券法的最重要的原则，是证券法思想的核心和精髓所在。《证券法》第3条规定："证券的发行、交易活动，必须实行公开、公平、公正的原则。"

公平原则是指在证券发行和证券交易中双方当事人的法律地位平等、法律待遇平等、法律保护平等。在证券市场中，公平的市场规则，平等的主体地位，以价值规律为基础的证券交易方式，就是公平。公平原则作为一项抽象的法律原则，在不同的适用条件下有不同的判断标准和解释。它在证券法上的含义，首先应当指参与证券发行和证券交易活动的当事人的法律地位平等。当然，这里的当事人是指除证券监督管理机构和证券交易所以外的发行人、投资者、证券公司、证券登记结算机构和证券交易服务机构，他们都具有平等的法律地位，即无论是哪一方都应以公平观念指导自己的行为，公平地展开竞争，任何一方不得凌驾于另一方之上。从权利配置角度看，公平原则是指证券市场规则的公平，即制度的公平。法律制度的本质在于界定利益、责任、权利与义务的关系以及各自的内容，规定什么人可以获得权利、承担义务以及违反法律规定应该受到什么惩罚。如果法律不能作出以上规定，或者权利义务配置不当，就是最大的不公平。从公平原则的平等意义上看，它是指机会均等而不是指结果均等。证券法所要实现和维系的公平，主要是证券市场公平竞争的环境，让每个适格的主体均有进入市场的机会，每个参与证券交易的当事人在事实上都享有同等的获利机会，都可能取得与自己有效投入相称的收益和承担相应的市场风险。如果机会不均等，由此引起了获利机会不均等和收益分配的差距，就是对证券法公平原则的违背。[1]

---

〔1〕 周友苏：《证券法通论》，四川人民出版社1999年版，第136页。

公开原则是指在证券的发行和交易活动中，立法者应制定公正的规则，司法者和管理者按照这一规则公正地执行法律，对一切被监管者给予公正待遇。公开原则，其具体的实现机制为信息披露制度，具有信息披露义务的证券发行人、证券持有人以及其他有关机构和人员，应当按照证券主管部门规定的内容、程序和时间履行公开的义务。它主要是指发行公开、上市公开、上市后其信息持续公开以及有关股份收购等资料或信息的公开。从公开的要求上看应做到及时、真实准确、完整充分，不得有虚假、误导性陈述或者重大遗漏，必须使所有投资人通过正当渠道了解证券发行和证券交易的情况。从公开的内容上看，主要是招股说明书、公司债券募集办法、财务会计报告及经营状况和其他影响证券交易的重大事件。

公正原则是指在证券发行和交易中，应制定和遵守公正的规则，使每个当事人都获得相同的机会和相同的条件。这就要求证券监督管理机构及其人员对发行者、投资者都要一视同仁，禁止出现操纵市场、虚假陈述、欺诈客户、内幕交易等不公正、不规则的行为。

7-2（2005 年司法考试多选）甲公司的股票上市文件公告以后，一些投资者提出质疑。下列哪些质疑有法律根据?

A. 公告文件披露了最大的 10 名股东的名单，但没有说明他们的持股数额

B. 公告文件披露了董事、监事和高级管理人员的简历，但没有说明他们持有本公司股票、债券的情况

C. 公告文件披露了最近 3 年的盈利情况，但没有报告公司未来 3 年的盈利预测

D. 公告文件提供了股东大会的申请上市决议，但没有提供主要债权人的同意书

________ AB。《证券法》第 54 条规定：“签订上市协议的公司除公告前条规定的文件外，还应当公告下列事项：①股票获准在证券交易所交易的日期；②持有公司股份最多的前 10 名股东的名单和持股数额；③公司的实际控制人；④董事、监事、高级管理人员的姓名及其持有本公司股票和债券的情况。”A 项违反了该条第 2 项的规定，B 项违反了该条第 4 项的规定，公告的文件中并不包括公司未来 3 年的盈利预测和主要债权人的同意书。应选 AB 两项。

（三）证券法律关系

1. 概念。证券法律关系是指证券法调整的当事人在证券发行和证券交易中

形成的权利义务关系。具体来讲，主要包括下列关系：

（1）证券发行关系，主要指证券发行人因发行证券与国家有关审批机关、代销或者包销证券的证券公司、购买证券的投资者之间的权利义务关系。

（2）证券交易关系，主要指证券持有人在证券市场上因转让或者买卖证券而与证券交易所、证券公司和相关当事人发生的关系。

（3）证券服务关系，主要指为证券的发行或交易提供服务而产生的关系，包括证券登记结算机构、证券资信评估机构、证券投资咨询机构等与证券买卖的当事人之间的权利义务关系。

（4）证券监管关系，主要指国家证券监督管理机构运用法律赋予的权力对证券市场进行规划、调控、监察和督导而与相关当事人产生的权利义务关系。

（5）因证券其他相关活动而发生的关系，如证券公司参加证券业协会建立自律规则相互间产生的关系、司法机关处理证券违法犯罪行为与行为人发生的关系。

2. 构成。证券法律关系由主体、客体、内容三部分构成，具体包括：

（1）主体。证券法律关系的主体包括在证券法律关系中享有权利、承担义务的组织和个人，主要有证券管理主体、发行主体、经营主体、服务主体及投资主体。

（2）客体。证券法律关系的客体是指证券法律关系中主体权利义务共同指向的对象，主要包括行为和证券。

（3）内容。证券法律关系的内容是指证券法律关系中主体享有的权利和承担的义务。

■ 第二节　证券的发行

一、证券发行概述

证券的发行是指证券发行主体以募集资金为目的而发行证券的行为。它包括募集、制作、交付、销售等一系列活动。

（一）证券发行主体

证券发行主体由三种主体组成：

1. 发行人。发行人是申请发行证券的当事人。它主要包括股份有限公司、有限责任公司、企业、金融机构及国家政府部门等。

2. 中介人。中介人是为证券发行提供中介服务的当事人。担当中介人的大

（四）股票的发行原则、价格、条件

股票的发行是股份有限公司为募集资本而出售股票的法律行为。它可以分为两种：①设立发行，即股份有限公司成立时发行股票；②增资发行，即股份有限公司成立以后为筹集资金而发行的股票。

1. 股票发行的原则。根据《公司法》第127条的规定，股份的发行，实行公平、公正的原则，同种类的每一股份应当具有同等权利。同次发行的同种类股票，每股的发行条件和价格应当相同；任何单位或者个人所认购的股份，每股应当支付相同价额。

2. 股票发行的价格。根据我国《公司法》的规定，股票发行价格可以按票面金额，也可以超过票面金额，但不得低于票面金额。以超过票面金额为股票发行价格的，须经国务院证券管理部门批准。

3. 新股发行股票的条件。根据《证券法》的规定，公司公开发行新股，应当符合下列条件：①具备健全且运行良好的组织机构；②具有持续盈利能力，财务状况良好；③最近3年财务会计文件无虚假记载，无其他重大违法行为；④经国务院批准的国务院证券监督管理机构规定的其他条件。上市公司非公开发行新股，应当符合经国务院批准的国务院证券监督管理机构规定的条件，并报国务院证券监督管理机构核准。

同时，公司公开发行新股，应当向国务院证券监督管理机构报送募股申请和下列文件：①公司营业执照；②公司章程；③股东大会决议；④招股说明书；⑤财务会计报告；⑥代收股款银行的名称及地址；⑦承销机构名称及有关的协议。依照本法规定聘请保荐人的，还应当报送保荐人出具的发行保荐书。

7-3（2008年司法考试多选）某上市公司自2003年以来年年盈利，财务状况良好。2004年，该公司曾出现过财务会计文件虚假记载的情况，此后再无其他重大违法行为。2008年10月该公司拟发行新股。对此，下列哪些选项是错误的？

A. 该公司曾有虚假财务记载，所以不能发行新股

B. 该公司具备发行新股的条件，但仅限于向原股东配售股份

C. 该公司具备发行新股的条件，但仅限于向特定对象募集股份

D. 该公司虽曾有虚假财务记载，但目前不影响发行新股

________ ABC。

(1)《证券法》第13条第1款第3项规定，最近3年财务会计文件无虚假记载，无其他重大违法行为的，公司公开发行新股。该公司2004年发生过财务会

计文件虚假记载，从2004年到2008年10月，已经超过了3年，该公司可以发行新股。所以，A项的表述是错误的，D项的表述是正确的。

(2)《证券法》第13条规定，公司公开发行新股，应当符合下列条件：①具备健全且运行良好的组织机构；②具有持续盈利能力，财务状况良好；③最近3年财务会计文件无虚假记载，无其他重大违法行为；④经国务院批准的国务院证券监督管理机构规定的其他条件。上市公司非公开发行新股，应当符合经国务院批准的国务院证券监督管理机构规定的条件，并报国务院证券监督管理机构核准。《证券法》第14条规定，公司公开发行新股，应当向国务院证券监督管理机构报送募股申请和下列文件：①公司营业执照；②公司章程；③股东大会决议；④招股说明书；⑤财务会计报告；⑥代收股款银行的名称及地址；⑦承销机构名称及有关的协议。依照本法规定聘请保荐人的，还应当报送保荐人出具的发行保荐书。《证券法》第15条规定，公司对公开发行股票所募集资金，必须按照招股说明书所列资金用途使用。改变招股说明书所列资金用途，必须经股东大会作出决议。擅自改变用途而未作纠正的，或者未经股东大会认可的，不得公开发行新股。根据上述三个法条，本题中公司具备发行新股的条件，而且对新股的发行对象无限制。所以BC两项的表示也是错误的。因此本题应选ABC三项。

7－4（2004年司法考试单选）中国证监会2004年3月1日接到多家上市公司申请发行新股的报告，下列哪些公司的申请依法不应被批准？

A. 甲公司上次发行股票时因故未能募足

B. 乙公司2002年度亏损

C. 丙公司预期利润率略低于同期银行存款利率

D. 丁公司上年度未按时公布报表被交易所通报

________ B。《证券法》第13条规定，公司公开发行新股，应当符合下列条件：①具备健全且运行良好的组织机构；②具有持续盈利能力，财务状况良好；③最近3年财务会计文件无虚假记载，无其他重大违法行为；④经国务院批准的国务院证券监督管理机构规定的其他条件。上市公司非公开发行新股，应当符合经国务院批准的国务院证券监督管理机构规定的条件，并报国务院证券监督管理机构核准。因此，公司上次发行的股份是否已经募足不影响公司公开发行新股，因此A项不违反《证券法》第13条的要求，不能入选。B项中，乙公司2002年度亏损，说明其不具有持续盈利的能力，不符合上述条文第2项的规定，应当入选。C项，由于法律并没有规定，因此公司预期利润率是否能够达到同期银行存款利率不影响公司公开发行新股。D项在《证券法》第13条中也没有加以规定，不能入选。因此本题正确答案是B。

三、公司债券的发行

(一) 公司债券概述

1. 公司债券的概念。公司债券是指公司依照法定程序发行的、约定在一定期限还本付息的有价证券。

2. 公司债券的种类。根据公司债券是否记名，分为记名公司债券和无记名公司债券。根据公司债券是否可以转换成股票，分为可转换公司债券和不可转换公司债券。

(二) 公司债券的发行

1. 发行公司债券的条件。根据《证券法》第16条的规定，发行公司债券，必须符合下列条件：①股份有限公司的净资产不低于人民币3千万元，有限责任公司的净资产不低于人民币6千万元；②累计债券总额不超过公司净资产额的40%；③最近3年平均可分配利润足以支付公司债券1年的利息；④募集的资金投向符合国家产业政策；⑤债券利率不得超过国务院限定的利率水平；⑥国务院规定的其他条件。公开发行公司债券筹集的资金，必须用于核准的用途，不得用于弥补亏损和非生产性支出。上市公司发行可转换为股票的公司债券，除应当符合第一款规定的条件外，还应当符合本法关于公开发行股票的条件，并报国务院证券监督管理机构核准。

2. 再次发行公司债券的禁止条件。凡有下列情况之一的，不得再次发行公司债券：①前一次发行的公司债券尚未募足的；②对已发行的公司债券或者其债务有违约或迟延支付本息的事实，且仍处于继续状态的；③违反《证券法》规定，改变公开发行公司债券所募资金的用途。

3. 公司债券的发行程序：①由股东会或者国家授权投资的机构或部门作出决定；②决议作出后，报请国务院证券管理部门批准；③公告债券募集办法；④募集借款；⑤设置债券存根簿。

公司债券募集办法中应当载明下列主要事项：①公司名称；②债券募集资金的用途；③债券总额和债券的票面金额；④债券利率的确定方式；⑤还本付息的期限和方式；⑥债券担保情况；⑦债券的发行价格、发行的起止日期；⑧公司净资产额；⑨已发行的尚未到期的公司债券总额；⑩公司债券的承销机构。

7-5（2006年司法考试单选）某公司两年前申请发行5千万元债券，因承销人原因剩余500万元尚未发行完。该公司现将已发行债券的本息付清，且公司净资产已增加一倍，欲申请再发行5千万元债券。该公司的申请可否批准？

A. 可以批准

B. 若本次5千万元中包括上次余额500万元即可批准

C. 不应批准

D. 若该公司变更债券承销人，可以批准

________ C。《证券法》第18条规定："有下列情形之一的，不得再次公开发行公司债券：①前一次公开发行的公司债券尚未募足；②对已公开发行的公司债券或者其他债务有违约或者延迟支付本息的事实，仍处于继续状态；③违反本法规定，改变公开发行公司债券所募资金的用途。"因此本题应选C。

■ 第三节　证券交易

一、证券交易的一般规定

（一）证券交易的概念

证券交易是指在证券市场上已发行的证券的买卖、流通和转让的行为。在证券的交易市场上，证券投资者通过证券交易，实现变现的目的。

（二）证券交易的方式

证券在证券交易所上市交易，应当采用公开的集中交易方式或者国务院证券监督管理机构批准的其他方式。证券交易当事人买卖的证券可以采用纸面形式或者国务院证券监督管理机构规定的其他形式。

（三）特殊主体交易的禁止和限制

1. 证券交易所、证券公司和证券登记结算机构的从业人员、证券监督管理机构的工作人员以及法律、行政法规禁止参与股票交易的其他人员，在任期或者法定限期内，不得直接或者以化名、借他人名义持有、买卖股票，也不得收受他人赠送的股票。任何人在成为前款所列人员时，其原已持有的股票，必须依法转让。

2. 为股票发行出具审计报告、资产评估报告或者法律意见书等文件的证券服务机构和人员，在该股票承销期内和期满后6个月内，不得买卖该种股票。除上述规定外，为上市公司出具审计报告、资产评估报告或者法律意见书等文件的证券服务机构和人员，自接受上市公司委托之日起至上述文件公开后5日内，不得买卖该种股票。

3. 上市公司董事、监事、高级管理人员、持有上市公司股份5%以上的股东，将其持有的该公司的股票在买入后6个月内卖出，或者在卖出后6个月内又买入，由此所得收益归该公司所有，公司董事会应当收回其所得收益。但是，证券公司因包销购入售后剩余股票而持有5%以上股份的，卖出该股票不受6个月时间限制。

4. 持有一个股份公司已发行的股份5%的股东，应当在其持股数额达到该比例之日起3日内向该公司报告，公司必须在接到报告之日起3日内向国务院证券监督管理机构报告；属于上市公司的，应当同时向证券交易所报告。

7-6（2004年司法考试多选）下列哪些属于法律禁止的证券交易行为？

A. 发行人在公司成立之日起3年内转让其所持股票

B. 公司董事、经理、监事在任职期间转让本公司股票

C. 为股票发行出具审计报告的专业人员在该股票承销期内买卖该种股票

D. 为上市公司出具法律意见书的律师在该文件公开后5日内买卖该公司股票

________CD。①《公司法》第142条规定："发起人持有的本公司股份，自公司成立之日起1年内不得转让。公司公开发行股份前已发行的股份，自公司股票在证券交易所上市交易之日起1年内不得转让。公司董事、监事、高级管理人员应当向公司申报所持有的本公司的股份及其变动情况，在任职期间每年转让的股份不得超过其所持有本公司股份总数的25%；所持本公司股份自公司股票上市交易之日起1年内不得转让。上述人员离职后半年内，不得转让其所持有的本公司股份。公司章程可以对公司董事、监事、高级管理人员转让其所持有的本公司股份作出其他限制性规定。"因此A、B两项不是被禁止的。②《证券法》第45条规定："为股票发行出具审计报告、资产评估报告或者法律意见书等文件的证券服务机构和人员，在该股票承销期内和期满后6个月内，不得买卖该种股票。除前款规定外，为上市公司出具审计报告、资产评估报告或者法律意见书等文件的证券服务机构和人员，自接受上市公司委托之日起至上述文件公开后5日内，不得买卖该种股票。"根据该条的规定，C、D两项是违法的，应选CD。

二、证券上市

证券上市是指公开发行的公司股票和公司债券符合法定条件时，发行人申请在证券交易所集中交易而由国务院证券监督管理机构或者证券交易所作出审批后在证券交易所进行的集中交易。根据《证券法》的规定，证券上市主要包括股票上市和公司债券上市。

（一）股票上市的概念及条件

股票上市是指符合条件的上市公司的股票，在证券交易所进行的集中交易。所谓上市公司是指所发行的股票经国务院或者国务院授权的证券管理部门在证券交易所上市交易的股份有限公司。上市公司的股票称为上市股票。根据《证券法》第 50 条的规定，股份有限公司申请股票上市，应当符合下列条件：①股票经国务院证券监督管理机构核准已公开发行；②公司股本总额不少于人民币 3 千万元；③公开发行的股份达到公司股份总数的 25% 以上；公司股本总额超过人民币 4 亿元的，公开发行股份的比例为 10% 以上；④公司最近 3 年无重大违法行为，财务会计报告无虚假记载。证券交易所可以规定高于前款规定的上市条件，并报国务院证券监督管理机构批准。

申请股票上市交易，应当向证券交易所报送下列文件：①上市报告书；② 申请股票上市的股东大会决议；③公司章程；④公司营业执照；⑤ 依法经会计师事务所审计的公司最近 3 年的财务会计报告；⑥法律意见书和上市保荐书；⑦最近一次的招股说明书；⑧证券交易所上市规则规定的其他文件。

（二）上市公司的持续信息公开

1. 信息公开制度的概念。所谓信息公开制度是指证券发行公司于证券发行及发行后上市交易的一系列环节中，依法将与其证券有关的一切真实信息以一定的方式向社会公众予以公开，以便投资者知晓其真实情况作出证券投资判断的法律制度。

2. 上市公司持续信息公开制度的规定。持续信息公开是指证券交易中的信息公开。为防止欺诈，保护投资者的利益，便于投资者及时、准确地掌握市场信息，上市公司应当定期向社会公众公开其经营和财务状况。各个国家的证券法律规范对此都有明确的规定。我国《证券法》第 63、64 条规定："发行人、上市公司依法披露的信息，必须真实、准确、完整，不得有虚假记载、误导性陈述或者重大遗漏。经国务院证券监督管理机构核准依法公开发行股票，或者经国务院授权的部门核准依法公开发行公司债券，应当公告招股说明书、公司债券募集办法。依法公开发行新股或者公司债券的，还应当公告财务会计报告。"

根据我国《公开发行股票公司信息披露实施细则（试行）》的规定，上市公司及有关当事人负有持续性披露责任的信息至少包括：①上市公告、定期报告，包括每年必须披露的中期报告、年度报告、利润分配方案；②临时报告；③公司收购报告和其他信息披露。

上市公告是申请证券上市时提交的重要文件之一，在证券上市时，上市公司向社会公布。根据《股票发行与交易管理暂行条例》的规定，上市公告的内容包括：①证券发行文件的主要内容；②发行与上市的有关情况；③证券交易所要求载明的其他事项。

定期报告包括中期报告和年度报告。中期报告是公司于上半年度终了后若干时期内编制并公布的，反映某一会计年度中最初 6 个月的经营财务情况的报告。《证券法》第 65 条规定，股票或者公司债券上市交易的公司应当在每一个会计年度上半年结束之日起 2 个月内，向国务院证券管理机构和证券交易所提交记载下列内容的中期报告，并予以公告：①公司财务会计报告和经营情况；②涉及公司的重大诉讼事项；③已发行的股票、公司债券的变动情况；④提交股东大会审议的重要事项；⑤国务院证券监督管理机构规定的其他事项。

年度报告是公司在每一个会计年度结束后一定日期向证券主管机关提交并向社会公布的，反映公司在该会计年度内的经营状况和财务状况的书面报告。《证券法》第 66 条规定，股票或者公司债券上市交易的公司应当在每一个会计年度结束之日起 4 个月内提交并公告：①公司概况；②公司财务会计报告和经营情况；③公司董事、监事和高级管理人员简介及其持股情况；④已发行的股票、公司债券情况，包括持有公司股份最多的前 10 名股东名单和持股数额；⑤公司的实际控制人；⑥国务院证券监督管理机构规定的其他事项。

临时报告是指发生可能对上市公司股票的市场价格产生较大影响、而投资人尚未得知的重大事件时，公司应当将该有关重大事件的情况向国务院证券监督管理机构和证券交易所提交并向社会公开说明事件实际情况的报告。对于重大事件，《证券法》第 67 条规定：发生可能对上市公司股票交易价格产生较大影响的重大事件，投资者尚未得知时，上市公司应当立即将有关该重大事件的情况向国务院证券监督管理机构和证券交易所报送临时报告，并予公告，说明事件的起因、目前的状态和可能产生的法律后果。

下列情况为前款所称重大事件：①公司的经营方针和经营范围的重大变化；②公司的重大投资行为和重大的购置财产的决定；③公司订立重要合同，可能对公司的资产、负债、权益和经营成果产生重要影响；④公司发生重大债务和未能清偿到期重大债务的违约情况；⑤公司发生重大亏损或者重大损失；⑥公司生产经营的外部条件发生的重大变化；⑦公司的董事、1/3 以上监事或者经理发生变动；⑧持有公司 5% 以上股份的股东或者实际控制人，其持有股份或者控制公司的情况发生较大变化；⑨公司减资、合并、分立、解散及申请破产的决定；⑩涉及公司的重大诉讼，股东大会、董事会决议被依法撤销或者宣告无效；⑪公司涉嫌犯罪被司法机关立案调查，公司董事、监事、高级管理人员涉嫌犯罪被司法机关采取强制措施；⑫国务院证券监督管理机构规定的其他事项。

7－7（2006 年司法考试多选）根据《证券法》关于上市公司及时向社会披露信息的规定，下列哪些表述是正确的?

A. 公司应在当年 8 月底以前向证监会和交易所报送中期报告，并予以公告

B. 公司应在 4 月底以前向证监会和交易所报送上一年的年度报告，并予以公告

C. 公司的中期报告和年度报告都必须记载公司财务会计报告和经营状况

D. 公司的中期报告和年度报告都必须记载持有公司股份最多的前 10 名股东的名单和持股数额

________ABC。《证券法》第 65 条规定："上市公司和公司债券上市交易的公司，应当在每一会计年度的上半年结束之日起 2 个月内，向国务院证券监督管理机构和证券交易所报送记载以下内容的中期报告，并予公告：①公司财务会计报告和经营情况；②涉及公司的重大诉讼事项；③已发行的股票、公司债券变动情况；④提交股东大会审议的重要事项；⑤国务院证券监督管理机构规定的其他事项。"第 66 条规定："上市公司和公司债券上市交易的公司，应当在每一会计年度结束之日起 4 个月内，向国务院证券监督管理机构和证券交易所报送记载以下内容的年度报告，并予公告：①公司概况；②公司财务会计报告和经营情况；③董事、监事、高级管理人员简介及其持股情况；④已发行的股票、公司债券情况，包括持有公司股份最多的前 10 名股东的名单和持股数额；⑤公司的实际控制人；⑥国务院证券监督管理机构规定的其他事项。"综上所述，A、B、C 项正确。而公司的中期报告不必须记载持有公司股份最多的前 10 名股东的名单和持股数额，故 D 项错误。由此可知，本题答案为 ABC。

（三）上市公司股票上市的暂停和终止

上市公司股票上市的暂停，是指上市公司出现了法律规定的股票不宜继续上市交易的情形，由国务院证券管理部门决定暂时停止其上市交易。暂停的情形消除后经申请仍可继续上市。上市的暂停包括下列情况：①公司股本总额、股权分布等发生变化，不再具备上市的条件；②公司不按规定公开其财务状况，或者对财务会计报告作虚假记载，可能误导投资者；③公司有重大违法行为；④公司最近 3 年连续亏损；⑤证券交易所上市规则规定的其他情形。

上市公司的终止是指上市公司在出现法定情形后，由国务院证券管理部门决定终止其上市资格。上市终止包括下列情况：①公司股本总额、股权分布等发生变化，不再具备上市条件，在证券交易所规定的期限内仍不能达到上市条件；

②公司不按照规定公开其财务状况，或者对财务会计报告作虚假记载，且拒绝纠正；③公司最近3年连续亏损，在其后一个年度内未能恢复盈利；④公司解散或者被宣告破产；⑤证券交易所上市规则规定的其他情形。

7-8（2003年司法考试多选）根据《证券法》有关规定，上市公司发生下列哪些情形，国务院证券管理部门有权决定终止其股票上市？

A. 某公司在其2000年度的财务报告中虚列各项开支共计900多万元

B. 某公司参与走私香烟等货品，违法金额达13万元

C. 某公司经营状况严重恶化，最近3年连续亏损

D. 某公司更换法定代表人但未经证券管理部门的同意

________ A。《证券法》第56条规定，上市公司有下列情形之一的，由证券交易所决定终止其股票上市交易：①公司股本总额、股权分布等发生变化不再具备上市条件，在证券交易所规定的期限内仍不能达到上市条件；②公司不按照规定公开其财务状况，或者对财务会计报告作虚假记载，且拒绝纠正；③公司最近3年连续亏损，在其后一个年度内未能恢复盈利；④公司解散或者被宣告破产；⑤证券交易所上市规则规定的其他情形。本题应选A。

（四）公司债券上市的条件

公司债券上市必须具备一定的条件，从我国《证券法》第57条规定看，公司申请其公司债券上市必须符合下列条件：①公司债券的期限为1年以上；②公司债券实际发行额不少于人民币5千万元；③公司申请其债券上市时仍符合法定的公司债券发行条件。

（五）公司债券上市的暂停与终止

根据《证券法》第60条规定，公司债券上市后，有下列情况之一的，由证券交易所决定暂停其公司债券上市：①公司有重大违法行为；②公司情况发生重大变化不符合公司债券上市条件；③公司债券所募集资金不按审批机关批准的用途使用；④未按照公司债券募集办法履行义务；⑤公司最近2年连续亏损。

公司有前述第1、4项所列情形之一经查实后果严重的，或者有前述第2、3、5项所列情形之一，在限期内未消除的，由证券交易所决定终止其公司债券上市。除此之外，公司解散、依法被责令关闭或者被宣告破产的，由证券交易所终止其公司债券上市，并报国务院证券监督管理机构备案。

7-9（2005年司法考试多选）甲股份有限公司债券上市交易后因出现法定

情形被暂停上市。下列哪些表述符合暂停上市的规定?

A. 甲公司最近2年连续亏损

B. 甲公司的法定代表人发生变更

C. 甲公司发生重大违法行为

D. 甲公司未按照公司债券募集办法的规定履行义务

________ACD。《证券法》第60条规定:“公司债券上市交易后，公司有下列情形之一的，由证券交易所决定暂停其公司债券上市交易:①公司有重大违法行为;②公司情况发生重大变化不符合公司债券上市条件;③发行公司债券所募集的资金不按照核准的用途使用;④未按照公司债券募集办法履行义务;⑤公司最近2年连续亏损。”所以ACD是正确的，当选。

7-10 (2004年司法考试多选) 根据《证券法》和《公司法》的规定，下列关于证券交易限制情形的表述哪些是正确的?

A. 发行人所持股票，在公司成立之日起3年内不得转让

B. 公司董事、经理、监事在任职期间不得转让本公司股票

C. 持有一个公司已发行股份5%的股东，其股票在买入后6个月内不得卖出

D. 公司绝对控股的股东，其股票于购入之日起1年内不得转让

________无正确选项。①《公司法》第142条规定:“发起人持有的本公司股份，自公司成立之日起1年内不得转让。公司公开发行股份前已发行的股份，自公司股票在证券交易所上市交易之日起1年内不得转让。公司董事、监事、高级管理人员应当向公司申报所持有的本公司的股份及其变动情况，在任职期间每年转让的股份不得超过其所持有本公司股份总数的25%;所持本公司股份自公司股票上市交易之日起1年内不得转让。上述人员离职后半年内，不得转让其所持有的本公司股份。公司章程可以对公司董事、监事、高级管理人员转让其所持有的本公司股份作出其他限制性规定。”所以A项错误。该条规定“公司董事、监事、高级管理人员应当向公司申报所持有的本公司的股份及其变动情况，在任职期间每年转让的股份不得超过其所持有本公司股份总数的25%”，所以B项错误。②《证券法》第47条规定:“上市公司董事、监事、高级管理人员、持有上市公司股份5%以上的股东，将其持有的该公司的股票在买入后6个月内卖出，或者在卖出后6个月内又买入，由此所得收益归该公司所有，公司董事会应当收回其所得收益。但是，证券公司因包销购入售后剩余股票而持有5%以上股份的，卖出该股票不受6个月时间限制。公司董事会不按照前款规定执行的，股东有权要求董事会在30日内执行。公司董事会未在上述期限内执行的，股东有权

为了公司的利益以自己的名义直接向人民法院提起诉讼。公司董事会不按照第一款的规定执行的，负有责任的董事依法承担连带责任。”包销购入售后剩余股票而持有5%以上股份的证券公司的股票买卖就不受6个月的期限限制，而且其他持有公司已发行股份5%的股东，其持有的该公司的股票在买入后6个月内可以卖出，只是由此所得的收益归公司所有，公司董事会应当收回其所得收益。所以C项是错误的。D项没有规定，因此D项也是错误的。

三、证券交易的种类

证券的交易种类可根据不同的标准分类，如根据交易的对象分为股票交易、债券交易、基金交易和其他证券衍生工具的交易。其他证券衍生工具的交易包括认股权证交易、金融期货交易、金融期权交易和存托凭证交易等。

具体来讲，证券的交易根据成交时间和交割时间不同，主要包括：现货交易和期货交易；足额保证金交易和信用交易。

（一）现货交易和期货交易

现货交易是最普通的交易，是指证券交易双方在市场成交后商定在一定时间交割的交易方式，即证券买方将现金或者票据交给卖方，卖方将证券交付给买方的交易方式。所谓的“一定时间”一般较短，最多1~2日。

期货交易是指以将来的特定人作为清算交割人，在现时点卖出或者买入证券的交易方式。期货交易的双方一般是买卖一种标准的证券期货合约。期货合约是证券期货交易当事人自由买卖的，由交易所统一制定，并经政府主管部门批准的标准格式合同。当事人就某种证券的数量和价格达成协议，根据协议，双方在将来规定的时间交割，即在特定的交割人，交易双方必须按照约定的价格，购进或者售出一定数量的证券。这种交易一般不必以现货实际履行，大部分期货合约在交割之前，就通过对冲买卖了结交易，双方到期只是结算差额。证券期货交易的基本目的是套期保值和投机获利。

（二）足额保证金交易和信用交易

足额保证金交易要求客户在进行证券买卖前必须交存足额的保证金，证券商不代为垫款的交易方式。信用交易是指客户按照法律规定，在买卖证券时只向证券商交付一定的保证金，由证券商提供融资或融券进行交易。

7-11（2007年司法考试多选）对于下列有关证券交易的问题，哪一个应该作出否定的回答？

A. 股票交易是不是只能在证券交易所进行

B. 证券交易能不能以期货方式进行

C. 证券公司向客户融资进行证券交易是否为法律所禁止

D. 证券交易所自主调整的交易收费标准是否违法

________ ABC。①《证券法》第39条规定："依法公开发行的股票、公司债券及其他证券，应当在依法设立的证券交易所上市交易或者在国务院批准的其他证券交易场所转让。"这里的"证券交易场所"除了证券交易所外还有其他场所，因此，A项应该给予否定的回答。②《证券法》第42条规定："证券交易以现货和国务院规定的其他方式进行交易。"因此B项应该给以否定的回答。③《证券法》第142条规定："证券公司为客户买卖证券提供融资融券服务，应当按照国务院的规定并经国务院证券监督管理机构批准。"所以C项应当给出否定回答。④《证券法》第46条规定："证券交易的收费必须合理，并公开收费项目、收费标准和收费办法。证券交易的收费项目、收费标准和管理办法由国务院有关主管部门统一规定。"因此D项应该给以肯定的回答。

四、禁止的交易行为

（一）禁止内幕交易

内幕交易是指内幕信息的知情人员，利用其所知道的内幕信息进行的证券交易行为。根据《证券法》第76条的规定，证券交易内幕信息的知情人和非法获取内幕信息的人，在内幕信息公开前，不得买卖该公司的证券，或者泄露该信息，或者建议他人买卖该证券。

内幕信息的知情人员包括：①发行人的董事、监事、高级管理人员；②持有公司5%以上的股份的股东及其董事、监事、高级管理人员，公司的实际控制人及其董事、监事、高级管理人员；③发行人控股的公司及其董事、监事、高级管理人员；④由于所任公司职务可以获取公司有关证券交易信息的人员；⑤证券监督管理机构工作人员以及由于法定职责对证券交易进行管理的其他人员；⑥保荐人、承销的证券公司、证券交易所、证券登记结算机构、证券服务机构的有关人员；⑦国务院证券监督管理机构规定的其他人员。

所谓内幕信息是指在证券交易活动中，涉及公司的经营、财务或者对公司证券的市场价格有重大影响的尚未公开的信息。其包括：①临时报告中的重大事件；②公司分配股利或者增资的计划；③公司股权结构的重大变化；④公司债务担保的重大变更；⑤公司营业用主要资产的抵押、出售或者报废一次超过该资产的30%；⑥公司的董事、监事、高级管理人员的行为可能依法承担重大损害赔偿责任；⑦上市公司收购的有关方案；⑧国务院证券监督管理机构认定的对证券交易价格有显著影响的其他重要信息。

(二) 禁止操纵市场

所谓操纵市场是单位或个人以获取利益或减少损失为目的，利用其资金、信息等优势或者滥用职权，影响证券市场价格，制造证券市场假象，诱导或者致使投资者在不了解事实真相的前提下作出证券投资的决定，扰乱证券市场秩序的行为。

禁止任何人以下列手段获取不正当利益或者转嫁风险：①单独或者通过合谋，集中资金优势、持股优势或者利用信息优势联合或者连续买卖，操纵证券交易价格或者证券交易量；②与他人串通，以事先约定的时间、价格和方式相互进行证券交易，影响证券交易价格或者交易量；③在自己实际控制的账户之间进行证券交易，影响证券交易价格或者交易量；④以其他手段操纵证券市场。

(三) 禁止欺诈行为

欺诈行为是指单位或个人在证券发行和交易中为获取不正当利益，欺骗客户的行为。禁止证券公司及其从业人员从事下列损害客户利益的欺诈行为：①违背客户的委托为其买卖证券；②不在规定时间内向客户提供交易的书面确认文件；③挪用客户所委托买卖的证券或者客户账户上的资金；④未经客户的委托擅自为客户买卖证券，或者假借客户的名义买卖证券；⑤为牟取佣金收入，诱使客户进行不必要的证券买卖；⑥利用传播媒介或者通过其他方式提供、传播虚假或者误导投资者的信息；⑦其他违背客户的真实意志、损害客户利益的行为。

7－12 (2008 年司法考试多选) 证券公司的下列行为，哪些是《证券法》所禁止的?

A. 为客户买卖证券提供融资融券服务

B. 有偿使用客户的交易结算资金

C. 将自营账户借给他人使用

D. 接受客户的全权委托

________ BCD。①《证券法》第 142 条规定：“证券公司为客户买卖证券提供融资融券服务，应当按照国务院的规定并经国务院证券监督管理机构批准。”所以证券公司是可以为客户买卖证券提供融资融券服务的，A 项是《证券法》所允许的，不选。②《证券法》第 139 条规定：“证券公司客户的交易结算资金应当存放在商业银行，以每个客户的名义单独立户管理。具体办法和实施步骤由国务院规定。证券公司不得将客户的交易结算资金和证券归入其自有财产。禁止任何单位或者个人以任何形式挪用客户的交易结算资金和证券。证券公司破产或者清算时，客户的交易结算资金和证券不属于其破产财产或者清算财产。非因客户本身的债务或者法律规定的其他情形，不得查封、冻结、扣划或者强制执行客户的交易结算资金和证券。”因此B项是《证券法》禁止的，应选。③《证券法》第137条第3款明文规定：“证券公司不得将其自营账户借给他人使用。”所以C项也是《证券法》所禁止的，应选。④《证券法》第143条规定：“证券公司办理经纪业务，不得接受客户的全权委托而决定证券买卖、选择证券种类、决定买卖数量或者买卖价格。”所以D项也是《证券法》所禁止的，应选。

（四）禁止虚假陈述

虚假陈述是指有关单位和个人对证券发行、交易及相关活动的事实、性质、前景、法律等事项作出不实、严重误导或者含有大量遗漏的任何形式的虚假陈述或者诱导，致使投资者在不了解事实真相的情况下作出证券投资决定。

《证券法》第78条规定，禁止国家工作人员、传播媒介从业人员和有关人员编造、传播虚假信息，扰乱证券市场。禁止证券交易所、证券公司、证券登记结算机构、证券服务机构及其从业人员、证券业协会、证券监督管理机构及其工作人员，在证券交易活动中作出虚假陈述或者信息误导。各种传播媒介传播证券市场信息必须真实、客观，禁止误导。

7-13（2004年司法考试多选）证券发行中因虚假陈述致使投资者在证券投资中遭受损失的，发行人、承销商应承担赔偿责任，下列哪些人应负连带赔偿责任？

A. 发行人的董事、监事、经理

B. 承销商的董事、监事、经理

C. 出具证券投资咨询意见的咨询机构

D. 出具法律意见书的律师事务所

________ AD。①《证券法》第69条规定：“发行人、上市公司公告的招股说明书、公司债券募集办法、财务会计报告、上市报告文件、年度报告、中期报告、临时报告以及其他信息披露资料，有虚假记载、误导性陈述或者重大遗漏，致使投资者在证券交易中遭受损失的，发行人、上市公司应当承担赔偿责任；发行人、上市公司的董事、监事、高级管理人员和其他直接责任人员以及保荐人、承销的证券公司，应当与发行人、上市公司承担连带赔偿责任，但是能够证明自己没有过错的除外；发行人、上市公司的控股股东、实际控制人有过错的，应当与发行人、上市公司承担连带赔偿责任。”因此A项正确而B项错误。②《证券法》第173条规定："证券服务机构为证券的发行、上市、交易等证券业务活动制作、出具审计报告、资产评估报告、财务顾问报告、资信评级报告或者法律意见书等文件，应当勤勉尽责，对所依据的文件资料内容的真实性、准确性、完整性进行核查和验证。其制作、出具的文件有虚假记载、误导性陈述或者重大遗漏，给他人造成损失的，应当与发行人、上市公司承担连带赔偿责任，但是能够证明自己没有过错的除外。"所以D项是正确的，应选。

五、上市公司的收购

上市公司收购是指投资者公开收购股份有限公司已经依法发行上市的股份，以达到对该股份有限公司控股或者兼并目的的行为。收购可以采取两种方式：

（一）要约收购

要约收购是指收购方通过向目标公司的股东发出收购要约的方式进行的收购。对于上市公司的收购，我国证券法作了明确的规定。

1. 通过证券交易所的证券交易，投资者持有一个上市公司已发行的股份的5%时，应当在该事实发生之日起3日内，向国务院证券监督管理机构、证券交易所作出书面报告，通知该上市公司，并予以公告；在上述规定的期限内，不得再自行买卖该上市公司的股票。投资者持有一个上市公司已发行的股份的5%时，通过证券交易所的证券交易，其所持该公司已发行的股份比例每增加或者减少5%，应当依照上述规定进行报告和公告，在报告期内和作出报告、公告后2日内，不得再行买卖该上市公司的股票。

2. 通过证券交易所的证券交易，投资者持有一个上市公司的股份30%时，继续收购的，应当依法向上市公司所有股东发出收购要约。收购人必须事先向国务院证券管理机构报送上市公司收购报告书，并载明下列事项：①收购人的名称、住所；②收购人关于收购的决定；③被收购的上市公司名称；④收购目的；⑤收购股份的详细名称和预定收购的股份数额；⑥收购的期限、收购的价格；⑦收购所需资金额及资金保证；⑧报送上市公司收购报告书时所持有被收购公司股份数占该公司股份总数的比例。

3. 收购人在按照规定报送上市公司收购报告书之日起15日内，公告其收购要约。收购要约的期限不少于30日，并不得超过60日。在收购要约的有效期限内，收购人不得撤回要约。

4. 收购期限届满，被收购公司股权分布不符合上市条件的，该上市公司的股票应当由证券交易所依法终止上市交易；其余仍持有被收购公司股票的股东，有权向收购人以收购要约的同等条件出售其股票，收购人应当收购。收购行为完成后，被收购公司不再具备股份有限公司条件的，应当依法变更企业形式。

5. 在上市公司收购中，收购人对所持有的被收购的上市公司的股票，在收购行为完成后的12个月内不得转让。

6. 收购行为完成后，收购人应当在15日内将收购情况报告国务院证券监督管理机构和证券交易所，并予公告。

7－14（2008年司法考试多选）根据《证券法》的规定，关于上市公司收购的说法，下列哪些选项是正确的?

A. 收购期限届满，被收购公司股权分布不符合上市条件的，依法终止上市交易

B. 收购人持有的被收购的上市公司的股票，在收购行为完成满12个月以后可以转让

C. 收购期限届满，其余仍持有被收购公司股票的股东，有权向收购人以收购要约的同等条件出售其股票，收购人应当收购

D. 收购行为完成后，收购人与被收购公司合并，并将该公司解散的，被解散公司的原有股票由收购人依法更换

ABCD。①《证券法》第97条第1款规定，收购期限届满，被收购公司股权分布不符合上市条件的，该上市公司的股票应当由证券交易所依法终止上市交易；其余仍持有被收购公司股票的股东，有权向收购人以收购要约的同等条件出售其股票，收购人应当收购。所以，A、C项的表述正确。②《证券法》第98条规定，在上市公司收购中，收购人持有的被收购的上市公司的股票，在收购行为完成后的12个月内不得转让。所以，B项的表述正确。③《证券法》第99条规定，收购行为完成后，收购人与被收购公司合并，并将该公司解散的，被解散公司的原有股票由收购人依法更换。所以，D项表述正确。

（二）协议收购

协议收购是指收购方通过同被收购公司的股票持有人达成收购协议的方式进行的收购。采取协议收购方式的，收购人必须在3日内将收购协议向国务院证券监督管理部门及证券交易所作出书面报告，并予公告。

7－15（2005年司法考试多选）甲公司持有乙上市公司30%的股份，现欲继续收购乙公司的股份，遂发出收购要约。甲公司发出的下列收购要约，哪些内容是合法的?

A. 甲公司收购乙公司的股份至51%时即不再收购

B. 甲公司将在45日内完成对乙公司股份的收购

C. 本收购要约所公布的收购条件适用于乙公司的所有股东

D. 在收购要约的有效期限内，甲公司视具体情况可以撤回收购要约

________ABC。①《证券法》第91条规定，在收购要约确定的承诺期限内，收购人不得撤销其收购要约。收购人需要变更收购要约的，必须事先向国务院证券监督管理机构及证券交易所提出报告，经批准后，予以公告。所以D项错误。②根据规定，收购的数量没有限制，A项正确。③《证券法》第97条规定，收购期限届满，被收购公司股权分布不符合上市条件的，该上市公司的股票应当由证券交易所依法终止上市交易；其余仍持有被收购公司股票的股东，有权向收购人以收购要约的同等条件出售其股票，收购人应当收购。收购行为完成后，被收购公司不再具备股份有限公司条件的，应当依法变更企业形式。《证券法》第90条规定，收购人在依照前条规定报送上市公司收购报告书之日起15日后，公告其收购要约。在上述期限内，国务院证券监督管理机构发现上市公司收购报告书不符合法律、行政法规规定的，应当及时告知收购人，收购人不得公告其收购要约。收购要约约定的收购期限不得少于30日，并不得超过60日。可见，甲公司将在45日内完成对乙公司股份的收购是符合法律规定的，B项正确。④《证券法》第92条规定，收购要约提出的各项收购条件，适用于被收购公司的所有股东。因此甲公司的收购要约所公布的收购条件适用于乙公司的所有股东的做法是合法的，C项正确。

六、证券交易市场

（一）证券交易市场的概念及种类

证券的交易市场也称二级市场或流通市场，是证券买卖、流通和转让的场所。证券的交易市场一般由两部分组成：①证券集中交易市场；②证券的非集中交易市场。

证券集中交易市场是指设有固定的证券交易场所和设施，并按照规定的程序、方式、原则和制度进行报价、成交、清算和交割的场所。集中交易场所一般以证券交易所为主。证券的非集中交易市场，是指在证券交易所之外，由买卖双方通过协商定价直接交易证券的市场。非集中交易市场一般以柜台交易市场为主。

（二）证券交易所

1. 证券交易所的概念。《证券法》第102条规定，证券交易所是为证券集中

交易提供场所和设施，组织和监督证券交易，实行自律管理的法人。证券交易所必须在其名称中标明证券交易所字样。其他任何单位或者个人不得使用证券交易所或者近似的名称。证券交易所的形式有两种：一种是公司制的证券交易所；一种是会员制的证券交易所。我国的交易所目前有两家，即上海证券交易所和深圳证券交易所。我国的证券交易所采取的是会员制的形式，根据规定，实行会员制的证券交易所的财产积累归会员所有，其权益由会员共同享有，在其存续期间，不得将其财产积累分配给会员。

2. 证券交易所的设立和解散。证券交易所的设立和解散，由国务院决定。

3. 证券交易所的职能。根据《证券法》的有关规定，证券交易所的基本职能包括：①提供证券交易的场所和设施。②制定证券交易所的业务规则。③为组织公平的集中交易提供保障，公布证券交易即时行情，并按交易日制作证券市场行情表，予以公布。未经证券交易所许可，任何单位和个人不得发布证券交易即时行情。④因突发性事件而影响证券交易的正常进行时，证券交易所可以采取技术性停牌的措施；因不可抗力的突发性事件或者为维护证券交易的正常秩序，证券交易所可以决定临时停市。证券交易所采取技术性停牌或者决定临时停市，必须及时报告国务院证券监督管理机构。⑤证券交易所对证券交易实行实时监控，并按照国务院证券监督管理机构的要求，对异常的交易情况提出报告。证券交易所应当对上市公司及相关信息披露义务人披露信息进行监督，督促其依法及时、准确地披露信息。证券交易所根据需要，可以对出现重大异常交易情况的证券账户限制交易，并报国务院证券监督管理机构备案。⑥证券交易所应当从其收取的交易费用和会员费、席位费中提取一定比例的金额设立风险基金。风险基金由证券交易所理事会管理。证券交易所应当将收存的风险基金存入开户银行专门账户，不得擅自使用。⑦证券交易所依照证券法律、行政法规制定上市规则、交易规则、会员管理规则和其他有关规则，并报国务院证券监督管理机构批准。⑧依照规定对会员的证券交易活动进行监督。⑨按照规定和规则对上市公司进行监管。证券交易所应当监督上市公司按照规定披露信息；对上市公司作出暂停、恢复和终止上市的决定。

（三）非集中竞价的证券交易场所

非集中竞价的证券交易场所，又称“场外交易市场”、“柜台市场”、“店头市场”。它是指经国务院证券管理部门批准由证券公司开设的经营场所。前面已经讲过，上市交易的证券必须具备一定的条件，这样不具备条件的证券就不能在证券交易所进行交易。因此，这部分证券一般是通过柜台交易来完成的。

7－16（2004 年司法考试单选）因突发性事件而影响证券交易正常进行时，证券交易所可以采取下列哪一措施？

A. 政策性停牌

B. 技术性停牌

C. 临时停市

D. 休市

________ B。《证券法》第 114 条规定："因突发性事件而影响证券交易的正常进行时，证券交易所可以采取技术性停牌的措施；因不可抗力的突发性事件或者为维护证券交易的正常秩序，证券交易所可以决定临时停市。"因此本题正确选项是 B。

第四节 证券的管理机构、经营机构和服务机构

一、证券的管理机构

证券的管理机构是指依法对证券发行和交易行为以及对证券的发行和交易有关的个人、组织行使监督管理职权、承担监督管理职责的机构。证券的管理机构依其性质可分为两大类：①证券的主管机构；②证券的自律机构。

（一）证券的主管机构

证券的主管机构是指国家或政府组建的对证券市场实施监督管理的机构。根据《证券法》的规定，国务院证券监督管理机构依法对全国证券市场实行集中统一监督管理。国务院证券监督管理机构在对证券市场实施监督管理中履行下列职责：①依法制定有关证券市场监督管理的规章、规则，并依法行使审批或者核准权；②依法对证券的发行、上市、交易、登记、存管、结算，进行监督管理；③依法对证券发行人、上市公司、证券公司、证券投资基金管理公司、证券服务机构、证券交易所、证券登记结算机构的证券业务活动，进行监督管理；④依法制定从事证券业务人员的资格标准和行为准则，并监督实施；⑤依法监督检查证券发行、上市和交易的信息公开情况；⑥依法对证券业协会的活动进行指导和监督；⑦依法对违反证券市场监督管理法律、行政法规的行为进行查处；⑧法律、行政法规规定的其他职责。国务院证券监督管理机构可以和其他国家或者地区的证券监督管理机构建立监督管理合作机制，实施跨境监督管理。

国务院证券监督管理机构依法履行职责，有权采取下列措施：①对证券发行人、上市公司、证券公司、证券投资基金管理公司、证券服务机构、证券交易

所、证券登记结算机构进行现场检查。②进入涉嫌违法行为发生场所调查取证。③询问当事人和与被调查事件有关的单位和个人，要求其对与被调查事件有关的事项作出说明。④查阅、复制与被调查事件有关的财产权登记、通讯记录等资料。⑤查阅、复制当事人和与被调查事件有关的单位和个人的证券交易记录、登记过户记录、财务会计资料及其他相关文件和资料；对可能被转移、隐匿或者毁损的文件和资料，可以予以封存。⑥查询当事人和与被调查事件有关的单位和个人的资金账户、证券账户和银行账户；对有证据证明已经或者可能转移或者隐匿违法资金、证券等涉案财产或者隐匿、伪造、毁损重要证据的，经国务院证券监督管理机构主要负责人批准，可以冻结或者查封。⑦在调查操纵证券市场、内幕交易等重大证券违法行为时，经国务院证券监督管理机构主要负责人批准，可以限制被调查事件当事人的证券买卖，但限制的期限不得超过 15 个交易日；案情复杂的，可以延长 15 个交易日。

（二）证券的自律性机构

证券自律管理机构是指证券经营机构组成的，依其自律规则对证券经营者进行管理的民间组织。《证券法》第 174 条规定，证券业协会是证券业的自律性组织，是社会团体法人。

1. 证券业协会会员。证券业协会的会员一般是团体会员，大部分会员是证券公司，也包括一些兼营证券业务的金融机构。我国法律规定，证券公司必须加入证券业协会。

2. 证券业协会的组织机构。证券业协会的组织机构包括权力机构和执行机构。权力机构是会员大会。执行机构是理事会，负责协会的日常工作，执行会员大会的决议，制订协会的工作计划等。

3. 证券业协会的职责。证券业协会履行职责主要有：①教育和组织会员遵守证券法律、行政法规；②依法维护会员的合法权益，向证券监督管理机构反映会员的建议和要求；③收集整理证券信息，为会员提供服务；④制定会员应遵守的规则，组织会员单位的从业人员的业务培训，开展会员间的业务交流；⑤对会员之间、会员与客户之间发生的纠纷进行调解；⑥组织会员就证券业的发展、运作及有关内容进行研究；⑦监督、检查会员行为，对违反法律、行政法规或者协会章程的，按规定给予纪律处分；⑧证券业协会章程规定的其他职责。

二、证券的经营机构

证券的经营机构，也称证券商，是指依法设立的从事证券经营业务的金融机构，也就是证券公司。证券公司是指依法设立的从事证券经营业务的有限责任公司或者股份有限公司。

7－17（2002年司法考试多选）根据我国《证券法》的规定，经纪类证券公司不得经营下列哪些业务？

A. 证券自营业务

B. 证券经纪业务

C. 证券承销业务

D. 证券融资业务

________无正确选项。《证券法》第125条规定："经国务院证券监督管理机构批准，证券公司可以经营下列部分或者全部业务：①证券经纪；②证券投资咨询；③与证券交易、证券投资活动有关的财务顾问；④证券承销与保荐；⑤证券自营；⑥证券资产管理；⑦其他证券业务。"另根据《证券法》第136、140、143、212、220条的规定，我国没有单独规定经纪类证券公司。

（一）证券公司的设立

设立证券公司，必须经国务院证券监督管理机构审查批准。未经国务院证券监督管理机构批准，任何单位和个人不得经营证券业务。

设立证券公司，应当具备下列条件：①有符合法律、行政法规规定的公司章程；②主要股东具有持续盈利能力，信誉良好，最近3年无重大违法违规记录，净资产不低于人民币2亿元；③有符合本法规定的注册资本；④董事、监事、高级管理人员具备任职资格，从业人员具有证券从业资格；⑤有完善的风险管理与内部控制制度；⑥有合格的经营场所和业务设施；⑦法律、行政法规规定的和经国务院批准的国务院证券监督管理机构规定的其他条件。

（二）证券公司的业务范围

经国务院证券监督管理机构批准，证券公司可以经营下列部分或者全部业务：①证券经纪；②证券投资咨询；③与证券交易、证券投资活动有关的财务顾问；④证券承销与保荐；⑤证券自营；⑥证券资产管理；⑦其他证券业务。

7－18（2008年司法考试多选）某证券公司制定证券经纪业务管理规章，下列哪些不符合法律规定？

A. 允许全权代理客户从事证券交易

B. 可以向客户承诺由公司按比例承担投资风险

C. 允许客户通过互联网络办理委托证券交易

D. 与客户交易资料的保管期限为10年

________ ABD。①《证券法》第 143 条规定，证券公司办理经纪业务，不得接受客户的全权委托而决定证券买卖、选择证券种类、决定买卖数量或者买卖价格。所以，A 项的表述是不符合法律规定的，应当选。②《证券法》第 144 条规定，证券公司不得以任何方式对客户证券买卖的收益或者赔偿证券买卖的损失作出承诺。所以，B 项的表述也是不符合法律规定的，应当选。③《证券法》第 111 条规定，投资者应当与证券公司签订证券交易委托协议，并在证券公司开立证券交易账户，以书面、电话以及其他方式，委托该证券公司代其买卖证券。C 项中的互联网属于第 111 条规定的其他方式，所以，C 项的表述是符合法律规定的，不应当选。④《证券法》第 147 条规定，证券公司应当妥善保存客户开户资料、委托记录、交易记录和与内部管理、业务经营有关的各项资料，任何人不得隐匿、伪造、篡改或者毁损。上述资料的保存期限不得少于 20 年。所以，D 项的表述是错误的，应当选。

三、证券的服务机构

证券服务机构是专门从事证券服务业务，为证券发行、交易、投资提供各种服务职能的机构。从内容上看，证券的服务机构主要包括证券登记结算机构、证券资信评估机构、证券投资咨询机构等。证券登记结算机构是依法设立的专门从事证券集中登记、托管和结算服务，是不以营利为目的的法人。证券投资咨询公司是指依法设立的，在证券发行和交易中为投资者提供咨询服务的专门服务机构。证券的资信评估机构，是指依法设立的，在证券发行中对证券的质量进行评估并确定级别的服务机构。

（一）证券登记结算机构

1. 证券登记结算机构的含义及设立条件。证券登记结算机构是为证券交易提供集中登记、存管与结算服务，不以营利为目的的法人。设立证券登记结算机构必须经国务院证券监督管理机构批准。其设立应当具备下列条件：①自有资金不少于人民币 2 亿元；②具有证券登记、存管和结算服务所必须的场所和设施；③主要管理人员和从业人员必须具有证券从业资格；④国务院证券监督管理机构规定的其他条件。证券登记结算机构的名称中应当标明证券登记结算字样。

2. 证券登记结算机构的职能。证券登记结算机构具有下列职能：①证券账户、结算账户的设立；②证券的存管和过户；③证券持有人名册登记；④证券交易所上市证券交易的清算和交收；⑤受发行人的委托派发证券权益；⑥办理与上述业务有关的查询；⑦国务院证券监督管理机构批准的其他业务。

3. 证券登记结算机构业务规则及其职责。证券登记结算机构具有下列职责：

①证券登记结算采取全国集中统一的运营方式。证券登记结算机构章程、业务规则应当依法制定，并经国务院证券监督管理机构批准。②证券登记结算机构不得挪用客户的证券。③证券登记结算机构应当向证券发行人提供证券持有人名册及其有关资料。证券登记结算机构应当根据证券登记结算的结果，确认证券持有人持有证券的事实，提供证券持有人登记资料。证券登记结算机构应当保证证券持有人名册和登记过户记录真实、准确、完整，不得隐匿、伪造、篡改或者毁损。④证券登记结算机构应当采取下列措施保证业务的正常进行：具有必备的服务设备和完善的数据安全保护措施；建立完善的业务、财务和安全防范等管理制度；建立完善的风险管理系统。⑤证券登记结算机构应当妥善保存登记、存管和结算的原始凭证及有关文件和资料。其保存期限不得少于20年。⑥证券登记结算机构应当设立证券结算风险基金，用于垫付或者弥补因违约交收、技术故障、操作失误、不可抗力造成的证券登记结算机构的损失。证券结算风险基金从证券登记结算机构的业务收入和收益中提取，并可以由结算参与人按照证券交易业务量的一定比例缴纳。证券结算风险基金的筹集、管理办法，由国务院证券监督管理机构会同国务院财政部门规定。⑦证券结算风险基金应当存入指定银行的专门账户，实行专项管理。证券登记结算机构以证券结算风险基金赔偿后，应当向有关责任人追偿。

（二）其他服务机构

投资咨询机构、财务顾问机构、资信评级机构、资产评估机构、会计师事务所从事证券服务业务，必须经国务院证券监督管理机构和有关主管部门批准。投资咨询机构、财务顾问机构、资信评级机构、资产评估机构、会计师事务所从事证券服务业务的审批管理办法，由国务院证券监督管理机构和有关主管部门制定。投资咨询机构、财务顾问机构、资信评级机构从事证券服务业务的人员，必须具备证券专业知识和从事证券业务或者证券服务业务2年以上经验。认定其证券从业资格的标准和管理办法，由国务院证券监督管理机构制定。

证券投资咨询机构及其从业人员从事证券服务业务不得有下列行为：①代理委托人从事证券投资；②与委托人约定分享证券投资收益或者分担证券投资损失；③买卖本咨询机构提供服务的上市公司股票；④利用传播媒介或者通过其他方式提供、传播虚假或者误导投资者的信息；⑤法律、行政法规禁止的其他行为。有上述所列行为之一，给投资者造成损失的，依法承担赔偿责任。

7-19（2008年司法考试多选）下列哪些机构属于证券发行中介机构？

A. 信托投资公司

B. 资产评估事务所

C. 律师事务所

D. 会计师事务所

________BCD。证券市场上的中介机构是指为证券的发行和交易提供服务的各类机构。在我国，律师事务所、会计师事务所和资产评估机构事务所属于证券发行中介机构。因此，本题的正确答案是BCD。

7-20（2008年司法考试多选）根据《证券法》的规定，下列哪些机构对客户开立的账户负有保密的义务？

A. 资产评估机构

B. 证券公司

C. 证券交易所

D. 律师事务所

________BC。《证券法》第44条规定："证券交易所、证券公司、证券登记结算机构必须依法为客户开立的账户保密。"所以B、C项是正确的。

■ 第五节　法律责任

一、违反证券法律责任概念及种类

违反证券法律责任是指证券法律关系的主体违反证券法律、法规的规定应受到的惩罚。根据我国有关的证券法律、法规的规定，证券法律责任从性质上可分为三大类：民事责任、行政责任和刑事责任。从责任的主体上则可以分为五大类：证券管理机构及其工作人员的法律责任；证券发行机构及其人员的法律责任；证券经营机构及其人员的法律责任；证券服务机构及其人员的法律责任；其他有关人员的法律责任。

二、证券管理机构及其工作人员的违法行为及责任

证券的管理机构包括证券主管机关及证券的自律机构，即国务院证券监督管理机构、证券业协会和证券交易所。

（一）证券的监督管理机构及其工作人员的违法行为及责任

国务院证券监督管理机构或者国务院授权的部门有下列情形之一的，对直接负责的主管人员和其他直接责任人员，依法给予行政处分：①对不符合本法规定的发行证券、设立证券公司等申请予以核准、批准的；②违反规定采取《证券

法》第180条规定的现场检查、调查取证、查询、冻结或者查封等措施的；③违反规定对有关机构和人员实施行政处罚的；④其他不依法履行职责的行为。

证券监督管理机构的工作人员和发行审核委员会的组成人员，不履行《证券法》规定的职责，滥用职权、玩忽职守，利用职务便利牟取不正当利益，或者泄露所知悉的有关单位和个人的商业秘密的，依法追究法律责任。

（二）证券自律机构及其工作人员的法律责任

证券自律机构及其工作人员对下列违法行为要承担相应的法律责任：证券业协会故意提供虚假资料，伪造、变造或者销毁交易记录，诱骗投资者买卖证券的；在证券交易活动中作出虚假陈述或者信息误导的；挪用公款买卖证券的；编造并且传播证券交易的虚假信息，扰乱证券交易市场的；证券交易所对不符合规定条件的证券上市申请予以审核同意的，需承担相应的法律责任。

三、证券公司及其从业人员的法律责任

1. 证券公司承销或者代理买卖未经核准擅自公开发行证券的，责令停止承销或者代理买卖，没收违法所得，并处以违法所得1倍以上5倍以下的罚款；没有违法所得或者违法所得不足30万元的，处以30万元以上60万元以下的罚款。给投资者造成损失的，应当与发行人承担连带赔偿责任。对直接负责的主管人员和其他直接责任人员给予警告，撤销任职资格或者证券从业资格，并处以3万元以上30万元以下的罚款。

2. 证券公司承销证券，有下列行为之一的，责令改正，给予警告，没收违法所得，可以并处30万元以上60万元以下的罚款；情节严重的，暂停或者撤销相关业务许可。给其他证券承销机构或者投资者造成损失的，依法承担赔偿责任。对直接负责的主管人员和其他直接责任人员给予警告，可以并处3万元以上30万元以下的罚款；情节严重的，撤销任职资格或者证券从业资格：①进行虚假的或者误导投资者的广告或者其他宣传推介活动；②以不正当竞争手段招揽承销业务；③其他违反证券承销业务规定的行为。

3. 证券公司作为保荐人出具有虚假记载、误导性陈述或者重大遗漏的保荐书，或者不履行其他法定职责的，责令改正，给予警告，没收业务收入，并处以业务收入1倍以上5倍以下的罚款；情节严重的，暂停或者撤销相关业务许可。对直接负责的主管人员和其他直接责任人员给予警告，并处以3万元以上30万元以下的罚款；情节严重的，撤销任职资格或者证券从业资格。

4. 违反《证券法》规定，聘任不具有任职资格、证券从业资格的人员的，由证券监督管理机构责令改正，给予警告，可以并处10万元以上30万元以下的罚款；对直接负责的主管人员给予警告，可以并处3万元以上10万元以下的罚款。

5. 证券公司的从业人员故意提供虚假资料，隐匿、伪造、篡改或者毁损交易记录，诱骗投资者买卖证券的，撤销证券从业资格，并处以3万元以上10万元以下的罚款；属于国家工作人员的，还应当依法给予行政处分。

6. 证券公司中证券交易内幕信息的知情人或者非法获取内幕信息的人，在涉及证券的发行、交易或者其他对证券的价格有重大影响的信息公开前，买卖该证券，或者泄露该信息，或者建议他人买卖该证券的，责令依法处理非法持有的证券，没收违法所得，并处以违法所得1倍以上5倍以下的罚款；没有违法所得或者违法所得不足3万元的，处以3万元以上60万元以下的罚款。单位从事内幕交易的，还应当对直接负责的主管人员和其他直接责任人员给予警告，并处以3万元以上30万元以下的罚款。证券监督管理机构工作人员进行内幕交易的，从重处罚。

7. 证券公司违反《证券法》规定，为客户买卖证券提供融资融券的，没收违法所得，暂停或者撤销相关业务许可，并处以非法融资融券等值以下的罚款。对直接负责的主管人员和其他直接责任人员给予警告，撤销任职资格或者证券从业资格，并处以3万元以上30万元以下的罚款。

8. 违反《证券法》规定，法人以他人名义设立账户或者利用他人账户买卖证券的，责令改正，没收违法所得，并处以违法所得1倍以上5倍以下的罚款；没有违法所得或者违法所得不足3万元的，处以3万元以上30万元以下的罚款。对直接负责的主管人员和其他直接责任人员给予警告，并处以3万元以上10万元以下的罚款。证券公司为前款规定的违法行为提供自己或者他人的证券交易账户的，除依照前款的规定处罚外，还应当撤销直接负责的主管人员和其他直接责任人员的任职资格或者证券从业资格。

9. 证券公司违反《证券法》规定，假借他人名义或者以个人名义从事证券自营业务的，责令改正，没收违法所得，并处以违法所得1倍以上5倍以下的罚款；没有违法所得或者违法所得不足30万元的，处以30万元以上60万元以下的罚款；情节严重的，暂停或者撤销证券自营业务许可。对直接负责的主管人员和其他直接责任人员给予警告，撤销任职资格或者证券从业资格，并处以3万元以上10万元以下的罚款。

10. 证券公司违背客户的委托买卖证券、办理交易事项，或者违背客户真实意思表示，办理交易以外的其他事项的，责令改正，处以1万元以上10万元以下的罚款。给客户造成损失的，依法承担赔偿责任。

11. 证券公司、证券登记结算机构挪用客户的资金或者证券，或者未经客户的委托，擅自为客户买卖证券的，责令改正，没收违法所得，并处以违法所得1倍以上5倍以下的罚款；没有违法所得或者违法所得不足10万元的，处以10万元以上60万元以下的罚款；情节严重的，责令关闭或者撤销相关业务许可。对直接负责的主管人员和其他直接责任人员给予警告，撤销任职资格或者证券从业资格，并处以3万元以上30万元以下的罚款。

12. 证券公司办理经纪业务，接受客户的全权委托买卖证券的，或者证券公司对客户买卖证券的收益或者赔偿证券买卖的损失作出承诺的，责令改正，没收违法所得，并处以5万元以上20万元以下的罚款，可以暂停或者撤销相关业务许可。对直接负责的主管人员和其他直接责任人员给予警告，并处以3万元以上10万元以下的罚款，可以撤销任职资格或者证券从业资格。

13. 证券公司及其从业人员违反《证券法》规定，私下接受客户委托买卖证券的，责令改正，给予警告，没收违法所得，并处以违法所得1倍以上5倍以下的罚款；没有违法所得或者违法所得不足10万元的，处以10万元以上30万元以下的罚款。

14. 证券公司违反规定，未经批准经营非上市证券的交易的，责令改正，没收违法所得，并处以违法所得1倍以上5倍以下的罚款。

15. 证券公司成立后，无正当理由超过3个月未开始营业的，或者开业后自行停业连续3个月以上的，由公司登记机关吊销其公司营业执照。

16. 证券公司违反《证券法》第129条的规定，擅自设立、收购、撤销分支机构，或者合并、分立、停业、解散、破产，或者在境外设立、收购、参股证券经营机构的，责令改正，没收违法所得，并处以违法所得1倍以上5倍以下的罚款；没有违法所得或者违法所得不足10万元的，处以10万元以上60万元以下的罚款。对直接负责的主管人员给予警告，并处以3万元以上10万元以下的罚款。

证券公司违反《证券法》第129条的规定，擅自变更有关事项的，责令改正，并处以10万元以上30万元以下的罚款。对直接负责的主管人员给予警告，并处以5万元以下的罚款。

17. 证券公司违反《证券法》规定，超出业务许可范围经营证券业务的，责令改正，没收违法所得，并处以违法所得1倍以上5倍以下的罚款；没有违法所得或者违法所得不足30万元的，处以30万元以上60万元以下罚款；情节严重的，责令关闭。对直接负责的主管人员和其他直接责任人员给予警告，撤销任职资格或者证券从业资格，并处以3万元以上10万元以下的罚款。

18. 证券公司对其证券经纪业务、证券承销业务、证券自营业务、证券资产管理业务，不依法分开办理，混合操作的，责令改正，没收违法所得，并处以30万元以上60万元以下的罚款；情节严重的，撤销相关业务许可。对直接负责的主管人员和其他直接责任人员给予警告，并处以3万元以上10万元以下的罚款；情节严重的，撤销任职资格或者证券从业资格。

19. 提交虚假证明文件或者采取其他欺诈手段隐瞒重要事实骗取证券业务许可的，或者证券公司在证券交易中有严重违法行为，不再具备经营资格的，由证券监督管理机构撤销证券业务许可。

20. 证券公司或者其股东、实际控制人违反规定，拒不向证券监督管理机构报送或者提供经营管理信息和资料，或者报送、提供的经营管理信息和资料有虚假记载、误导性陈述或者重大遗漏的，责令改正，给予警告，并处以3万元以上30万元以下的罚款，可以暂停或者撤销证券公司相关业务许可。对直接负责的主管人员和其他直接责任人员，给予警告，并处以3万元以下的罚款，可以撤销任职资格或者证券从业资格。

四、发行人及其工作人员的法律责任

1. 未经法定机关核准，擅自公开或者变相公开发行证券的，责令停止发行，退还所募资金并加算银行同期存款利息，处以非法所募资金金额1%以上5%以下的罚款；对擅自公开或者变相公开发行证券设立的公司，由依法履行监督管理职责的机构或者部门会同县级以上地方人民政府予以取缔。对直接负责的主管人员和其他直接责任人员给予警告，并处以3万元以上30万元以下的罚款。

2. 发行人不符合发行条件，以欺骗手段骗取发行核准，尚未发行证券的，处以30万元以上60万元以下的罚款；已经发行证券的，处以非法所募资金金额1%以上5%以下的罚款。对直接负责的主管人员和其他直接责任人员处以3万元以上30万元以下的罚款。发行人的控股股东、实际控制人指使从事前款违法行为的，依照上述规定处罚。

3. 发行人、上市公司或者其他信息披露义务人未按照规定披露信息，或者所披露的信息有虚假记载、误导性陈述或者重大遗漏的，责令改正，给予警告，并处以30万元以上60万元以下的罚款。对直接负责的主管人员和其他直接责任人员给予警告，并处以3万元以上30万元以下的罚款。发行人、上市公司或者其他信息披露义务人未按照规定报送有关报告，或者报送的报告有虚假记载、误导性陈述或者重大遗漏的，责令改正，给予警告，并处以30万元以上60万元以下的罚款。对直接负责的主管人员和其他直接责任人员给予警告，并处以3万元以上30万元以下的罚款。发行人、上市公司或者其他信息披露义务人的控股股东、实际控制人指使从事上述违法行为的，依照上述规定处罚。

4. 发行人、上市公司擅自改变公开发行证券所募集资金的用途的，责令改正，对直接负责的主管人员和其他直接责任人员给予警告，并处以3万元以上30万元以下的罚款。

7－21（2008年司法考试多选）某上市公司招股说明书中列明的募集资金用途是环保新技术研发。现公司董事会决议将募集资金用于购置办公大楼。对此，下列哪些选项是正确的?

A. 未经股东大会决议批准，公司董事会不得实施此项购置计划

B. 如果股东大会决议不批准，公司董事会坚持此项购置计划，证券监督管理机构有权责令该公司改正

C. 证券监督管理机构有权对擅自改变募集资金用途的该公司责任人员处以罚款

D. 在未经股东大会批准而实施了此项购置计划的情况下，该公司可以通过发行新股来解决环保新技术研发的资金需求

________ ABC。①《证券法》第15条规定：“公司对公开发行股票所募集资金，必须按照招股说明书所列资金用途使用。改变招股说明书所列资金用途，必须经股东大会作出决议。擅自改变用途而未作纠正的，或者未经股东大会认可的，不得公开发行新股。”所以A是正确的，应选，D是错误的，不应选。②《证券法》第194条规定：“发行人、上市公司擅自改变公开发行证券所募集资金的用途的，责令改正，对直接负责的主管人员和其他直接责任人员给予警告，并处以3万元以上30万元以下的罚款。”所以B、C两项是正确的。

五、证券服务机构及其工作人员的法律责任

1. 未经国务院证券监督管理机构批准，擅自设立证券登记结算机构的，由证券监督管理机构予以取缔，没收违法所得，并处以违法所得1倍以上5倍以下的罚款。投资咨询机构、财务顾问机构、资信评级机构、资产评估机构、会计师事务所未经批准，擅自从事证券服务业务的，责令改正，没收违法所得，并处以违法所得1倍以上5倍以下的罚款。证券登记结算机构、证券服务机构违反《证券法》规定或者依法制定的业务规则的，由证券监督管理机构责令改正，没收违法所得，并处以违法所得1倍以上5倍以下的罚款；没有违法所得或者违法所得不足10万元的，处以10万元以上30万元以下的罚款；情节严重的，责令关闭或者撤销证券服务业务许可。

2. 证券服务机构未勤勉尽责，所制作、出具的文件有虚假记载、误导性陈

述或者重大遗漏的，责令改正，没收业务收入，暂停或者撤销证券服务业务许可，并处以业务收入1倍以上5倍以下的罚款。对直接负责的主管人员和其他直接责任人员给予警告，撤销证券从业资格，并处以3万元以上10万元以下的罚款。

3. 证券交易所、证券公司、证券登记结算机构、证券服务机构的从业人员或者证券业协会的工作人员，故意提供虚假资料，隐匿、伪造、篡改或者毁损交易记录，诱骗投资者买卖证券的，撤销证券从业资格，并处以3万元以上10万元以下的罚款；属于国家工作人员的，还应当依法给予行政处分。

4. 为股票的发行、上市、交易出具审计报告、资产评估报告或者法律意见书等文件的证券服务机构和人员，违反《证券法》第45条的规定买卖股票的，责令依法处理非法持有的股票，没收违法所得，并处以买卖股票等值以下的罚款。

5. 证券交易内幕信息的知情人或者非法获取内幕信息的人，在涉及证券的发行、交易或者其他对证券的价格有重大影响的信息公开前，买卖该证券，或者泄露该信息，或者建议他人买卖该证券的，责令依法处理非法持有的证券，没收违法所得，并处以违法所得1倍以上5倍以下的罚款；没有违法所得或者违法所得不足3万元的，处以3万元以上60万元以下的罚款。单位从事内幕交易的，还应当对直接负责的主管人员和其他直接责任人员给予警告，并处以3万元以上30万元以下的罚款。证券监督管理机构工作人员进行内幕交易的，从重处罚。

六、其他有关人员的法律责任

1. 非法开设证券交易场所的，由县级以上人民政府予以取缔，没收违法所得，并处以违法所得1倍以上5倍以下的罚款；没有违法所得或者违法所得不足10万元的，处以10万元以上50万元以下的罚款。对直接负责的主管人员和其他直接责任人员给予警告，并处以3万元以上30万元以下的罚款。

2. 未经批准，擅自设立证券公司或者非法经营证券业务的，由证券监督管理机构予以取缔，没收违法所得，并处以违法所得1倍以上5倍以下的罚款；没有违法所得或者违法所得不足30万元的，处以30万元以上60万元以下的罚款。对直接负责的主管人员和其他直接责任人员给予警告，并处以3万元以上30万元以下的罚款。

3. 违反《证券法》规定，操纵证券市场的，责令依法处理非法持有的证券，没收违法所得，并处以违法所得1倍以上5倍以下的罚款；没有违法所得或者违法所得不足30万元的，处以30万元以上300万元以下的罚款。单位操纵证券市场的，还应当对直接负责的主管人员和其他直接责任人员给予警告，并处以10万元以上60万元以下的罚款。

4. 收购人未按照《证券法》规定履行上市公司收购的公告、发出收购要约、报送上市公司收购报告书等义务或者擅自变更收购要约的，责令改正，给予警告，并处以10万元以上30万元以下的罚款；在改正前，收购人对其收购或者通过协议、其他安排与他人共同收购的股份不得行使表决权。对直接负责的主管人员和其他直接责任人员给予警告，并处以3万元以上30万元以下的罚款。

5. 收购人或者收购人的控股股东，利用上市公司收购，损害被收购公司及其股东的合法权益的，责令改正，给予警告；情节严重的，并处10万元以上60万元以下的罚款。给被收购公司及其股东造成损失的，依法承担赔偿责任。对直接负责的主管人员和其他直接责任人员给予警告，并处以3万元以上30万元以下的罚款。

6. 拒绝、阻碍证券监督管理机构及其工作人员依法行使监督检查、调查职权未使用暴力、威胁方法的，依法给予治安管理处罚。

7－22（2008年司法考试多选）某上市公司董事吴某，持有该公司6%的股份。吴某将其持有的该公司股票在买入后的第5个月卖出，获利600万元。关于此收益，下列哪些选项是正确的？

A. 该收益应当全部归公司所有

B. 该收益应由公司董事会负责收回

C. 董事会不收回该收益的，股东有权要求董事会限期收回

D. 董事会未在规定期限内执行股东关于收回吴某收益的要求的，股东有权代替董事会以公司名义直接向法院提起收回该收益的诉讼

________ ABC。《证券法》第47条第1、2款规定：“上市公司董事、监事、高级管理人员、持有上市公司股份5%以上的股东，将其持有的该公司的股票在买入后6个月内卖出，或者在卖出后6个月内又买入，由此所得收益归该公司所有，公司董事会应当收回其所得收益。但是，证券公司因包销购入售后剩余股票而持有5%以上股份的，卖出该股票不受6个月时间限制。公司董事会不按照前款规定执行的，股东有权要求董事会在30日内执行。公司董事会未在上述期限内执行的，股东有权为了公司的利益以自己的名义直接向人民法院提起诉讼。”所以A、B、C三项是正确的，而D项是错误的。

第八章　证券投资基金法律制度

■ 第一节　证券投资基金概述

一、证券投资基金的概念、性质和特征

（一）证券投资基金的概念

证券投资基金是一种利益共存、风险共担的集合证券投资方式，即通过发行基金单位，集中投资者的资金，由基金托管人托管，由基金管理人管理和运用资金，从事股票、债券等金融工具投资，并将投资收益按基金投资者的投资比例进行分配的一种间接投资方式。

投资基金最早在英国出现，传入美国后发展很快，现在全世界大部分国家都有证券投资基金这一投资工具。在英国证券投资基金称为“单位信托投资基金”，美国称为“共同基金”，日本则称为“证券投资信托基金”。

投资基金在欧美国家早已成为一种重要的融资、投资手段，并在当代得到了进一步发展。20 世纪 60 年代以来，一些发展中国家积极仿效，愈来愈多地运用投资基金这一形式吸收国内外资金，促进本国经济的发展。在我国，随着改革中金融市场的发展，也在 80 年代末出现了投资基金形式，并在 90 年代末期后得到了较快的发展，这不仅支持了我国经济建设和改革开放事业，而且为广大投资者提供了一种新型的金融投资选择，活跃了金融市场，促进了金融市场的发展和完善。

（二）证券投资基金的性质

根据证券投资基金的含义，我们可以看出其性质体现在以下几个方面：

1. 证券投资基金是一种集合投资制度。证券投资基金是一种积少成多的整体组合投资方式，它从广大的投资者那里聚集巨额资金，组建投资管理公司进行专业化管理和经营。在这种制度下，资金的运作受到多重监督。

2. 证券投资基金是一种信托投资方式。它与一般金融信托关系一样，主要有委托人、受托人、受益人三个关系人，其中受托人与委托人之间订有信托契约。但证券基金作为金融信托业务的一种形式，又有自己的特点。如从事有价证

券投资主要当事人中还有一个不可缺少的托管机构，它不能与受托人（基金管理公司）由同一机构担任，而且基金托管人一般是法人；基金管理人并不对每个投资者的资金都分别加以运用，而是将其集合起来，形成一笔巨额资金再加以运作。

3. 证券投资基金是一种金融中介机构。它存在于投资者与投资对象之间，起着把投资者的资金转换成金融资产，通过专门机构在金融市场上再投资，从而使货币资产得到增值的作用。证券投资基金的管理者对投资者所投入的资金负有经营、管理的职责，而且必须按照合同的要求确定资金投向，保证投资者的资金安全和收益最大化。

4. 证券投资基金是一种证券投资工具。它发行的凭证即基金券与股票、债券一起构成有价证券的三大品种。投资者通过购买基金券完成投资行为，并凭之分享证券投资基金的投资收益，承担证券投资基金的投资风险。

（三）证券投资基金的特征

基金作为一种现代化的投资工具，主要具有以下三个特征：

1. 集合投资。基金是这样一种投资方式：它将零散的资金巧妙地汇集起来，交给专业机构投资于各种金融工具，以谋取资产的增值。基金对投资的最低限额要求不高，投资者可以根据自己的经济能力决定购买数量，有些基金甚至不限制投资额大小，完全按份额计算收益的分配，因此，基金可以最广泛地吸收社会闲散资金，集腋成裘，汇成规模巨大的投资资金。在参与证券投资时，资本越雄厚，优势越明显，而且可能享有大额投资在降低成本上的相对优势，从而获得规模效益的好处。

2. 分散风险。以科学的投资组合降低风险、提高收益是基金的另一大特点。在投资活动中，风险和收益总是并存的，因此，要实现投资资产的多样化，需要一定的资金实力，对小额投资者而言，由于资金有限，很难做到这一点，而基金则可以帮助中小投资者解决这个困难。基金可以凭借其雄厚的资金，在法律规定的投资范围内进行科学的组合，分散投资于多种证券，借助于资金庞大和投资者众多的公有制使每个投资者面临的投资风险变小，另一方面又利用不同的投资对象之间的互补性，达到分散投资风险的目的。

3. 专业理财。基金实行专家管理制度，这些专业管理人员都经过专门训练，具有丰富的证券投资和其它项目投资经验。他们善于利用基金与金融市场的密切联系，运用先进的技术手段分析各种信息资料，能对金融市场上各种品种的价格变动趋势作出比较正确的预测，最大限度地避免投资决策的失误，提高投资成功率。对于那些没有时间，或者对市场不太熟悉，没有能力专门研究投资决策的中小投资者来说，投资于基金，实际上就可以获得专家们在市场信息、投资经验、金融知识和操作技术等方面所拥有的优势，从而尽可能地避免盲目投资带来的失败。

二、证券投资基金的类型

证券投资基金可按照不同的标准进行分类。

（一）按设立方式可将证券投资基金分为契约型基金、公司型基金

1. 契约型基金。契约型基金又称单位信托基金，是指把投资者、管理人、托管人三者作为基金的当事人，通过签订基金契约的形式，发行受益凭证而设立的一种基金。契约型基金起源于英国，后在香港、新加坡、印度尼西亚等国家和地区十分流行。

契约型基金是基于契约原理而组织起来的代理投资行为，没有基金章程，也没有董事会，而是通过基金契约来规范三方当事人的行为。基金管理人负责基金的管理操作。基金托管人作为基金资产的名义持有人，负责基金资产的保管和处置，对基金管理人的运作实行监督。

2. 公司型基金。公司型基金是按照公司法以公司形态组成的一种基金。该基金公司以发行股份的方式募集资金，一般投资者则为认购基金而购买该公司的股份，也就成为该公司的股东，凭其持有的股份依法享有投资收益。这种基金要设立董事会，重大事项由董事会讨论决定。

公司型基金的特点是：基金公司的设立程序类似于一般股份公司，基金公司本身依法注册为法人，但不同于一般股份公司的是，它是委托专业的财务顾问或管理公司来经营与管理；基金公司的组织结构也与一般股份公司类似，设有董事会和持有人大会，基金资产由公司所有，投资者则是这家公司的股东，承担风险并通过股东大会行使权利。

3. 契约型基金与公司型基金的比较。契约型基金与公司型基金的不同点有以下几个方面：

（1）资金的性质不同。契约型基金的资金是通过发行受益凭证筹集起来的信托财产；公司型基金的资金是通过发行普通股票筹集起来的，为公司法人的资本。

（2）投资者的地位不同。契约型基金的投资者购买受益凭证后成为基金契约的当事人之一，即受益人，无表决权；公司型基金的投资者购买基金的股票后成为该公司的股东，享有表决权。因此，契约型基金的投资者没有管理基金资产的权力，而公司型基金的股东通过股东大会享有管理基金公司的权力。

（3）基金的营运依据不同。契约型基金依据基金契约营运基金；公司型基

金依据基金公司章程营运基金。

由此可见，契约型基金和公司型基金在法律依据、组织形态以及有关当事人扮演角色上是不同的。但对投资者来说，投资于公司型基金和契约型基金并无多大区别，它们的投资方式都是把投资者的资金集中起来，按照基金设立时所规定的投资目标和策略，将基金资产分散投资于众多的金融产品上，获取收益后再分配给投资者。

从世界基金业的发展趋势看，公司型基金除了比契约型基金多了一层基金公司组织外，其他各方面都与契约型基金有趋同化的倾向。

（二）按能否赎回可将证券投资基金分为封闭型基金和开放型基金

1. 封闭式基金。封闭式基金是指基金的发起人在设立基金时，限定了基金单位的发行总额，筹集到这个总额后，基金即宣告成立，并进行封闭，在一定时期内不再接受新的投资。其又称固定型投资基金。基金单位的流通采取在证券交易所上市的办法，投资者日后买卖基金单位都必须通过证券经纪商在二级市场上进行竞价交易。

封闭式基金的期限是指基金的存续期，即基金从成立起到终止之间的时间。决定基金期限长短的因素主要有两个：①基金本身投资期限的长短。一般如果基金目的是进行中长期投资（如创业基金）的，其存续期就可长一些，反之，如果基金目的是进行短期投资，其存续期可短一些。②宏观经济形势。一般经济稳定增长，基金存续期可长一些，若经济波浪起伏，则应相对地短一些。当然，在现实中，存续期还应考虑基金发起人和众多投资者的要求来确定。基金期限届满即为基金终止，管理人应组织清算小组对基金资金进行清产核资，并将清产核资后的基金净资产按照投资者的出资比例进行公正合理的分配。

如果基金在运行过程中，因为某些特殊的情况，使得基金的运作无法进行，报经主管部门批准，可以提前终止。提前终止的一般情况有：

（1）国家法律和政策的改变使得该基金的继续存在为非法或者不适宜。

（2）管理人因故退任或被撤换，无新的管理人承继的。

（3）托管人因故退任或被撤换，无新的托管人承继的。

（4）基金持有人大会上通过提前终止基金的决议。

2. 开放式基金。开放式基金是指基金管理公司在设立基金时，发行基金单位的总份额不固定，可视投资者的需求追加发行。投资者也可根据市场状况和各自的投资决策，或者要求发行机构按现期净资产值扣除手续费后赎回股份或受益凭证，或者再买入股份或受益凭证，增持基金单位份额。为了应付投资者中途抽回资金，实现变现的要求，开放式基金一般都从所筹资金中拨出一定比例，以现金形式保持这部分资产。这虽然会影响基金的盈利水平，但作为开放式基金来说，这是必需的。

3. 封闭式基金与开放式基金的区别。

（1）期限不同。封闭式基金通常有固定的封闭期，通常在5年以上，一般为10年或15年，经受益人大会通过并经主管机关同意可以适当延长期限。而开放式基金没有固定期限，投资者可随时向基金管理人赎回基金单位。

（2）发行规模限制不同。封闭式基金在招募说明书中列明其基金规模，在封闭期限内未经法定程序认可不能再增加发行。开放式基金没有发行规模限制，投资者可随时提出认购或赎回申请，基金规模就随之增加或减少。

（3）基金单位交易方式不同。封闭式基金的基金单位在封闭期限内不能赎回，持有人只能寻求在证券交易场所出售给第三者。开放式基金的投资者则可以在首次发行结束一段时间（多为3个月）后，随时向基金管理人或中介机构提出购买或赎回申请，买卖方式灵活，除极少数开放式基金在交易所作名义上市外，通常不上市交易。

（4）基金单位的交易价格计算标准不同。封闭式基金与开放式基金的基金单位除了首次发行价都是按面值加一定百分比的购买费计算外，以后的交易计价方式不同。封闭式基金的买卖价格受市场供求关系的影响，常出现溢价或折价现象，并不必然反映基金的净资产值。开放式基金的交易价格则取决于基金每单位净资产值的大小，其申购价一般是基金单位资产值加一定的购买费，赎回价是基金单位净资产值减去一定的赎回费，不直接受市场供求关系影响。

（5）投资策略不同。封闭式基金的基金单位数不变，资本不会减少，因此基金可进行长期投资，基金资产的投资组合能有效在预定计划内进行。开放式基金因基金单位可随时赎回，为应付投资者随时赎回兑现，基金资产不能全部用来投资，更不能把全部资本用来进行长线投资，必须保持基金资产的流动性，在投资组合上需保留一部分现金和高流动性的金融商品。

从发达国家金融市场来看，开放式基金已成为世界投资基金的主流。世界基金发展史从某种意义上说就是从封闭式基金走向开放式基金的历史。

（三）按投资目标可将证券投资基金分为成长型基金、收入型基金和平衡型基金

1. 成长型基金。成长型基金是基金中最常见的一种，它追求的是基金资产的长期增值。为了达到这一目标，基金管理人通常将基金资产投资于信誉度较高、有长期成长前景或长期盈余的所谓成长公司的股票。成长型基金又可分为稳健成长型基金和积极成长型基金。

2. 收入型基金。收入型基金主要投资于可带来现金收入的有价证券，以获取当期的最大收入为目的。收入型基金资产成长的潜力较小，损失本金的风险相对也较低，一般可分为固定收入型基金和股票收入型基金。固定收入型基金的主要投资对象是债券和优先股，因而尽管收益率较高，但长期成长的潜力很小，而且当市场利率波动时，基金净值容易受到影响。股票收入型基金的成长潜力比较大，但易受股市波动的影响。

3. 平衡型基金。平衡型基金将资产分别投资于两种不同特性的证券上，这种基金一般将25%～50%的资产投资于债券及优先股，其余的投资于普通股。平衡型基金的主要目的是从其投资组合的债券中得到适当的利息收益，与此同时又可以获得普通股的升值收益。投资者既可获得当期收入，又可得到资金的长期增值，通常是把资金分散投资于股票和债券。平衡型基金的特点是风险比较低，缺点是成长的潜力不大。

（四）按投资标的可将证券投资基金分为债券基金、股票基金、货币市场基金和指数基金

1. 债券基金。债券基金是一种以债券为主要投资对象的证券投资基金。由于债券的年利率固定，因而这类基金的风险较低，适合于稳健型投资者。

通常债券基金收益会受货币市场利率的影响，当市场利率下调时，其收益就会上升；反之，若市场利率上调，则基金收益率下降。除此以外，汇率也会影响基金的收益，管理人在购买非本国货币的债券时，往往还在外汇市场上做套期保值。

2. 股票基金。股票基金是指以股票为主要投资对象的证券投资基金。股票基金的投资目标侧重于追求资本利得和长期资本增值。基金管理人拟定投资组合，将资金投放到一个或几个国家，甚至是全球的股票市场，以达到分散投资、降低风险的目的。

投资者之所以钟爱股票基金，原因在于可以有不同的风险类型供选择，而且可以克服股票市场普遍存在的区域性投资限制的弱点。此外，还具有变现性强、流动性强等优点。由于聚集了巨额资金，几只甚至一只基金就可以引发股市动荡，所以各国政府对股票基金的监管都十分严格，不同程度地规定了基金购买某一家上市公司的股票总额不得超过基金资产净值的一定比例，防止基金过度投机和操纵股市。

3. 货币市场基金。货币市场基金是以货币市场为投资对象的一种基金，其投资工具期限在1年内，包括银行短期存款、国库券、公司债券、银行承兑票据及商业票据等。通常，货币基金的收益会随着市场利率的下跌而降低，与债券基

金正好相反。货币市场基金通常被认为是无风险或低风险的投资。

4. 指数基金。指数基金是20世纪70年代以来出现的新的基金品种。为了使投资者能获取与市场平均收益相接近的投资回报，产生了一种功能上近似或等于所编制的某种证券市场价格指数的基金。其特点是：它的投资组合等同于市场价格指数的权数比例，收益随着当期的价格指数上下波动。当价格指数上升时基金收益增加，反之收益减少。基金因始终保持当期的市场平均收益水平，因而收益不会太高，也不会太低。指数基金的优势是：①费用低廉。指数基金的管理费较低，尤其交易费用较低。②风险较小。由于指数基金的投资非常分散，可以完全消除投资组合的非系统风险，而且可以避免由于基金持股集中带来的流动性风险。③以机构投资者为主的市场中，指数基金可获得市场平均收益率，可以为股票投资者提供更好的投资回报。④指数基金可以作为避险套利的工具。对于投资者尤其是机构投资者来说，指数基金是他们避险套利的重要工具。指数基金由于其收益率的稳定性和投资的分散性，特别适用于社保基金等数额较大，风险承受能力较低的资金投资。

（五）按基金资本来源和运用地域分为国内基金、国际基金、离岸基金和海外基金

1. 国内基金。它是基金资本来源于国内并投资于国内金融市场的投资基金。一般而言，国内基金在一国基金市场上应占主导地位。

2. 国际基金。它是基金资本来源于国内但投资于境外金融市场的投资基金。由于各国经济和金融市场发展的不平衡性，因而在不同国家会有不同的投资回报，通过国际基金的跨国投资，可以为本国资本带来更多的投资机会以及在更大范围内分散投资风险，但国际基金的投资成本和费用一般也较高。国际基金有国际股票基金、国际债券基金和全球商品基金等种类。

3. 离岸基金。它是基金资本从国外筹集并投资于国外金融市场的基金。离岸基金的特点是两头在外。离岸基金的资产注册登记不在母国，为了吸引全球投资者的资金，离岸基金一般都在素有“避税天堂”之称的地方注册，如卢森堡、开曼群岛、百慕大等，因为这些国家和地区对个人投资的资本利得、利息和股息收入都不收税。

4. 海外基金。它是基金资本从国外筹集并投资于国内金融市场的基金。利用海外基金通过发行受益凭证，把筹集到的资金交由指定的投资机构集中投资于特定国家的股票和债券，把所得收益作为再投资或作为红利分配给投资者，它所发行的受益凭证则在国际著名的证券市场挂牌上市。海外基金已成为发展中国家利用外资的一种较为理想的形式，一些资本市场没有对外开放或实行严格外汇管

制的国家可以利用海外基金。

三、证券投资基金法立法宗旨及调整范围

《中华人民共和国证券投资基金法》（以下简称《证券投资基金法》）在第十届全国人大常委会第三次会议和第五次会议两次审议后，于2003年10月28日表决通过，并于当日公布，自2004年6月1日起施行。依照该法规定，在中华人民共和国境内，通过公开发售基金份额募集证券投资基金，由基金管理人管理，基金托管人托管，为基金份额持有人的利益，以资产组合方式进行证券投资活动（包括基金合同的订立，基金份额的交易，基金份额的申购与赎回，基金的运作与信息披露，基金合同的变更、终止与基金财产清算等），适用该法；该法未规定的，适用《信托法》、《证券法》和其他有关法律、行政法规的规定。《证券投资基金法》第1条规定，为了规范证券投资基金活动，保护投资人及相关当事人的合法权益，促进证券投资基金和证券市场的健康发展，制定本法。

（一）规范证券投资基金活动

证券投资基金，是投资者在长期投资实践中创造的一种将分散资金集中起来，委托专业机构管理，进行组合证券投资，以分散风险的投资方式，具有专业理财、理性投资、分散风险的作用，是证券市场发展的必然产物，在发达国家已有百年历史。我国证券市场的建立，起步较晚，发展很快，与国外成熟市场相比，中小投资者多，承受风险能力弱，市场投机性强。发展证券投资基金，可以在竞争中造就一批理性的机构投资者，发挥其专业理财、理性投资、分散风险的作用，有利于增强投资者的信心，实现资源优化配置，促进我国证券市场的健康发展，为依法规范我国证券投资基金活动提供了有效的法律保障。

（二）保护投资人及相关当事人的合法权益

投资人即基金份额持有人。相关当事人是指除基金份额持有人以外的参与证券投资基金活动的其他当事人，包括基金管理人、基金托管人、基金份额发售机构、为基金出具审计报告或者法律意见书的会计师事务所、律师事务所以及为基金提供资产评估或者验证服务的其他中介机构等。

近年来，随着我国证券投资基金的超常规发展，投资人队伍不断扩大，其中，中小投资者占绝大多数。他们缺少必要的资金，没有证券投资经验，出于对基金管理人和基金托管人的信任，将自己多年的积蓄委托给基金管理人和基金托管人进行证券投资，期望保值增值，从中获取持续、稳定、合理的收益。他们处于弱势地位，但是他们却为我国证券投资基金的发展作出了巨大的贡献。他们好比养育证券投资基金的甘泉，需要细心呵护。证券投资基金发展的历史表明，投资者的合法权益能否得到有效保护，是证券投资基金能否持续健康发展的关键。

证券投资基金要发展，必须取信于投资者，必须切实保护投资者的合法权益。为此，《证券投资基金法》规定，基金管理人、基金托管人管理、运用基金财产应当恪尽职守，履行诚实信用、谨慎勤勉义务；不得将基金财产归入其固有财产；不得不公平地对待其管理的不同基金财产；不得将基金财产用于法律禁止的投资活动；基金管理人、基金托管人和其他基金信息披露义务人应当依法披露基金信息，并保证所披露信息的真实性、准确性和完整性；开放式基金应当保持足够的现金或者政府债券，以备支付基金份额持有人的赎回款项；基金份额持有人有权依法自行召集持有人大会，并对大会审议事项作出决定；基金份额持有人有权对基金管理人、基金托管人、基金份额发售机构损害其合法权益的行为依法提起诉讼。与此同时，对其他相关当事人的合法权益也要依法予以保护。

（三）促进证券投资基金和证券市场的健康发展

证券投资基金是证券市场发展的产物，是中小投资者对专业理财和理性投资的需要。依法促进证券投资基金的发展，有利于培养理性的机构投资者，提高机构投资者的诚信意识，增强中小投资者的投资信心，扩大直接融资比例，减轻银行信贷压力，优化资源配置，化解系统性金融风险；有利于引导投资，活跃交易，防止过度投机，促进证券市场健康发展。

《证券投资基金法》第2条规定，在中华人民共和国境内，通过公开发售基金份额募集证券投资基金，由基金管理人管理，基金托管人托管，为基金份额持有人的利益，以资产组合方式进行证券投资活动，适用本法；本法未规定的，适用《信托法》、《证券法》和其他有关法律、行政法规的规定。

证券投资基金法以信托原理为基础，而构成信托法律关系的当事人主要是与信托活动有直接关系的委托人、受托人、受益人，这三方当事人必须同时具备，缺少任何一方，信托法律关系都不能成立。所谓委托人，是指依法设立信托的人，在《证券投资基金法》中是指基金份额持有人，基金份额持有人可以是自然人、法人或者其他组织。所谓受托人，是指与委托人依法订立信托合同，承诺接受委托，并按照合同的约定对信托财产进行管理、运用或者处分的人，在本法中是指基金管理人和基金托管人，即依法设立并取得基金管理资格的基金管理公司和依法设立并取得基金托管资格的商业银行。基金管理人、基金托管人依照《证券投资基金法》规定，只能是法人，不得为自然人。所谓受益人，是指按照信托合同的约定享受信托利益的人。根据自益信托原理，委托人可以是受益人。所谓自益信托，是指在信托关系中委托人与受托人为同一人，委托人设立信托的目的是为了自己的利益。在《证券投资基金法》中，受益人即基金份额持有人。基金份额持有人可以是自然人、法人或者其他组织。据此，基金合同当事人即为信托关系当事人。基金管理人、基金托管人与基金份额持有人订立基金合同，从事证券投资基金活动，适用《证券投资基金法》，本法对基金管理人、基金托管人、基金份额持有人在证券投资基金活动中的权利义务的规范，基金管理人、基金托管人和基金份额持有人必须遵守。除基金管理人、基金托管人和基金份额持有人以外的与证券投资基金活动有关联关系的其他当事人，对《证券投资基金法》就与其有关系的事项作出的规定，也必须遵守。

在我国，基金的种类很多，有证券投资基金、产业投资基金、风险投资基金、国家建设基金、社会保障基金等，各自性质、功能不同，立法基础也不同。经过长期调查研究，从我国当前实际出发，《证券投资基金法》只调整证券投资基金。

四、基金法的基本原则

《证券投资基金法》第 4 条规定，从事证券投资基金活动，应当遵循自愿、公平、诚实信用的原则，不得损害国家利益和社会公共利益。

8－1 下列有关证券投资基金正确的说法是

A. 契约型证券投资基金是一种信托凭证

B. 开放式基金可以赎回，但有期限的限制

C. 证券投资基金可以上市挂牌交易

D. 证券投资基金具有专家理财、集合投资、分散风险等特点

________ ABCD。①信托是指委托人基于对受托人的信任，将其财产委托给受托人，由受托人按照委托人的意愿以自己的名义，为受益人的利益或者特定的目的，进行管理或者处分的行为。契约型基金实质上就是投资人作为委托人将自己的财产交由基金管理公司运作，自己获得收益的财产管理制度。因此，契约型基金就是一种信托关系或者是一种信托凭证。所以选 A。②开放式基金的基本特点是无最高限额限制、无运作期限约束、可以赎回。但投资人在购买后不能马上赎回，有一定的时间限制。因此，B 项也是正确的。③《证券投资基金法》第 5 条规定，基金合同应当约定基金运作方式。基金运作方式可以采用封闭式、开放式或者其他方式。采用封闭式运作方式的基金（以下简称封闭式基金），是指经核准的基金份额总额在基金合同期限内固定不变，基金份额可以在依法设立的证券交易场所交易，但基金份额持有人不得申请赎回的基金。采用开放式运作方式的基金（以下简称开放式基金），是指基金份额总额不固定，基金份额可以在基金合同约定的时间和场所申购或者赎回的基金。因此，C 项是正确的。④证券投资基金的基本特点就是由众多投资人集合投资，由专家理财，所以能够分散风

险，因此D项也是正确的。

■ 第二节　基金管理人

一、基金管理人的概念和特征

基金管理人是指发行基金份额募集证券投资基金，并按照法律、行政法规的规定和基金合同的约定，为基金份额持有人的利益，采取资产组合方式对基金财产进行管理、运用的机构。在证券投资基金法律关系中，基金管理人处于中心地位，具有以下特征：①基金管理人是证券投资基金的募集人。根据《证券投资基金法》第36条的规定，基金管理人依照本法发售基金份额，募集证券投资基金。其他机构或者个人不得从事证券投资基金的募集活动。②基金管理人是基金财产的管理人。根据《证券投资基金法》的有关规定，基金管理人运用基金财产，进行证券投资，是基金财产的管理人。但是，基金管理人只是负责投资决策，下达投资指令，并不负责基金财产的保管和投资运作的结算。根据上述规定，基金管理人由依法设立的基金管理公司担任。也就是说，基金管理人只能由依照本法设立的专门从事基金管理业务的基金管理公司来担任，其他任何机构和个人均不得担任基金管理人。但是，基金管理公司依法设立并不自然成为某一只基金的基金管理人，只有当依法设立的基金管理公司经国务院证券监督管理机构核准才能成为某一只基金或者其所募基金的基金管理人。

二、基金管理公司的设立

（一）基金管理公司设立的条件

根据规定，设立基金管理公司应当符合下列条件：

1. 有符合《证券投资基金法》和《公司法》规定的章程。公司章程是记载公司组织规范及行为准则的法律文件。根据《证券投资基金法》和《公司法》的规定，基金管理公司为有限责任公司的，其章程应当载明下列事项：①公司名称和住所；②公司经营范围；③公司注册资本；④股东的姓名或者名称；⑤股东的权利和义务；⑥股东的出资方式和出资额；⑦股东转让出资的条件；⑧公司的机构及其产生办法、职权、议事规则；⑨公司的法定代表人；⑩公司的解散事由与清算办法；⑪股东认为需要规定的其他事项。

基金管理公司为股份有限公司的，其章程应当载明下列事项：①公司名称和住所；②公司经营范围；③公司设立方式；④公司股份总数、每股金额和注册资本；⑤发起人的姓名或者名称、认购的股份数；⑥股东的权利和义务；⑦董事会的组成、职权、任期和议事规则；⑧公司法定代表人；⑨监事会的组成、职权、任期和议事规则；⑩公司利润分配办法；⑪公司的解散事由与清算办法；⑫公司的通知和公告办法；⑬股东大会认为需要规定的其他事项。

同时，基金管理公司与普通公司不同，《证券投资基金法》对其人员、机构、内部稽核监控和风险控制制度以及行为规范有特殊要求，基金管理公司的章程不得与这些要求相违背，其中的一些要求应当体现在公司的章程中。

2. 注册资本不低于1亿元人民币，且必须为实缴货币资本。基金管理业务，属于特殊行业，应当对基金管理公司的注册资本有严格要求，以保证基金管理公司维持较好的财务状况，保护投资人的利益。因此规定，基金管理公司的注册资本不得低于1亿元人民币，且必须为实缴货币资本。

3. 主要股东具有从事证券经营、证券投资咨询、信托资产管理或者其他金融资产管理的较好的经营业绩和良好的社会信誉，最近3年没有违法记录，注册资本不低于3亿元人民币。基金管理公司的股东构成及其资信情况，关系到社会公众对基金管理公司的信任度和基金管理公司的经营质量，对基金的规范化、专业化运作有重要影响。基金管理公司作为金融企业，与一般企业不同，对其股东构成应有更高的要求。从国外的情况看，基金管理公司的股东多为金融机构，这有利于利用这些机构的金融业务经验、良好的信誉和丰富的金融信息资源来管理、运用基金财产。从目前我国的实践来看，按照国务院证券监督管理机构的规定，基金管理公司的主要股东为证券公司和信托投资公司。为了更好地维护基金份额持有人的利益，规范基金管理公司的经营行为，法律对基金管理公司的股东提出了严格的条件：①将基金管理公司主要股东限定在从事证券经营、证券投资咨询、信托资产管理或者其他金融资产管理的机构，主要是指证券公司、证券投资咨询公司、信托投资公司、财务公司等机构；②要求基金管理公司的主要股东具有较好的经营业绩和良好的社会信誉，其具体标准由行政法规或者国务院证券监督管理机构规定；③要求基金管理公司的主要股东最近3年没有违法记录，即没有因违法行为而受到行政处罚和刑事处罚的记录；④要求基金管理公司的主要股东的注册资本不低于3亿元人民币。

4. 取得基金从业资格的人员达到法定人数。基金管理业务人员的专业知识、经验、信誉对基金运作是否规范，业绩是否优良有着十分密切的关系，因此，应当要求基金管理公司在设立时就要有一定数量的取得基金从业资格的人员。具体人数依照行政法规或者国务院证券监督管理机构的规定。

5. 有符合要求的营业场所、安全防范设施和与基金管理业务有关的其他设施。基金管理公司开展业务，必须有与其业务相适应的营业场所，同时，由于基金管理业务属于金融业务，需要有完善的安全防范设施，以保证业务及财产安全。因此，基金管理公司在设立时应当具备符合要求的营业场所、安全防范设施及其他有关设施，其具体要求依照行政法规和国务院证券监督管理机构的规定。

6. 有完善的内部制度和风险控制制度。基金管理公司设立时应当制定有关机构设置、人员配置、业务程序规范、风险管理与控制等方面的完备的制度，以加强内部稽核监控和风险控制。

7. 法律、行政法规规定的和经国务院批准的国务院证券监督管理机构规定的其他条件。除本条规定的条件外，《证券投资基金法》的其他条款对基金管理公司的有些要求在基金管理公司设立时也适用。比如，根据《证券投资基金法》第16条的规定，基金管理人的经理和其他高级管理人员，应当熟悉证券投资方面的法律、行政法规，具有基金从业资格和3年以上与其所任职务相关的工作经历。因此，拟任基金管理公司的高级管理人员应当符合上述条件。根据《证券投资基金法》第28条的规定，基金托管人与基金管理人不得相互出资或者持有股份，因此基金托管人不得成为基金管理人的股东。此外，其他有关法律、行政法规及经国务院批准的国务院证券监督管理机构可能对基金管理公司的设立条件作出补充或者细化规定，这些条件在基金管理公司设立时也应当具备。

（二）设立基金管理公司的程序

1. 基金管理公司设立申请的审批程序。法律主要对基金管理公司设立申请审批的下列事项作了规定：①审批时限。由于基金管理业务属于金融业务，又与众多投资人的利益及证券市场的稳定关系密切，对基金管理公司设立申请的审批应当严格、慎重。因此，基金管理公司设立申请的审批时限不同于一般行政许可事项的规定，即国务院证券监督管理机构应当自受理基金管理公司设立申请之日起6个月内审查完毕，作出批准或者不予批准的决定，并通知申请人。②审批依据。国务院证券监督管理机构在审批基金管理公司设立申请时，除应当依据《证券投资基金法》第13条规定的基金管理公司设立条件外，还应当依据审慎监管原则。审慎监管原则，一般是指国务院证券监督管理机构对基金管理公司提出的旨在防范和控制其经营风险，确保经营业务的稳健运行和基金财产安全所必需的监管要求和标准，包括风险管理、内部控制、资本充足率、资产质量、资产流动性等方面的要求和标准。③对设立申请不予批准的，国务院证券监督管理机构应当向申请人说明理由，以维护申请人的知情权。

2. 基金管理公司重大事项变更的审批程序。基金管理公司设立分支机构、修改章程或者变更其他重大事项，应当报经国务院证券监督管理机构批准。设立分支机构，是指基金管理公司设立不具备法人资格的下属机构，如分公司、支公司、办事处等。修改章程，是指基金管理公司因经营管理的需要或者客观情况的变化，而更改公司章程的内容。变更其他重大事项，包括变更公司名称、变更注册资本、变更业务范围等。基金管理公司设立分支机构、修改章程或者变更其他重大事项，将改变基金管理公司设立时基金管理公司的状况，可能对其业务活动投资人的利益产生较大影响，基金管理公司发生上述情形时，应当报国务院证券监督管理机构批准。由于基金管理公司设立分支机构、修改章程或者变更其他重大事项，不如设立基金管理公司对投资人利益和证券市场的影响大。因此，法律要求国务院证券监督管理机构应当自受理申请之日起60日内作出批准或者不予批准的决定，并通知申请人。同样，国务院证券监督管理机构对基金管理公司设立分支机构、修改章程或者变更其他重大事项的申请不予批准的，也应当说明理由。

三、基金管理公司基金从业人员的资格

（一）积极条件

基金管理人的经理和其他高级管理人员，应当熟悉证券投资方面的法律、行政法规，具有基金从业资格和3年以上与其所任职务相关的工作经历。

经理和其他高级管理人员属于基金从业人员，当然应当具有基金从业资格。根据现行的中国证券监督管理委员会制定的《基金从业人员资格管理暂行规定》，基金从业人员应当具备的具体条件包括以下六个方面：①具有中华人民共和国国籍，但经中国证监会批准的除外；②具有完全民事行为能力；③遵守国家有关法律、法规以及行业规范，熟悉有关证券、金融法律、法规；④品行良好，诚实信用，忠于职守，保守机密；⑤具有大学财经、法律等证券相关专业专科以上学历，或具有其他专业专科以上学历，并有从事2年以上证券业务或3年以上其他金融业务的工作经历，具备证券、金融、法律等专业知识；⑥通过中国证监会或其授权的机构组织的基金从业资格考试。上述条件是担任基金管理人经理和其他高级管理人员所应具备的基本条件、必要条件。另外，《证券投资基金法》第15条对基金从业人员的消极资格作出了明确规定，具有第15条规定的五种情形的人员，不得担任基金从业人员，因而不得担任基金管理人的经理或其他高级管理人员。

（二）消极条件

1. 因犯有贪污贿赂、渎职、侵犯财产罪或者破坏社会主义市场经济秩序罪，被判处刑罚的。这里所说的犯有贪污贿赂、渎职、侵犯财产罪或者破坏社会主义市场经济秩序罪，是指犯有《刑法》第八章贪污贿赂罪、第九章渎职罪、第五章侵犯财产罪、第三章破坏社会主义市场经济秩序罪所规定的各种犯罪。犯有上

述各罪，被判处刑罚的人员，必定有违所应恪守的职业道德和行为规范，与基金管理公司从业人员应当遵守的诚实信用、谨慎勤勉义务相背，应当禁止其成为基金管理人的从业人员。

2. 对所任职的公司、企业因经营不善破产清算或者因违法被吊销营业执照负有个人责任的董事、监事、厂长、经理及其他高级管理人员，自该公司、企业破产清算终结或者被吊销营业执照之日起未逾5年的。担任公司、企业的高级管理人员，并对该公司、企业的经营不善破产清算或者因违法被吊销营业执照负有个人责任，说明其缺乏必要的领导和经营管理能力，未忠于职守，对公司、企业的破产或者违法行为负有纵容、疏忽之责。上述两类人员，自该公司、企业破产清算终结或者被吊销营业执照之日起未逾5年的，不得成为基金管理人的从业人员。

3. 个人所负债务数额较大，到期未清偿的。个人所负债务数额较大，是指个人所负债务超过其正常偿还能力。到期未清偿，说明其有未了结的民事纠纷，可能会对公司的利益带来损害。这类人员在清偿债务之前，不得成为基金管理人的从业人员。

4. 因违法行为被开除的基金管理人、基金托管人、证券交易所、证券公司、证券登记结算机构、期货交易所、期货经纪公司及其他机构的从业人员和国家机关工作人员。上述机构的从业人员和国家机关工作人员，都有严格的职责要求和从业规范，其因违法行为被开除，说明其违背了职责，丧失了必需的诚信，可能会对基金管理人的利益带来损害，不得成为基金管理人的从业人员。

5. 因违法行为被吊销执业证书或者被取消资格的律师、注册会计师和资产评估机构、验证机构的从业人员、投资咨询从业人员。根据律师法、注册会计师法及其他有关法律、行政法规的规定，上述人员被吊销执业证书、被取消资格，均是因其从事了严重违反职业道德和从业准则的违法行为，这类人员不得成为基金管理人的从业人员。

6. 法律、行政法规规定不得从事基金业务的其他人员。除上述规定的人员外，可能还有其他人员不适宜担任基金管理人的从业人员，因此规定了一项概括性条款，即法律、行政法规规定不得从事基金业务的其他人员，不得担任基金管理人的从业人员。比如，根据《证券投资基金法》第18条的规定，基金托管人的从业人员不得担任基金管理人的从业人员；根据《民法通则》的规定，无民事行为能力人和限制民事行为能力人不得从事与其行为能力不相适应的活动，因此不能担任基金管理这一特殊业务的从业人员。

四、基金管理人的职责

基金管理人应当依法履行下列职责：

（1）依法募集基金，办理或者委托经国务院证券监督管理机构认定的其他机构代为办理基金份额的发售、申购、赎回和登记事宜。

（2）办理基金备案手续。

（3）对所管理的不同基金财产分别管理、分别记账，进行证券投资。

（4）按照基金合同的约定确定基金收益分配方案，及时向基金份额持有人分配收益。

（5）进行基金会计核算并编制基金财务会计报告。

（6）编制中期和年度基金报告。

（7）计算并公告基金资产净值，确定基金份额申购、赎回价格。

（8）办理与基金财产管理业务活动有关的信息披露事项。

（9）召集基金份额持有人大会。

（10）保存基金财产管理业务活动的记录、账册、报表和其他相关资料。

（11）以基金管理人名义，代表基金份额持有人利益行使诉讼权利或者实施其他法律行为。

（12）国务院证券监督管理机构规定的其他职责。

五、基金管理人行为禁止

基金管理人不得从事下列行为：

（1）固有财产或者他人财产混同于基金财产从事证券投资。

（2）不公平地对待其管理的不同基金财产。

（3）利用基金财产为基金份额持有人以外的第三人谋取利益。

（4）向基金份额持有人违规承诺收益或者承担损失。

（5）依照法律、行政法规有关规定，由国务院证券监督管理机构规定禁止的其他行为。

六、基金管理人职责终止

根据《证券投资基金法》的规定，在下列情形下基金管理人职责终止：

（1）被依法取消基金管理资格。

（2）被基金份额持有人大会解任。

（3）依法解散、被依法撤销或者被依法宣告破产。

（4）基金合同约定的其他情形。

8 -2　下列有关基金管理人的说法正确的有哪些?

A. 基金管理人必须是依法设立的基金管理公司

B. 基金管理人主要股东的注册资本不得低于3 亿元人民币

C. 基金管理人和基金托管人不可以相互持股

D. 被吊销执照的律师可以成为基金管理人的从业人员

________ ABCD。

(1)《证券投资基金法》第12 条规定，基金管理人由依法设立的基金管理公司担任。担任基金管理人，应当经国务院证券监督管理机构核准。所以当选 A。

(2)《证券投资基金法》第13 条规定，设立基金管理公司，应当具备下列条件，并经国务院证券监督管理机构批准：①有符合本法和《公司法》规定的章程；②注册资本不低于1 亿元人民币，且必须为实缴货币资本；③主要股东具有从事证券经营、证券投资咨询、信托资产管理或者其他金融资产管理的较好的经营业绩和良好的社会信誉，最近3 年没有违法记录，注册资本不低于3 亿元人民币；④取得基金从业资格的人员达到法定人数；⑤有符合要求的营业场所、安全防范设施和与基金管理业务有关的其他设施；⑥有完善的内部稽核监控制度和风险控制制度；⑦法律、行政法规规定的和经国务院批准的国务院证券监督管理机构规定的其他条件。所以选 B。

(3)《证券投资基金法》第28 条规定，基金托管人与基金管理人不得为同一人，不得相互出资或者持有股份。所以选 C。

(4)《证券投资基金法》第15 条规定，下列人员不得担任基金管理人的基金从业人员：①因犯有贪污贿赂、渎职、侵犯财产罪或者破坏社会主义市场经济秩序罪，被判处刑罚的；②对所任职的公司、企业因经营不善破产清算或者因违法被吊销营业执照负有个人责任的董事、监事、厂长、经理及其他高级管理人员，自该公司、企业破产清算终结或者被吊销营业执照之日起未逾5 年的；③个人所负债务数额较大，到期未清偿的；④因违法行为被开除的基金管理人、基金托管人、证券交易所、证券公司、证券登记结算机构、期货交易所、期货经纪公司及其他机构的从业人员和国家机关工作人员；⑤因违法行为被吊销执业证书或者被取消资格的律师、注册会计师和资产评估机构、验证机构的从业人员、投资咨询从业人员。所以选 D。

■ 第三节 基金托管人

一、基金托管人的资格

基金托管人与基金管理人是共同受托人，其主要职责是托管基金财产，包括保管基金财产，办理结算、支付业务等。基金财产主要是现金、存款以及股票、债券等金融资产，而且数额巨大，应当由具有安全保管金融资产的资本基础、专业能力和技术、管理设施，并具有良好的结算支付系统的金融机构，担任基金托管人。商业银行是金融体系的核心，是社会的信用中介，本身是存款机构，并承担着社会的支付和结算功能。依照现行《商业银行法》的规定，设立商业银行应当符合严格的资格条件，如注册资本最低限额为10亿元人民币，有具备任职专业知识和业务工作经验的董事长、总经理和其他高级管理人员，有健全的组织机构和管理制度，有符合要求的营业场所、安全防范设施等。因此，商业银行资本雄厚，专业管理力量强大，技术设施和内部风险控制制度健全，同时还具有完善的结算系统和支付系统。可以说，商业银行具有有效履行基金托管职责的便利条件和可靠条件，由商业银行担任基金托管人，有利于保证基金财产的安全。法律将基金托管人的范围限定为商业银行，是符合我国证券投资基金市场发展实际需要的。依照规定，除依法设立并取得基金托管资格的商业银行外，其他机构不得担任基金托管人。

二、基金托管人的条件

申请取得基金托管资格，应当具备下列条件，并经国务院证券监督管理机构和国务院银行业监督管理机构核准：

（1）净资产和资本充足率符合有关规定。

（2）设有专门的基金托管部门。

（3）取得基金从业资格的专职人员达到法定人数。

（4）有安全保管基金财产的条件。

（5）有安全高效的清算、交割系统。

（6）有符合要求的营业场所、安全防范设施和与基金托管业务有关的其他设施。

（7）有完善的内部稽核监控制度和风险控制制度。

（8）法律、行政法规规定的和经国务院批准的国务院证券监督管理机构、国务院银行业监督管理机构规定的其他条件。

三、基金托管人的职责

根据《证券投资基金法》的规定，基金托管人应当履行下列职责：

(1) 安全保管基金财产。

(2) 按照规定开设基金财产的资金账户和证券账户。

(3) 对所托管的不同基金财产分别设置账户，确保基金财产的完整与独立。

(4) 保存基金托管业务活动的记录、账册、报表和其他相关资料。

(5) 按照基金合同的约定，根据基金管理人的投资指令，及时办理清算、交割事宜。

(6) 办理与基金托管业务活动有关的信息披露事项。

(7) 对基金财务会计报告、中期和年度基金报告出具意见。

(8) 复核、审查基金管理人计算的基金资产净值和基金份额申购、赎回价格。

(9) 按照规定召集基金份额持有人大会。

(10) 按照规定监督基金管理人的投资运作。

(11) 国务院证券监督管理机构规定的其他职责。

四、基金托管人行为禁止

根据《证券投资基金法》的规定，基金托管人不得从事下列行为：

(1) 将其固有财产或者他人财产混同于基金财产从事证券投资。

(2) 不公平地对待其管理的不同基金财产。

(3) 利用基金财产为基金份额持有人以外的第三人谋取利益。

(4) 向基金份额持有人违规承诺收益或者承担损失。

(5) 依照法律、行政法规有关规定，由国务院证券监督管理机构规定禁止的其他行为。

五、基金托管人职责终止

根据《证券投资基金法》规定，在下列情形下基金托管人职责终止：

(1) 被依法取消基金托管资格。

(2) 被基金份额持有人大会解任。

(3) 依法解散、被依法撤销或者被依法宣告破产。

(4) 基金合同约定的其他情形。

8－3　下列有关基金托管人的表述哪些是正确的？

A. 基金托管人应该对基金财务会计报告、中期和年度基金报告出具意见

B. 基金持有人大会可以解任基金托管人

C. 当基金管理人的运作违法时基金托管人可以对基金管理人的账户采取平仓措施

D. 当基金托管人有重大违法行为时证监会和银监会都有权取消其基金托管资格

________ ABD。

(1)《证券投资基金法》第29条规定，基金托管人应当履行下列职责：①安全保管基金财产；②按照规定开设基金财产的资金账户和证券账户；③对所托管的不同基金财产分别设置账户，确保基金财产的完整与独立；④保存基金托管业务活动的记录、账册、报表和其他相关资料；⑤按照基金合同的约定，根据基金管理人的投资指令，及时办理清算、交割事宜；⑥办理与基金托管业务活动有关的信息披露事项；⑦对基金财务会计报告、中期和年度基金报告出具意见；⑧复核、审查基金管理人计算的基金资产净值和基金份额申购、赎回价格；⑨按照规定召集基金份额持有人大会；⑩按照规定监督基金管理人的投资运作；⑪国务院证券监督管理机构规定的其他职责。因此，应选A。

(2)《证券投资基金法》第33条规定，有下列情形之一的，基金托管人职责终止：①被依法取消基金托管资格；②被基金份额持有人大会解任；③依法解散、被依法撤销或者被依法宣告破产；④基金合同约定的其他情形。所以选择B。

(3) 依据《证券投资基金法》的规定，基金管理人独立运作基金份额，基金托管人无权干预。所以C项不是正确选择。

(4)《证券投资基金法》第32条规定，国务院证券监督管理机构和国务院银行业监督管理机构对有下列情形之一的基金托管人，依据职权责令整顿，或者取消基金托管资格：①有重大违法违规行为；②不再具备本法第26条规定的条件；③法律、行政法规规定的其他情形。因此，选D。

■ 第四节 基金份额的募集、交易、申购和赎回

一、基金份额的募集

(一) 基金份额募集的程序

基金管理人依照本法发售基金份额，募集基金，应当向国务院证券监督管理机构提交下列文件，并经国务院证券监督管理机构核准：

(1) 申请报告。

（2）基金合同草案。

（3）基金托管协议草案。

（4）招募说明书草案。

（5）基金管理人和基金托管人的资格证明文件。

（6）经会计师事务所审计的基金管理人和基金托管人最近3年或者成立以来的财务会计报告。

（7）律师事务所出具的法律意见书。

（8）国务院证券监督管理机构规定提交的其他文件。

（二）基金合同内容

基金合同应当包括下列内容：

（1）募集基金的目的和基金名称。

（2）基金管理人、基金托管人的名称和住所。

（3）基金运作方式。

（4）封闭式基金的基金份额总额和基金合同期限，或者开放式基金的最低募集份额总额。

（5）确定基金份额发售日期、价格和费用的原则。

（6）基金份额持有人、基金管理人和基金托管人的权利、义务。

（7）基金份额持有人大会召集、议事及表决的程序和规则。

（8）基金份额发售、交易、申购、赎回的程序、时间、地点、费用计算方式，以及给付赎回款项的时间和方式。

（9）基金收益分配原则、执行方式。

（10）作为基金管理人、基金托管人报酬的管理费、托管费的提取、支付方式与比例。

（11）与基金财产管理、运用有关的其他费用的提取、支付方式。

（12）基金财产的投资方向和投资限制。

（13）基金资产净值的计算方法和公告方式。

（14）基金募集未达到法定要求的处理方式。

（15）基金合同解除和终止的事由、程序以及基金财产清算方式。

（16）争议解决方式。

（17）当事人约定的其他事项。

二、基金份额的交易

封闭式基金的基金份额，经基金管理人申请，国务院证券监督管理机构核准，可以在证券交易所上市交易。国务院证券监督管理机构可以授权证券交易所依照法定条件和程序核准基金份额上市交易。

(一) 基金份额上市交易的含义

根据《证券投资基金法》第5条的规定，封闭式基金的基金份额可以在依法设立的证券交易场所交易，采用其他运作方式的基金，如果需要上市交易，授权国务院另作规定。因此，本章所说的基金份额上市交易专指封闭式基金的基金份额的上市交易。基金份额的上市交易，是指经基金管理人申请，国务院证券监督管理机构核准，基金份额在证券交易所挂牌，采用公开集中竞价方式进行买卖。

(二) 基金份额上市交易的核准

基金份额上市交易，涉及众多投资者的利益，与证券及其他金融领域关系密切，应当按照法律规定的条件和程序进行核准。从本质上讲，基金份额是广义上的证券的一种，因此，关于基金份额上市交易核准的规定与证券法关于证券上市交易核准的规定基本一致。根据有关规定，目前基金份额上市交易的核准程序是：

(1) 基金管理人向证券交易所提交上市交易申请书、上市公告书、基金募集申请核准文件、基金份额发售文件、基金合同、基金托管协议、验资报告、基金管理人和基金托管人资格证明文件、基金财产托管证明文件等，向证券交易所申请基金份额上市交易。

(2) 证券交易所对基金管理人提交的文件进行审查，对符合上市交易条件的，出具审查意见，拟订上市交易时间，并附相关文件，报国务院证券监督管理机构核准。

(3) 国务院证券监督管理机构对证券交易所提交的文件按照规定进行审查，作出核准或者不予核准的决定，并通知证券交易所和基金管理人，不予核准的应当说明理由。

(4) 基金份额上市交易申请经国务院证券监督管理机构核准的，由证券交易所出具上市通知书，并与基金管理人订立上市交易协议，安排基金份额上市交易。

(三) 基金份额上市交易条件

基金份额上市交易须满足下列条件：

(1) 基金的募集符合《证券投资基金法》规定。

(2) 基金合同期限为5年以上。

(3) 基金募集金额不低于2亿元人民币。

(4) 基金份额持有人不少于1000人。

(5) 基金份额上市交易规则规定的其他条件。

（四）基金份额上市交易的终止

下列情形下基本份额上市交易终止：

（1）不再具备《证券投资基金法》第48条规定的上市交易条件。

（2）基金合同期限届满。

（3）基金份额持有人大会决定提前终止上市交易。

（4）基金合同约定的或者基金份额上市交易规则规定的终止上市交易的其他情形。

三、开放式基金的基金份额的申购、赎回和登记

（一）基金份额的申购与赎回

根据《证券投资基金法》第5条的规定，开放式基金的基金份额可以在基金合同约定的时间和场所申购或者赎回，采用其他运作方式的基金，其基金份额申购、赎回的具体办法，授权国务院另作规定。因此，本章所说的基金份额的申购或者赎回，专指开放式基金的基金份额的申购或者赎回。基金份额申购，是指投资人按照基金份额申购价格，申请购买基金管理人管理的开放式基金的基金份额。基金份额赎回，是指基金份额持有人按照基金份额赎回价格，要求基金管理人购回其所持有的开放式基金的基金份额。开放式基金的基金管理人办理基金份额的申购、赎回业务，是其重要职责之一。同时，基金管理人作为专业理财机构，应当将其工作重点放在基金财产的投资运作上，以最大限度的发挥其专家理财优势。此外，虽然本法对基金管理人的资本、营业设施和人员有严格的要求，但办理基金份额申购、赎回事务需要大量的人才、机构，需要强大的销售网络和结算系统。为了使基金管理人专注于基金财产的投资运作业务，扩大基金份额的发售量，方便投资者办理基金份额的申购、赎回业务，基金管理人除自行办理部分基金份额的申购、赎回业务外，也可以委托商业银行、证券公司等机构，利用其业务网络办理基金份额的申购、赎回业务。基金管理人委托他人代为办理基金份额的申购、赎回业务的，应当与该机构签订委托代理协议，并经国务院证券监督管理机构审查认定。申请开办基金份额申购、赎回业务的机构，应当符合下列条件：设有专门管理基金份额申购、赎回业务的部门；有足够的取得基金从业资格的专职人员；有便利、有效的商业网络；有安全、高效的办理基金份额申购、赎回业务的技术设施；国务院证券监督管理机构规定的其他条件。

（二）基金份额的登记

基金份额的登记，是指基金份额登记机构为投资人办理因基金份额的认购、申购、赎回以及其他情形，而导致的基金份额持有人和基金份额持有人所持基金份额数额变更的登记，以及因基金分红而导致的基金份额持有人权益变更的登记事宜。为了使基金管理人专注于基金财产的投资运作业务，扩大基金份额的发售数量，方便投资者办理基金份额登记事宜，基金管理人除自行办理基金份额登记业务外，也可以委托商业银行、登记结算公司等机构，利用其业务网络办理基金份额登记业务。基金管理人委托他人代为办理基金份额登记事宜的，应当与该机构签订委托代理协议，并经国务院证券监督管理机构审查认定。接受基金管理人的委托，代为办理基金份额登记业务的机构的主要职责是：建立并管理投资人基金份额账户；负责基金份额的登记；基金交易确认；代理发放红利；建立并保管基金份额持有人名册；登记代理协议规定的其他职责。

8－4　下列有关基金份额上市交易的表述哪些是正确的？

A．基金公司最近连续2年分红

B．基金募集份额不少于5亿元人民币

C．基金份额持有人不少于1000人

D．基金管理人、基金托管人财务会计报告没有虚假记载

________ C。《证券投资基金法》第48条规定，基金份额上市交易，应当符合下列条件：①基金的募集符合本法规定；②基金合同期限为5年以上；③基金募集金额不低于2亿元人民币；④基金份额持有人不少于1000人；⑤基金份额上市交易规则规定的其他条件。从上述规定可见，除了C选项是正确的，其他选项要么是错误的，要么根本不存在。

■ 第五节　基金投资及信息披露

一、基金投资

基金管理人运用基金财产进行证券投资，应当采用资产组合的方式。资产组合的具体方式和投资比例，依照《证券投资基金法》和国务院证券监督管理机构的规定在基金合同中约定。依据《证券投资基金法》第58条的规定，基金财产应当用于下列投资：①上市交易的股票、债券；②国务院证券监督管理机构规定的其他证券品种。但基金财产不得用于下列投资或者活动：①承销证券；②向他人贷款或者提供担保；③从事承担无限责任的投资；④买卖其他基金份额，但是国务院另有规定的除外；⑤向其基金管理人、基金托管人出资或者买卖其基金管理人、基金托管人发行的股票或者债券；⑥买卖与其基金管理人、基金托管人有控股关系的股东或者与其基金管理人、基金托管人有其他重大利害关系的公司

发行的证券或者承销期内承销的证券；⑦从事内幕安易、操纵证券交易价格及其他不正当的证券交易活动；⑧依照法律、行政法规有关规定，由国务院证券监督管理机构规定禁止的其他活动。

8-5（2008 年司法考试多选）关于证券投资基金运用基金财产进行投资的范围，下列哪些选项是正确的？

A. 可以买卖该基金管理人发行的债券

B. 可以买卖上市交易的股票、债券

C. 不得从事承担无限责任的投资

D. 不得用于承销证券

________ BCD。《证券投资基金法》第 59 条规定："基金财产不得用于下列投资或者活动：①承销证券；②向他人贷款或者提供担保；③从事承担无限责任的投资；④买卖其他基金份额，但是国务院另有规定的除外；⑤向其基金管理人、基金托管人出资或者买卖其基金管理人、基金托管人发行的股票或者债券；⑥买卖与其基金管理人、基金托管人有控股关系的股东或者与其基金管理人、基金托管人有其他重大利害关系的公司发行的证券或者承销期内承销的证券；⑦从事内幕交易、操纵证券交易价格及其他不正当的证券交易活动；⑧依照法律、行政法规有关规定，由国务院证券监督管理机构规定禁止的其他活动。"因此可知 A 项是错误的，BCD 是正确的。

二、基金管理人、基金托管人和其他基金信息披露义务人的信息披露义务

为加强对证券投资基金信息披露的管理，保护基金投资人的合法权益和社会公共利益，法律明确规定基金管理人、基金托管人和其他基金信息披露义务人应当依法披露基金信息，并保证所披露信息的真实性、准确性和完整性，这是基金信息披露义务人必须遵守的法律规范。

基金信息披露义务人应当依法公开披露的基金信息，依照《证券投资基金法》第 62 条的规定，主要包括：①基金招募说明书、基金合同、基金托管协议；②基金募集情况；③基金份额上市交易公告书；④基金资产净值、基金份额净值；⑤基金份额申购、赎回价格；⑥基金财产的资产组合季度报告、财务会计报告及中期和年度基金报告；⑦临时报告；⑧基金份额持有人大会决议；⑨基金管理人、基金托管人的专门基金托管部门的重大人事变动；⑩涉及基金管理人、基金财产、基金托管业务的诉讼；⑪依照法律、行政法规有关规定，由国务院证券监督管理机构规定应予披露的其他信息。上列各项基金信息是基金投资人进行投资决策的重要依据，法律要求基金信息披露义务人保证所披露的基金信息应当是真实、准确和完整的。所谓真实性，是指基金信息的内容必须反映实际情况，不得弄虚作假；所谓准确性，是指基金信息应当按照规定的格式制作，对有关情况所作的陈述和提供的数据与实际情况应当符合，不得有误导性陈述；所谓完整性，是指基金信息披露的各项文件应当齐全，符合法定要求，内容应当完整，不得有遗漏。

基金信息披露义务人应当确保应予披露的基金信息在国务院证券监督管理机构规定时间内披露，并保证投资人能够按照基金合同约定的时间和方式查阅或者复制公开披露的信息资料。对公开披露的基金信息出具审计报告或者法律意见书的会计师事务所、律师事务所，应当保证其所出具文件内容的真实性、准确性和完整性。

公开披露基金信息，不得有下列行为：①虚假记载、误导性陈述或者重大遗漏；②对证券投资业绩进行预测；③违规承诺收益或者承担损失；④诋毁其他基金管理人、基金托管人或者基金份额发售机构；⑤依照法律、行政法规有关规定，由国务院证券监督管理机构规定禁止的其他行为。

8-6 下列有关基金管理公司信息披露表述错误的有哪些？

A. 基金信息披露人应当披露基金公司收购报告

B. 基金信息披露人应当披露基金业绩预测研究报告

C. 基金信息披露人应当披露基金托管人法定代表人的变动

D. 基金信息披露人应当披露基金公司不依法分配引发的诉讼

__________ AB。

(1)《证券投资基金法》第62条规定，基金信息披露人应当披露下列信息：①基金招募说明书、基金合同、基金托管协议；②基金募集情况；③基金份额上市交易公告书；④基金资产净值、基金份额净值；⑤基金份额申购、赎回价格；⑥基金财产的资产组合季度报告、财务会计报告及中期和年度基金报告；⑦临时报告；⑧基金份额持有人大会决议；⑨基金管理人、基金托管人的专门基金托管部门的重大人事变动；⑩涉及基金管理人、基金财产、基金托管业务的诉讼；⑪依照法律、行政法规有关规定，由国务院证券监督管理机构规定应予披露的其他信息。这些信息中不包括所谓的“基金公司收购报告”，所以，A是正确选项，包括重大人事变动和有关基金管理人、基金财产的诉讼，因此，C、D项是正确的表述，不在答案之内。

(2) 基金信息披露义务人在披露信息时，不得对证券投资业绩进行预测，因此，B 项符合本题要求。

■ 第六节 基金监管

一、基金监管的主管机构

依据《证券投资基金法》总则的规定，国务院证券监督管理机构依法对证券投资基金活动实施监督管理。

（一）国务院证券监督管理机构的职责

国务院证券监督管理机构依法履行下列职责：

（1）依法制定有关证券投资基金活动监督管理的规章、规则，并依法行使审批或者核准权。

（2）办理基金备案。

（3）对基金管理人、基金托管人及其他机构从事证券投资基金活动进行监督管理，对违法行为进行查处，并予以公告。

（4）制定基金从业人员的资格标准和行为准则，并监督实施。

（5）监督检查基金信息的披露情况。

（6）指导和监督基金同业协会的活动。

（7）法律、行政法规规定的其他职责。

（二）国务院证券监督管理机构依法采取的措施

国务院证券监督管理机构依法履行职责，有权采取下列措施：

（1）进入违法行为发生场所调查取证。

（2）询问当事人和与被调查事件有关的单位和个人，要求其对与被调查事件有关的事项作出说明。

（3）查阅、复制当事人和与被调查事件有关的单位和个人的证券交易记录、登记过户记录、财务会计资料及其他相关文件和资料，对可能被转移或者隐匿的文件和资料予以封存。

（4）查询当事人和与被调查事件有关的单位和个人的资金账户、证券账户或者基金账户，对有证据证明有转移或者隐匿违法资金、证券迹象的，可以申请司法机关予以冻结。

（5）法律、行政法规规定的其他措施。

国务院证券监督管理机构依法履行职责时，被调查、检查的单位和个人应当配合，如实提供有关文件和资料，不得拒绝、阻碍和隐瞒。国务院证券监督管理机构依法履行职责，发现违法行为涉嫌犯罪的，应当将案件移送司法机关处理。

二、自律机构

《证券投资基金法》第10条规定，基金管理人、基金托管人和基金份额发售机构，可以成立同业协会，加强行业自律，协调行业关系，提供行业服务，促进行业发展。

加强与完善行业自律管理，对维护证券市场秩序，保护投资者合法权益，促进证券投资基金规范发展，具有政府监管不可替代的重要作用：①行业自律管理，发现问题及时，解决问题针对性强；②自我约束，规范到位，效果比较好；③作为连接政府与市场的桥梁和纽带，除了可以为会员提供相互交流与沟通的平台，还可以将会员面临的困难与问题，对市场发展的意见和建议，及时反映给政府，以维护会员的合法权益，提升行业信誉，促进行业发展。

为了充分发挥行业自律管理的作用，提高行业自律管理的能力和水平，有必要明确自律组织的法律地位，加强对自律组织的管理，促进自律组织发展，据此，《证券投资基金法》第10条规定，基金管理人、基金托管人和基金份额发售机构，可以成立同业协会，加强行业自律，协调行业关系，提供行业服务，促进行业发展。该条规定包括三层含义：

（1）明确同业协会的法律地位。允许同业协会合法存在，促进同业协会规范发展。基金管理人、基金托管人和基金份额发售机构可以依法成立同业协会，任何机构、组织或者个人不得刁难。

（2）明确同业协会的自律性质。同业协会由会员组成，依据法律、行政法规和会员大会通过的章程、业务规则、行业纪律实行自律管理，任何机构、组织或者个人不得非法干预。

（3）明确同业协会的职责。通过资格管理、法规培训、业务交流及章程规定的其他方式，加强行业自律，协调行业关系，提供行业服务，促进行业发展。

政府监管机构要依法加强对同业协会的指导，支持同业协会的工作，发挥同业协会的作用；同业协会也要依法接受政府监管机构的监管。

8－7　下列有关基金监管错误的说法是

A. 监管部门为中国人民银行

B. 监管部门可以封存当事人的证券交易记录

C. 监管人员工作时必须有2人以上在场

D. 监管部门可以检查基金管理公司的财务会计报告

________ BCD。

（1）根据《证券投资基金法》的规定，基金监管部门为国务院证券监督管理委员会。所以A是错误的选项。

（2）《证券投资基金法》第77条规定，国务院证券监督管理机构依法履行职责，有权采取下列措施：①进入违法行为发生场所调查取证；②询问当事人和与被调查事件有关的单位和个人，要求其对与被调查事件有关的事项作出说明；③查阅、复制当事人和与被调查事件有关的单位和个人的证券交易记录、登记过户记录、财务会计资料及其他相关文件和资料，对可能被转移或者隐匿的文件和资料予以封存；④查询当事人和与被调查事件有关的单位和个人的资金账户、证券账户或者基金账户，对有证据证明有转移或者隐匿违法资金、证券迹象的，可以申请司法机关予以冻结；⑤法律、行政法规规定的其他措施。所以选B。

（3）《证券投资基金法》第78条规定，国务院证券监督管理机构工作人员依法履行职责，进行调查或者检查时，不得少于2人，并应当出示合法证件；对调查或者检查中知悉的商业秘密负有保密的义务。所以选C。

（4）《证券投资基金法》第76条规定，国务院证券监督管理机构依法履行下列职责：①依法制定有关证券投资基金活动监督管理的规章、规则，并依法行使审批或者核准权；②办理基金备案；③对基金管理人、基金托管人及其他机构从事证券投资基金活动进行监督管理，对违法行为进行查处，并予以公告；④制定基金从业人员的资格标准和行为准则，并监督实施；⑤监督检查基金信息的披露情况；⑥指导和监督基金同业协会的活动；⑦法律、行政法规规定的其他职责。所以选D。

■ 第七节　法律责任

一、基金管理人、基金托管人的法律责任

（1）基金管理人、基金托管人在履行各自职责的过程中，违反《证券投资基金法》规定或者基金合同约定，给基金财产或者基金份额持有人造成损害的，应当分别对各自的行为依法承担赔偿责任；因共同行为给基金财产或者基金份额持有人造成损害的，应当承担连带赔偿责任。

（2）《证券投资基金法》第45条规定，基金募集期间募集的资金应当存入专门账户，在基金募集行为结束前，任何人不得动用。基金管理人、基金托管人违反该规定，动用募集的资金的，责令返还，没收违法所得；违法所得50万元以上的，并处违法所得1倍以上5倍以下罚款；没有违法所得或者违法所得不足

50 万元的，并处 5 万元以上 50 万元以下罚款；对直接负责的主管人员和其他直接责任人员给予警告，并处 3 万元以上 30 万元以下罚款；给投资人造成损害的，依法承担赔偿责任；构成犯罪的，依法追究刑事责任。

（3）未经国务院证券监督管理机构核准，擅自从事基金管理业务或者基金托管业务的，责令停止，没收违法所得；违法所得 100 万元以上的，并处违法所得 1 倍以上 5 倍以下罚款；没有违法所得或者违法所得不足 100 万元的，并处 10 万元以上 100 万元以下罚款；给基金财产或者基金份额持有人造成损害的，依法承担赔偿责任；对直接负责的主管人员和其他直接责任人员给予警告，并处 3 万元以上 30 万元以下罚款；构成犯罪的，依法追究刑事责任。

（4）基金管理人不得有下列行为：①将其固有财产或者他人财产混同于基金财产从事证券投资；②不公平地对待其管理的不同基金财产；③利用基金财产为基金份额持有人以外的第三人谋取利益；④向基金份额持有人违规承诺收益或者承担损失；⑤依照法律、行政法规有关规定，国务院证券监督管理机构规定禁止的其他行为。基金管理人、基金托管人有上述行为之一的，责令改正，没收违法所得；违法所得 100 万元以上的，并处违法所得 1 倍以上 5 倍以下罚款；没有违法所得或者违法所得不足 100 万元的，并处 10 万元以上 100 万元以下罚款；给基金财产或者基金份额持有人造成损害的，依法承担赔偿责任；对直接负责的主管人员和其他直接责任人员给予警告，暂停或者取消基金从业资格，并处 3 万元以上 30 万元以下罚款；构成犯罪的，依法追究刑事责任。

（5）基金管理人、基金托管人违反《证券投资基金法》规定，相互出资或者持有股份的，责令改正，可以处 10 万元以下罚款。

（6）基金管理人或者基金托管人不按照规定召集基金份额持有人大会的，责令改正，可以处 5 万元以下罚款；对直接负责的主管人员和其他直接责任人员给予警告，暂停或者取消基金从业资格。

（7）基金管理人、基金托管人的专门基金托管部门的从业人员违反《证券投资基金法》第 18 条规定，给基金财产或者基金份额持有人造成损害的，依法承担赔偿责任；情节严重的，取消基金从业资格；构成犯罪的，依法追究刑事责任。

（8）基金信息披露义务人不依法披露基金信息或者披露的信息有虚假记载、误导性陈述或者重大遗漏的，责令改正，没收违法所得，并处 10 万元以上 100 万元以下罚款；给基金份额持有人造成损害的，依法承担赔偿责任；对直接负责的主管人员和其他直接责任人员给予警告，暂停或者取消基金从业资格，并处 3 万元以上 30 万元以下罚款；构成犯罪的，依法追究刑事责任。

二、证券监督管理机构及其工作人员的法律责任

证券监督管理机构工作人员玩忽职守、滥用职权、徇私舞弊或者利用职务上的便利索取或者收受他人财物的，依法给予行政处分；构成犯罪的，依法追究刑事责任。

三、其他有关人员的法律责任

在证券投资基金活动中，其他有关人员可能承担的法律责任包括以下几项：

（1）为基金信息披露义务人公开披露的基金信息出具审计报告、法律意见书等文件的专业机构就其所应负责的内容弄虚作假的，责令改正，没收违法所得，并处违法所得1倍以上5倍以下罚款；情节严重的，责令停业，暂停或者取消直接责任人员的相关资格；给基金份额持有人造成损害的，依法承担赔偿责任；构成犯罪的，依法追究刑事责任。

（2）未经国务院证券监督管理机构核准，擅自募集基金的，责令停止，返还所募资金和加计的银行同期存款利息，没收违法所得，并处所募资金金额1%以上5%以下罚款；构成犯罪的，依法追究刑事责任。

（3）违反规定，未经批准；擅自设立基金管理公司的，由证券监督管理机构予以取缔，并处5万元以上50万元以下罚款；构成犯罪的，依法追究刑事责任。

第九章　票据法律制度

■ 第一节　票据概述

一、票据的概念和特征

票据有广狭二义。广义的票据是指商业活动中的一切凭证，即各种有价证券和凭证，如股票、发票、汇票、提单等。狭义的票据是指票据法规定的汇票、本票和支票。我们这里所要研究的是狭义的票据。从这种意义上讲，票据是指发票人依法发行的，由自己无条件支付或委托他人无条件支付一定金额的有价证券。

从票据的概念及其含义可以看出，票据有以下一些法律特征：票据是有价证券、要式证券、无因证券、流通证券和文义证券。

9－1（2008 年司法考试单选）张某向李某背书转让面额为 10 万元的汇票作为购买房屋的价金，李某接受汇票后背书转让给第三人。如果张某与李某之间的房屋买卖合同被合意解除，则张某可以行使下列哪一权利？

A. 请求李某返还汇票

B. 请求李某返还 10 万元现金

C. 请求从李某处受让汇票的第三人返还汇票

D. 请求付款人停止支付票据上的款项

________ B。票据是无因证券。票据上的法律关系是一种单纯的金钱支付关系，权利人享有票据权利只以持有符合票据法规定的有效票据为必要。至于票据赖以发生的原因，在所不问。即使原因关系无效或有瑕疵，均不影响票据的效力。张某可依民法上的不当得利请求李某返还价金。故 A、C、D 项是不正确的。

二、票据的种类

对于票据的种类，从世界各国的规定看不尽相同。如日本的法规规定汇票、本票、支票均为票据；英美等国家的票据法则规定，票据指汇票和本票，支票则包含于汇票之中。德国、法国、意大利的商法以及日内瓦统一票据法则认为，汇票和本票是票据，支票是与之并列的另一种证券，并单独立法加以规范。从我国情况看，无论是在旧中国，还是在今天，票据一直是指汇票、本票和支票。我国《票据法》第2条规定："在中华人民共和国境内的票据活动，适用本法。本法所称票据，是指汇票、本票和支票。"

9－2（2002年司法考试多选）依据我国《票据法》，下列有关本票与支票的表述中哪些是正确的?

A. 本票包括银行本票和商业本票

B. 本票的基本当事人为出票人、付款人和收款人

C. 支票限于见票即付，不得另行记载付款日期

D. 支票可以背书转让

________ CD。《票据法》第90条规定："支票限于见票即付，不得另行记载付款日期。另行记载付款日期的，该记载无效。"因此，C项正确。《票据法》第93条第1款规定："支票的背书、付款行为和追索权的行使，除本章规定外，适用本法第二章有关汇票的规定。"因此，D项正确。我国《票据法》只允许签发银行本票，而不允许签发商业本票。《票据法》第73条规定："本票是出票人签发的，承诺自己在见票时无条件支付确定的金额给收款人或者持票人的票据。本法所称本票，是指银行本票。"因此，A项不正确。本票是承诺自己付款，所以，本票的基本当事人只有两人：出票人与收款人，而无付款人，B项不正确。

三、票据的作用

票据作为商品经济中的重要工具，主要有以下几个作用：

（一）汇兑作用

票据可以起到异地支付款项的作用，这就是汇兑作用。通常由汇款人将款项交存银行，由银行作为出票人将签发的汇票寄往异地或交汇款人持往异地，持票人向异地银行兑取现金或凭之办理转账结算。这样做一方面比使用现金方便，节省时间；另一方面又比较安全，节约费用。

（二）流通作用

票据可以代替现金作为流通手段和支付手段。票据流通源于背书制度的出现，背书的主要目的是转让票据。背书的次数越多，票据的信誉也就越高；担保付款的人也就越多。因此，与流通的货币基本相同。

（三）信用工具作用

票据的信用工具作用实际上是"人的信用证券化"。现代贸易中，当事人之

间可以使用票据约定一定期限付款。而在票据到期之前，票据的持有人可以利用出票人和承兑人的信用不停地转让票据。在这种情况下，持票人实际上取得了一定时期的信用关系。取得票据的人可以把票据送到银行去贴现取得现款，也可以通过背书将票据交付他人。同时，票据可以作为债务的担保，即债务人向债权人借款时，为使债权人得到保障，债务人签发本票请求具有资力的人在本票上背书，或者签发汇票请求具有资力的人进行承兑，这样都使票据的付款得到保障，也就是加强了债务人的信用。

（四）支付工具作用

票据最早是作为支付工具出现的。汇票、支票是委托他人付款；本票则是自己付款。这是票据最原始、最简单的作用。其主要功能就是代替现金的使用，可以达到安全、迅速、准确的目的，加速资金的周转，提高资金的使用效益。

（五）融资手段的作用

票据的融资作用主要是通过票据贴现来实现的，票据贴现是指持票人把未到期的承兑汇票提交银行，银行在扣除规定的贴现利息后把票款交付给持票人。等票据到期时，银行再向付款人收款。银行的行为实际上是向持票人提供资金，持票人得到资金，加速了资金的周转。

■ 第二节 票据法概述

一、票据法的概念

简单概括，票据法就是调整票据关系的法律规范的总称。具体来讲，票据法是规定票据的种类、签发、转让和票据当事人权利、义务等内容的法律规范的总称。票据法有广义和狭义之分，广义上的票据法是指一切适用于票据的法律规范的总称，除狭义上的票据法外，还包括民商法、刑法、行政法、诉讼法中有关票据的法律规范。如民法关于票据代理的规定；诉讼法中关于公示催告制度以及除权判决的规定；刑法关于伪造有价证券罪的规定；商业银行法中关于票据贴现的规定等。狭义上的票据法仅指针对票据所作的专门立法及其有关规定，如《中华人民共和国票据法》。

二、票据法的立法体例

在民商分立的国家，票据法被认为是传统商法的特别法或部门法，而商法典为票据法的普通法，票据法往往规定在商法中；在民商合一的国家，票据法是民法的特别法或者部门法，票据法往往采用单独立法的模式。在大陆法系国家，票据法是成文法，制定法；在以判例为主的英美法系国家，票据法同样也属于成文法的范畴，包括在该法系国家的商法典中。

三、票据法的特征

不管票据法的立法体例如何，与一般的民商法比较，票据法具有自己的特点。

1. 票据法的强制性。票据法虽然属于民商法的范畴，但从法律规范的性质上讲却很少体现民商法的基本特点，即任意性规范在民商法的规则中占据绝大部分，但在票据法中任意性规范却较少采用。票据法的规范具有较强的强制性特征。这种特征的基本体现是票据法中的规定不允许当事人之间的协商改变或者违背。票据的种类不允许创设，票据的要式行为规则被强制遵守。如《票据法》第22条规定："汇票必须记载下列事项：①表明'汇票'的字样；②无条件支付的委托；③确定的金额；④付款人名称；⑤收款人名称；⑥出票日期；⑦出票人签章。汇票上未记载前款规定事项之一的，汇票无效。"再如，《票据法》第27条第2款规定："出票人在汇票上记载'不得转让'字样的，汇票不得转让。"这样的规定在票据法中是一种常态，充分说明票据法规范的强制性特点。强行性的特点体现了安全、快捷、保护票据当事人权利的立法宗旨。

2. 票据法的技术性。法律规范，以其立法原旨是为维护伦理道德还是授予行为技术，可以分为道德性规范和技术性规范。票据法中的规范大多符合技术性规范的要求，即票据法中的内容是规定如何实施票据行为，怎样行使票据权利，如何保全票据，票据如何承兑、如何背书、如何保证，在不能得到付款的情况下如何行使追索权等，这些规定都具有一定的技术性特点。当然，这些技术性规定并非没有维护道德的含义，但并不是法律规范规定的重点所在。

3. 票据法的国际性。票据法虽然属于一国之法，但国际化趋势不可避免。很多法律规范规则体现的国家主权、国家利益、社会公德等在票据法中意义不大。由于票据法调整的票据关系是一种商业活动关系，票据在此更多地担负资金流转或者流通的职能，因此，国际一体化经济的发展和要求是尽量减少不同法系、不同国家的票据冲突，为了贸易活动的正常开展，票据的统一是大势所趋。实际上票据统一运动一直没有停止。《日内瓦统一票据法公约》就是这种国际性的直接体现。

四、票据法的调整范围及立法宗旨

《票据法》第2条规定："在中华人民共和国境内的票据活动，适用本法。本法所称票据，是指汇票、本票和支票。"第1条规定："为了规范票据行为，保障票据活动中当事人的合法权益，维护社会经济秩序，促进社会主义市场经济的发展，制定本法。”

五、票据法上的法律关系

票据法上的法律关系分为两类：一类是票据关系；另一类是非票据关系。

（一）票据关系

1. 票据关系的概念。票据关系是指票据当事人基于票据行为而在当事人之间产生的债权债务关系。如基于出票而在出票人与收款人之间产生债权债务关系、基于汇票的承兑而在承兑人与持票人之间产生的债权债务关系等。票据关系中的权利称作票据权利，只有持有票据的人才能行使票据权利，只有在票据上签章的人才必须履行其义务。所以票据关系是持有票据的债权人和在票据上签章的债务人之间的关系。

2. 票据关系的特征。票据关系是一种特殊的民事法律关系。它具有以下几个特点：①票据关系因票据行为而产生。票据行为包括出票、背书、承兑、保证、参加承兑等。如基于出票行为而产生的出票人与收款人之间的关系，收款人与付款人之间的关系；基于背书而产生的背书人与被背书人之间的关系，被背书人与付款人的关系，背书的前手与后手之间的关系；基于汇票的承兑而产生的收款人或持票人与承兑人之间的关系；基于汇票的参加承兑而产生的持票人与参加承兑人之间的关系，参加承兑人与被参加人之间的关系；基于因汇票和本票的保证而产生的保证人与持票人的关系，保证人在履行债务后对被保证人及其前手的关系等。票据行为是惟一能够引起票据关系发生的法律行为。票据行为之外的行为，无论是否合法，也不能产生票据权利义务关系。②票据关系的内容是票据权利义务关系。票据的权利义务关系究其实质是债权债务关系。这种债权债务关系包括两类：一是票据债权人的付款请求权与债务人的付款义务之间的关系；二是债权人的追索权与债务人的偿付义务之间的关系。③票据关系具有无因性的特点。所谓无因性是指票据的效力不受产生票据的原因的影响，票据一旦产生，票据效力与票据产生的原因没有关系。票据当事人的票据行为是独立的，某一行为的效力不影响另一行为的效力。

3. 票据关系的种类。票据关系的当事人因不同的票据而有所不同。由于票据法规定了三种不同的票据，因此，票据关系也可以分为三种：①汇票关系。其最基本的当事人包括出票人、收款人和付款人。②本票关系。其基本当事人包括出票人和收款人。③支票关系。其基本当事人也是出票人、付款人和收款人。

（二）非票据关系

票据关系可以说是票据当事人之间的基本法律关系，这种关系基于票据行为而产生，为了保障票据当事人的权利实现，票据法还做了一些特别的规定，基于这些规定产生的关系就是票据法上的非票据关系。这些非票据关系包括：

1. 票据返还的非票据关系。票据当事人行使票据权利必须持有票据，而持票人必须是真正的权利人。如果一方当事人出于恶意或者重大过失取得票据是不能享有票据权利的，因此，票据的正当权利人可以请求对方返还票据而发生非基于票据行为而产生的法律关系。

2. 利益返还的非票据关系。票据是债权证券，票据债权的取得一般均须支付相当的对价。当持票人因为一定的原因不能实现票据债权时，对通过票据交换而得到的利益或对价也应当返还。因此，我国《票据法》第18条规定："持票人因超过票据权利时效或者因票据记载事项欠缺而丧失票据权利的，仍享有民事权利，可以请求出票人或者承兑人返还其与未支付的票据金额相当的利益"。

六、票据的基础关系

票据的基础关系，是指票据当事人实施票据行为、发生票据关系的民法上的债权关系。其包括票据的原因关系、票据的资金关系、票据的预约关系。

1. 票据原因关系。票据当事人之间签发、转让、授受票据，必然存在一定的原因。这种作为票据授受原因而发生的法律关系，就是票据原因关系。票据的授受原因很多，比如，支付价金或者劳务费或者其他费用、借贷、支付定金、票据本身的买卖、担保、赠与等。

原因关系存在于授受票据的直接当事人之间，所以票据如经转手，其原因就必然断裂。因此，为了保护善意第三人的利益，各国票据法都采取原因关系与票据关系相分离的原则，即当事人之间授受票据，尽管是基于一定的原因，票据一经成立，就与其原因相脱离，不管这一原因关系是否有效，都不影响权利的效力。票据权利人在行使权利时，不用证明票据原因，票据债务人也不得以没有原因或原因无效为理由对善意持票人主张抗辩。

2. 票据资金关系。资金关系是存在于汇票发票人与付款人之间、支票发票人与银行之间的基础关系。汇票或支票发票人之所以委托付款人付款，付款人之所以付款，是因为他们之间有一定的约定。这种约定的主要情形有：发票人预先将资金交存于付款人，约定由付款人以该资金代为支付票据款项；付款人对发票人欠有债务，约定以支付票据款项作为偿还债务的替代方式等。

3. 票据预约关系。票据预约关系是基于票据当事人之间就授受票据达成的合同而发生的关系。票据当事人之间有了原因关系之后，在发出票据之前，还必须就票据的种类、金额、到期日、付款地等事项达成约定，这一约定就是预约。

七、票据立法及统一票据法运动

（一）我国的票据立法

我国的票据立法原则上可以分为旧中国和新中国两大部分。新中国成立后，国民党的法律被废除。建国初期，用行政办法管理票据，没有统一的票据法。此后随着社会主义改造任务的完成，商业信用、汇票、本票被禁用，在这种情况下，票据立法自然无从谈起。十一届三中全会以后，随着“对内搞活、对外开放”政策的实行，随着经济体制改革的深入和商品经济在我国的发展，票据制度在我国逐渐恢复。票据的内容在有关条例中被提到，地方立法也逐步进行。旧中国的票据立法是从清朝末年开始的，清末虽起草了一些有关票据的草案，但并未正式公布，因此也没有成文法。直到民国 17 年即 1928 年由国民党政府提出草案，到 1929 年通过，才有了我国的第一部成文法。其全文共 139 条，后来又经过多次修订。这时的票据法主要是参照日内瓦公约和德、日票据法制定并修改的。1982 年上海市人民银行制定了《票据承兑、贴现试行办法》，1988 年上海市人民政府又发布了《上海市票据暂行规定》。1988 年以后，为了适应有计划商品经济的发展的需要，中国人民银行于 1988 年 12 月 19 日颁布了《银行结算办法》。这个办法规定全面推行票据制度。《银行结算办法》是我国第一个全面性的票据法规，它的颁布与实施，为出台统一的票据法铺平了道路 。随着社会主义市场经济体制的确立和发展，为了规范票据行为，保障票据活动当事人的合法权益，维护社会经济秩序，1995 年 5 月 10 日第八届全国人民代表大会常务委员会第十三次会议通过并颁布了《中华人民共和国票据法》，该法于 1996 年 1 月 1 日施行。为了更好的执行票据法，1997 年中国人民银行制定并发布了《票据管理实施办法》，2000 年最高人民法院出台了《关于审理票据纠纷案件若干问题的规定》。

（二）票据法统一运动

法国是世界上最早出现票据成文法的国家。1673 年，法国路易十四时期发布了《陆上商事条例》，该条例以专章规定了票据规则。1808 年法国商法典在旧商法的基础上系统规定了汇票、本票的规则，1865 年又制定了《支票法》。德国于 1847 年以普鲁士邦法为基础制定了统一的《普通票据条例》，1908 年在此基础上又制定了《票据法》。英国是在判例及普通法基础上制定的《汇票法》，时间是 1882 年。美国受英国的影响，在 1896 年制定了《统一流通证券法》，其中规定了汇票、本票和支票。1952 年美国制定了《统一商法典》，专章规定了汇票、本票和支票。

各国在票据法上的不统一，给票据的流通带来不便。票据的冲突在所难免。

为了贸易活动不受票据本身的限制，早在19世纪后期，就开始了统一票据法的运动。1869年召开的意大利商业会议就提出了统一票据法的倡议。1873～1876年，国际法学会和国际法协会在海牙、不莱梅、布达佩斯等地召开过5次统一票据法的会议，但取得的成果不多。直到20世纪，统一的票据法会议才真正有了进展。1910年荷兰、德国、意大利提议在海牙召开了统一票据法的会议，有31个国家参加。但由于第一次世界大战爆发，统一工作停止。但该会议制定的两个票据法规则对欧洲各国的票据立法具有明显的示范作用。第一次世界大战后，国际联盟成立，统一票据法的运动重新进行。1930年国际联盟在日内瓦召开票据法统一会议，会上通过了《关于统一汇票、本票法公约》等3个公约，1931年又通过了《关于统一支票法公约》等3个公约。根据这些公约，德国、法国、日本等国家先后修改了本国的票据法，大陆法国家的票据法已基本趋于统一。日内瓦统一票据法公约的签署对大陆法系国家的票据法冲突给予了很好的解决，但世界范围内的票据法并没有得到完全的统一。自20世纪70年代开始，联合国国际贸易委员会通过一系列会议开始两大法系的票据法统一活动。1988年12月，联合国第四十三次大会通过《国际汇票本票公约》，并于1990年6月前开放签字。但由于该公约属于自由签署，参加国家不多，所以并没有足够的法律效力。

■ 第三节　票据行为

一、票据行为的概念及种类

票据行为是指以产生、变更、消灭票据上权利义务关系为目的的法律行为。票据行为可以分为基本票据行为和附属票据行为。基本票据行为是创造票据，能够引起票据法律关系发生的行为；附属票据行为是指能够引起票据法律关系的变更、消灭的行为。我国的《票据法》共规定了五种票据行为：出票、背书、承兑、付款、保证。其中出票是基本票据行为；其余均为附属票据行为。

二、票据行为的代理

代理是当事人进行民事法律行为的一种方式。票据行为是民事法律行为的一种，因此，民法中有关代理的规定同样适用于票据行为的代理。所谓代理是指代理人在代理范围内，以被代理人的名义独立与第三人为法律行为，由此产生的法律效果直接归属于被代理人的法律制度。民法中关于代理的规定适用于票据行为的代理，但票据行为毕竟是一种特别的法律行为，所以，其代理又有特殊的规定。

（一）票据代理有效要件

《票据法》第5条第1款规定："票据当事人可以委托其代理人在票据上签章，并应当在票据上表明其代理关系。"从这一规定可见，票据代理的有效必须符合下列条件：

1. 票据代理必须有代理关系。这种代理关系一般是指被代理人与代理人之间有授权关系。这是代理关系成立的前提条件。根据民法的规定，票据的代理也有委托代理、法定代理和指定代理三种。无论是哪一种代理，都应存在授权。没有授权是一种无权代理。

2. 代理人必须在票据上签章。票据代理是一种书面行为，而不是口头行为。代理人必须在票据上签章，才能产生代理的法律效力。这里的"签章"为签名、盖章或者签名加盖章。同时签章应为被代理人及代理人的共同签章。如果仅有被代理人的签章而没有代理人的签章，一般认为代理行为不成立。因为它容易形成票据签章的伪造。

3. 必须在票据上表明代理关系。票据代理人是受被代理人授权而进行的民事法律行为，这种行为的后果应当由被代理人负责。所以，票据上应表明这种代理关系。表明这种代理关系有两个目的：①便于持票人和其他第三人知道其代理关系；②使被代理人对这种代理关系承担票据责任。

（二）无权代理

无权代理是指没有被授予代理权的情况下代理人以被代理人的名义所进行的票据代理活动。从《民法通则》规定看，无权代理经过事后追认，其代理行为仍然有效。但由于票据在代理人签名以后会进入流通领域，如果其法律效力取决于被代理人的追认与否，会使票据代理的效力处于一种不稳定的状态，所以，票据代理不存在事后追认的问题。所以，《票据法》第5条第2款规定："没有代理权而以代理人名义在票据上签章的，应当由签章人承担票据责任"。也就是说，无权代理对被代理人来说是无效的，他不承担任何责任。

（三）越权代理

票据的越权代理是指行为人超过了代理权限所进行的代理行为。比如代理人没有根据被代理人的授权，擅自提高票据金额、变更票据的支付地点、擅自改变票据的支付日期等。对于越权代理的责任，《票据法》第5条第1款第2项规定："代理人超越代理权限的，应当就其超越权限的部分承担票据责任"。

第四节　票据权利

一、票据权利的概念

票据权利是指持票人以请求支付票据金额为目的而对票据行为的当事人所主张的权利。也就是持票人向票据债务人请求支付票据金额的权利。票据权利是一种金钱债权，包括两种权利，即付款请求权和追索权。

付款请求权是票据权利的第一次请求权，即持票人请求票据的债务人按照票据上所记载的金额付款的权利。追索权是权利人的第二次请求权。当持票人行使付款请求权未能实现时，持票人有向其前手要求清偿票据金额、利息及有关费用的权利。

9－3（2002年司法考试多选）当汇票到期被拒绝付款时，持票人可以对下列哪些人行使追索权？

A. 前手背书人

B. 付款人

C. 保证人

D. 出票人

________ ACD。《票据法》第61条第1款规定："汇票到期被拒绝付款的，持票人可以对背书人、出票人以及汇票的其他债务人行使追索权。"票据的付款人是付款请求权的行使对象，而非追索权的行使对象，因此B项是错误的。

二、票据权利的取得

从方式上看，票据权利的取得可分为原始取得和继受取得。原始取得是发票人作成票据并交付给收款人后，收款人成为票据的关系人的方法。继受取得是指持票人依票据法的有关规定正当地从有权处分票据的人那里取得票据的方法。如记名票据的持有人通过背书取得票据；因税收、继承、赠与等取得票据。

从心态上看，票据权利的取得可分为善意取得和恶意取得。持票人在善意和无重大过失的情况下，依照票据法规定的方法，支付对价后取得的票据，为善意取得。对善意取得票据的持票人，原票据所有人不能请求返还并失去了票据权利。票据让与人尽管在票据权利上有瑕疵，但持票人是善意取得，因而其票据权利不受影响，债务人不得以此为由对善意取得人主张抗辩。持票人明知转让票据者无处分或交付票据的权利，或者虽然不是明知但应当或有可能知道让与人无处分权而由于过错或疏忽大意未能得知而取得票据，为恶意取得。恶意取得票据的，不能享有票据上的权利。对此，《票据法》第 12 条规定："以欺诈、偷盗或者胁迫等手段取得票据的，或者明知有前列情形，出于恶意取得票据的，不得享有票据权利。持票人因重大过失取得不符合本法规定的票据的，也不得享有票据权利"。

三、票据权利的行使与保全

票据权利的行使，是指票据债权人对票据债务人提示票据，请求实现票据权利的行为，如请求承兑、付款、行使追索权。票据权利的保全，是票据权利人为防止票据权利丧失而为的一种行为。如为防止追索权丧失而请求作成拒绝证明等。根据《票据法》第 16 条的有关规定，"持票人对票据债务人行使票据权利，或者保全票据权利，应当在票据当事人的营业场所和营业时间内进行，票据当事人无营业场所的，应当在其住所进行"。

四、票据权利的保护与补救

（一）票据抗辩及其目的

票据抗辩是指票据债务人根据票据法的规定对票据债权人拒绝履行义务的行为。票据法规定抗辩制度的目的，是由票据债务人依法定事由对抗持票人的请求，不履行票据债务，保护正当权利人。

（二）票据抗辩的种类

我国票据法规定的抗辩主要包括两种：物的抗辩和人的抗辩。

1. 对物抗辩。所谓物的抗辩是因为票据行为不合法或者票据权利不存在，票据债务人能够对票据上的一切人进行的抗辩。根据规定，主要包括下列一些情形：

（1）票据的记载事项不符合票据法的规定，具体包括票据上无签章、签章不符合法定条件、票据金额记载不合法、票据有不合法的更改、票据欠缺绝对必要的记载事项。

（2）定期票据未到期。除见票即付的票据外，票据可以记载到期日。如果票据未到期，票据债务人可以对抗持票人。

（3）票据权利已经消灭。票据权利因付款、提存或者除权判决而消灭，在此情形下票据债务人可以抗辩。

（4）无权代理或者越权代理产生的票据债务人可以抗辩。

（5）签章人民事行为能力欠缺，其所签章的票据可以对抗一切持票人。

（6）对于事实上未签章的伪造、变造的票据，票据上的债务人可以抗辩。

（7）票据权利行使和保全手续欠缺，票据债务人可以抗辩。

（8）票据权利因时效期间届满而消灭，票据债务人可以抗辩。

（9）对不得转让的票据背书转让的，原背书人可以行使抗辩权。

2. 对人抗辩。所谓人的抗辩是因为票据之外属于特定人的原因，票据债务人只能向该当事人行使的抗辩，包括下列一些情形：

（1）票据债权人丧失受偿能力，如票据债权人受破产宣告，自然人被宣告为无民事行为能力等。

（2）持票人取得票据欠缺合法形式，不具备受领资格，如背书不连续等。

（3）持票人不是真正的权利人，如持票人和票据上记载的持票人不是同一个人。

（4）持票人恶意取得票据，如我国《票据法》规定，明知前手是以欺诈、偷盗或者胁迫手段取得票据，出于恶意取得票据，不具有票据权利。

（5）当事人之间的票据债务已经因清偿、抵消、免除而消灭，但因故未记载在票据上。

（6）持票人无偿地从未支付对价的前手取得票据。

（三）票据抗辩的限制

票据抗辩是指票据债务人对于票据债权人的主张，提出合法的事由加以拒绝。债务人提出抗辩，以阻止债权人行使债权的权利为抗辩权。票据债务人的抗辩是保护自己利益的一种方法。抗辩的事由越多，债务人的利益越能受到保护。但反过来，对持票人是极为不利的。如果法律规定的抗辩事由很多，对票据的流通也极为不利，结果会阻碍票据的流通，不利于经济的发展。所以，各国的法律对抗辩都采取一定的限制。

从我国票据法的规定看，对票据抗辩的限制主要有以下一些内容：

1. 票据债务人不得以自己与出票人之间的抗辩事由对抗持票人。票据债务人是指在票据上签章，应承担一定的票据义务的人，如承兑人、背书人、保证人等。票据关系与票据的基础关系是各自独立的、作为票据的债务人来说，如果他在票据上签章，就应当按票据所记载的事项承担票据责任。如果出票人与票据债务人存在某种抗辩事由，这种抗辩事由不能对抗持票人。如承兑人已经承兑的汇票，在汇票的到期日，持票人要求付款时，承兑人不能以出票人与其有资金关系尚未清结而拒绝付款。如果承兑人拒绝履行票据责任则是违反票据法的。至于出票人与承兑人之间的资金关系应通过其它途径来解决。

2. 票据债务人不得以自己与持票人的前手之间的抗辩事由，对抗持票人。票据是流通证券，在出票后，票据在市场上不断流通，不停地转让。因此，票据上会有许多当事人。如一张汇票，甲经过背书转让给乙，乙用同样的方法转让给丙，依此类推，票据会转让多次。对于最后的持票人丁来说，甲、乙、丙都是他的前手。当丁作为持票人要求票据债务人付款时，戊不能以他与甲或乙或丙之间有未清结的债权、债务关系而拒绝承担票据上的责任。这一规定，主要是为了保护债权人的合法权益，有利于票据的流通。同样，戊与甲或丙或乙的债权、债务关系应通过其它途径来解决。

9-4（2007年司法考试单选）朱某持一张载明金额为人民币50万元的承兑汇票，向票据所载明的付款人某银行提示付款。但该银行以持票人朱某拖欠银行贷款60万元尚未清偿为由拒绝付款，并以该汇票票面金额冲抵了部分届期贷款金额。对付款人（即某银行）行为的定性，下列哪一选项是正确的？

A. 违反票据无因性原则的行为

B. 违反票据独立性原则的行为

C. 行使票据抗辩之对人抗辩的行为

D. 行使票据抗辩之对物抗辩的行为

________ C。《票据法》第13条第2款规定，票据债务人可以对不履行约定义务的与自己有直接债权债务关系的持票人，进行抗辩。本题中，因为朱某是没有履行约定义务的与银行有直接债权债务关系的持票人，所以银行可以对朱某进行抗辩。另外，这里注意区分对人抗辩和对物抗辩。所谓对人抗辩是指因票据债务人与特定的票据权利人之间存在一定关系而发生的抗辩；所谓对物抗辩是指因票据本身所存在的事由而发生的抗辩。本题中，因为朱某跟银行之间有贷款纠纷，跟票据本身没有关系，所以银行行使的抗辩权是对人的抗辩而不是对物的抗辩，C项是正确的。

（四）票据利益偿还请求权

利益偿还请求权是指由持票人因超过票据权利时效或者因票据记载事项欠缺而丧失票据的，仍享有民事权利。依这种权利，可以请求出票人或者承兑人返还其与未支付的票据金额相当的利益。

票据权利都有一定的时效的规定，这种时效很短，所以持票人因超过时效而不能享有票据上的权利是经常发生的。在此情况下，票据债务人就会得到一定的利益，这种利益应属不应当得到的利益。所以，为了公平起见，法律规定了利益偿还请求权制度。

根据《票据法》第18条的有关规定，利益偿还请求权的成立应具备下列条件：

（1）票据权利必须是因超过时效或者因票据记载事项欠缺而丧失的。票据上的权利因时效完成而失去强制力。如《票据法》第 17 条第 1 款第 2 项规定："持票人对支票出票人的权利，自出票日起 6 个月。"

（2）必须是出票人或承兑人得到利益。出票人或承兑人基于票据的基础关系而取得对价或资金。

（3）请求权人必须是持票人。票据的利益偿还请求权是基于票据权利而发生的，请求权人只能以持票人为限。

（4）只能向出票人或承兑人请求返还其与未支付的票据金额相当的利益。

五、票据权利的消灭

票据是一种流通证券，为了促使票据权利人在规定期间内及时行使票据权利，以避免票据债务人长期处于可能随时被人请求支付票据金额的状态，并且如果时间过长，即可能会使权利人受到损害，票据法规定了票据权利在一定时间内不行使就失权的制度。根据《票据法》第 17 条的规定，票据权利在下列期限内不行使而消灭：

（1）持票人对票据的出票人和承兑人的权利，自票据到期日起 2 年。见票即付的汇票、本票，自出票日起 2 年。

（2）持票人对支票出票人的权利，自出票日起 6 个月。

（3）持票人对前手的追索权，自被拒绝承兑或者被拒绝付款之日起 6 个月。

（4）持票人对前手的再追索权，自清偿日或者被提起诉讼之日起 3 个月。

■ 第五节　票据的伪造、变造和更改

一、票据的伪造

（一）票据伪造的概念

票据的伪造，是指假冒他人名义为票据行为的不法行为。它有广狭二义。狭义的票据伪造，指假冒他人名义为出票行为。广义的票据伪造，指假冒他人名义而为的各种票据行为，既包括出票之伪造，还包括背书、承兑、保证等票据行为的伪造。票据伪造的方式，是假冒他人名义而在票据上签章。该假冒之签章，不是伪造行为人自己之名称或姓名，至于被假冒之人是否真有其人，不影响伪造之构成。

通过票据伪造的概念可见，票据的伪造具备下列要件：

1. 行为人实施了假冒行为。行为人假冒他人名义出票或在票据上签章，是票据伪造的前提条件。应当区分票据伪造与无权代理。无权代理是无代理权的人以代理人名义在票据上签章，票据上虽有被代理人名称之记载或者签章，但因有无权代理人以代理人名义之签章，票据文义之外观表明了代理关系，无权代理之行为即截然区别于票据伪造行为。

2. 行为人的伪造行为，符合票据行为的形式要件。伪造行为在外观上符合票据行为的法定形式，才能产生票据行为的效力，如果不具备票据行为的合法形式，就不能构成票据行为，亦无从形成票据伪造。

3. 伪造行为人目的是骗取财物。票据是金钱债券，持有票据能够获得票面金额，伪造票据的，因票据具备合法之形式要件，伪造者可以从付款人处骗取金钱。

4. 伪造人将伪造之票据转手。伪造人将伪造的票据转手，才能取得票据利益，实现其骗取财物的目的，如果伪造之票据不转手，其伪造行为便不生损害他人之效果，也难以认定其有无伪造行为。

（二）票据伪造的种类

票据的伪造，分为全部伪造和部分伪造。

1. 全部伪造。全部伪造，是指假冒他人名义出票。因出票是基本票据行为，全部伪造也叫基本票据的伪造或者出票的伪造。全部伪造的票据，根本的特点是出票人是虚假的，票据上的出票人的签章是伪造行为人假冒的或虚拟的。

2. 部分伪造。部分伪造，是指部分票据行为是真实的，部分票据行为是伪造的。部分伪造是出票行为之外的伪造，也叫附属票据行为的伪造或签名的伪造，包括背书伪造、承兑伪造、保证伪造等。

（三）票据伪造的效力

票据伪造是不法行为，不能发生票据行为的效力，即不能像真实票据行为那样，发生票据权利义务。但是，这种不法行为，能够发生票据法上规定的其他效力。

1. 伪造人无票据责任，但负其他法律责任。伪造行为人未在票据上签章，因而不能依票据文义责其负票据责任。票据法上不允许以票据文义之外的其他文字等证明票据权利义务，因而也就不能因伪造行为而让伪造人负票据责任。

2. 被伪造人无票据责任而对伪造人有权利。被伪造的当事人因为没有在票据上签章，也没有授权别人代理票据行为，依票据法上签章者负票据责任，无签章即无票据责任的规则，自然不应负担票据责任。

3. 票据上真实签章的人，就票据文义负责，对伪造人有赔偿请求权。我国

《票据法》规定，票据上有伪造的签章，不影响其真实签章的效力。票据上真实签章的人，无论其签章在伪造前还是伪造后，都要就票据文义负责。在其被持票人追索而清偿票据债务后，有权要求伪造人赔偿损失。我国《票据法》第106条规定，违反本法规定的行为给他人造成损失的，应当承担民事责任。

4. 善意持票人对伪造人有赔偿请求权，对真实签章人有追索权。恶意取得票据者，不能享有票据权利，在出票伪造或签章伪造的场合亦此。善意持票人受善意取得制度之特别保护，在票据形式合法的条件下，享有票据权利。但是，在票据伪造的场合，被伪造人得行使特定债务人的对物权，善意持票人亦不能幸免。此时，善意持票人的合法利益受到伪造行为损害。

5. 付款人依法审查票据而付款的，没有责任；恶意或者有重大过失付款的，应当承担损失。付款人有审查票据的义务，该项义务分为三个方面：①付款人处存有出票人预留印鉴的，应审查票据上的出票人签章与其印鉴是否一致。一致的，可排除出票伪造。不一致的，就应拒付，否则即构成恶意或者重大过失的付款。②付款人应审查背书是否连续，不连续而付款的，构成恶意或者重大过失的付款。③付款人应当审查提示付款人的合法身份证明或者有效证件。请求付款的人身份证明或者证件不合法，或者与票据上记载的票据权利人不是同一人的，应当拒绝付款，否则，构成恶意或者重大过失付款，自行承担不利后果。《票据法》第57条第2款中的“恶意”，是指付款人或代理付款人明知持票人采取欺诈、偷盗或胁迫等手段取得票据，或明知接受该票据将对票据债务人的合法权益造成损害而付款；“重大过失”，是指付款人或代理付款人在付款时对票据疏于审查，或者应当知道付款将对票据债务人的合法权益造成损害而付款。

二、票据变造

（一）票据变造的概念

票据的变造，是指无更改权的人不法变更票据上签章之外的事项的行为。例如，持票人擅自改写票据上已有之金额记载，改写到期日等。票据变造有以下特点：

（1）行为人是无票据更改权的人。票据的更改是指有权限的人对票据记载事项进行的变更。而变造是无权更改的人所从事的行为。

（2）行为人改变的是签章之外的票据记载事项。

（二）票据变造的效力

我国《票据法》第14、102、106条及新《刑法》有关条文，规定了票据变造的法律效力，依此法律规定，票据变造发生如下效力：

1. 变造人应当承担法律责任。变造属违反法律的行为，票据法处以行为人以刑事责任、行政责任、民事责任。变造人的刑事责任依新《刑法》第 177 条之规定论处，民事责任则依民法侵权行为的制度确定。

2. 变造后的票据仍然有效，变造人对变造之后的记载事项负责。我国《票据法》第 14 条第 3 款规定，票据上签章以外的记载事项被变造的，在变造之前签章的人，对原记载事项负责；在变造之后签章的人，对变造之后记载事项负责。

3. 变造人未签章的，不负票据责任，应承担赔偿损失的民事责任。依票据法上“签章者就票据文义负责”的规则，变造人未在票据上签章不能负担票据责任，但其变造行为给其他票据当事人造成损失的，应由其向受损失的当事人负赔偿责任。

4. 变造前签章的人，对变造前的记载事项负票据责任。变造后签章的人，对变造后的记载事项负票据责任。不能辨别是在变造前还是变造后签章的，视同在变造前签章。

三、票据更改

（一）票据更改的概念

票据的更改是指有更改权限的人对票据上的记载事项进行变更的行为。关于更改，须注意的是：①更改人必须具有更改权，即更改人应为原记载人；②更改时必须由原记载人签章证明；③票据法中规定的特别事项不得更改，原记载人只能更改票据上可以更改的事项。我国票据法将票据金额、日期、收款人名称规定为不得更改的事项。

（二）票据更改后的后果

票据行为人进行一定行为后，因某种原因需要改变已记载在票据上的有关事项，在现实中是常常发生的事情。但更改分为合法的更改和非法的更改。凡是由原记载人依法进行的更改为合法的更改。合法更改后，改写后的记载事项代替原记载事项产生票据上的效力，即以改写后的记载内容来确定票据债权债务关系。非法的更改是指原记载人以外的人对票据上记载事项进行的更改，和原记载人对票据法规定禁止更改的事项进行的更改。原记载人以外的人进行的更改，发生票据变造的效力；原记载人对票据法禁止更改事项进行更改后，更改的票据归于无效。

■ 第六节　票据的丧失及其补救

一、票据的丧失

票据丧失是指票据因灭失、遗失等非本人的意愿而丧失对票据的占有。票据作为流通证券、有价证券，持票人是享有一定的权利的，正如前面所说的那样，票据权利与票据是密不可分的，持票人要行使票据权利必须提示票据，要转让票据必须交付票据。所以，票据丧失后持票人不能行使票据权利；由于持票人并不愿意丧失票据权利，所以，法律规定了一系列保护与补救的措施，以保护持票人利益。

二、票据丧失的补救方法

《票据法》第 15 条规定："票据丧失，失票人可以及时通知票据的付款人挂失止付，但是，未记载付款人或者无法确定付款人及其代理付款人的票据除外。收到挂失止付通知的付款人，应当暂停支付。失票人应当在通知挂失止付后 3 日内，也可以在票据丧失后，依法向人民法院申请公示催告，或者向人民法院提起诉讼。"根据这一规定，票据丧失的补救方法主要有：

（一）挂失止付

挂失止付是指失票人将票据丧失的事实通知票据的付款人，并指示付款人停止支付票据款项的一种票据丧失的补救办法。失票人丧失票据后以挂失止付的办法作为补救是我国票据法中比较独特的规定。挂失止付是一种临时的应急办法，这种办法必须是票据金额在支付之前才能起到一定的作用。如果票据付款人在挂失止付之前无恶意或无重大过失已经支付，那么挂失止付将失去意义。在挂失止付后，如果失票人不采取其他措施，仍不能支取票款，票据权利仍处在一种不稳定的状态。所以，为结束这种不稳定的状态，失票人可以继续采取更为有效的办法，从票据法的规定上看有两种：①申请公示催告；②向人民法院提起诉讼。

（二）公示催告

公示催告是指人民法院根据失票人的申请，以公告的方法，告知并催促利害关系人在指定期限内向人民法院申报权利，如不申报权利，人民法院依法作出宣告票据无效的程序。

公示催告是票据丧失人在票据丧失后所采取的一种补救措施，是由法院宣告票据无效使票据权利与票据相分离的一种制度。这种制度为大多数大陆法系国家所采用。我国《民事诉讼法》对此也有规定："按照规定可以背书转让的票据持有人，因票据被盗、遗失或者灭失，可以向票据支付地的基层人民法院申请公示催告。”

9-5（2008年司法考试单选）2008年8月，出票人甲向乙签发一张汇票，乙不慎将其遗失。丙拾得该汇票，在伪造乙的签章后背书转让给丁。关于该事例，下列哪一选项是正确的？

A. 乙应当先办理挂失止付，再在3日内向法院申请公示催告

B. 若甲得知票据遗失的事实，其有权向法院申请公示催告

C. 无论是否已经启动公示催告程序，若丁不知丙伪造签章的事实而受让该汇票，其构成善意取得

D. 丙的行为构成民法上的欺诈，乙可以主张撤销

________无正确选项。①《票据法》第15条规定，失票人应当在通知挂失止付后3日内，也可以在票据丧失后，依法向人民法院申请公示催告，或者向人民法院提起诉讼。根据法律规定，向法院申请公示催告不一定非得先办理挂失止付，也可以在票据丧失后直接进行。故A项说法错误。②《民诉意见》第226条规定，票据持有人，是指票据被盗、遗失或者灭失前的最后持有人。本题中票据遗失前的最后持有人为乙，而非甲，因此只有乙有权向法院申请公示催告，故B项说法错误。③《民事诉讼法》第197条第2款规定：“公示催告期间，转让票据权利的行为无效。”根据法律规定，一旦启动公示催告程序，公示催告期间转让票据权利的行为是无效行为，故选项C的说法错误。④《票据法》第14条规定，票据上有伪造、变造的签章的，不影响票据上其他真实签章的效力。故票据上有伪造的签章并不导致票据无效，丁可以通过善意取得方式取得票据权利，即使丙的行为构成了民法上的欺诈，乙也不得主张撤销。选项D的说法错误。

（三）向人民法院提起诉讼

向人民法院提起诉讼是法律规定的对失票人的又一种保护方法。它是指失票人丧失票据后，以付款人为被告向人民法院提起诉讼，主张权利。作为失票人来说，失票人应举证自己对票据的所有权，证明票据丧失事实经过及票据的基本内容，并请求付款人承担责任。

■ 第七节　汇票

一、汇票的概念及种类

汇票是出票人签发的，委托付款人在见票时或者在指定日期无条件支付确定的金额给收款人或者持票人的票据。

汇票可以按不同的标准进行分类：根据付款的期限，可以分为即期汇票和远期汇票；按照有无附属单据，分为光票和跟单汇票；根据汇票上记载收款人的方式不同，可以分为记名式汇票、无记名式汇票和指示性汇票；根据是否在境内出票，可以分为国内汇票与国外汇票。

以上的汇票的分类大多是国外票据法对汇票的分类。从我国《票据法》的规定看，汇票分为两种：银行汇票和商业汇票。银行汇票是指汇款单位或个人将款项交给当地银行，由银行签发给汇款人持往外地办理转账结算或者支取现金的票据。商业汇票是由收款人或付款人（或承兑申请人）签发，承兑人承兑，并于到期日向收款人或被背书人支付款项的票据。按其承兑人不同，分为商业承兑汇票和银行承兑汇票。商业承兑汇票是由收款人签发，经付款人承兑，或由付款人签发并承兑的票据。银行承兑汇票是由收款人或承兑申请人签发，并由承兑申请人向开户银行申请，经银行审查同意承兑的票据。

二、汇票的出票

（一）出票的概念

出票是指出票人签发票据并将其交给收款人的行为。从出票的概念上看，出票包括两个环节：①签发票据；②交付票据。签发票据是指出票人在汇票上记载法定内容；交付票据是指把填写完整的票据交付给收款人，使票据与出票人相分离。出票人在出票时应当遵守诚实信用的原则。《票据法》第21条规定："汇票的出票人必须与付款人具有真实的委托付款关系，并且具有支付汇票金额的可靠资金来源。不得签发无对价的汇票用以骗取银行或者其他票据当事人的资金。"

（二）汇票的记载

根据《票据法》第22条的规定，汇票必须记载下列事项：①表明"汇票"的字样；②无条件支付的委托；③确定的金额；④付款人名称；⑤收款人名称；⑥出票日期；⑦出票人签章。汇票人未记载上述事项之一的，汇票无效。

除了上述必须记载的事项外，汇票上还可以记载付款日期、付款地、出票地。但记载这些事项时，必须清楚、明确。汇票上的付款日期可按下列形式之一记载：见票即付；定日付款；出票后定期付款；见票后定期付款。汇票上未记载付款日期的，为见票即付。汇票上未记载付款地的，付款人的营业场所、住所或者经常居住地为付款地；汇票上未记载出票地的，出票人的营业场所、住所或者经常居住地为出票地。

汇票除记载上述内容以外，还可以记载其他未规定的事项，但这种记载事项不具有汇票上的法律效力。实践中，不具有汇票的效力的记载有：签发汇票的原因或者用途；该汇票项下的交易合同号码等。

三、汇票的背书

（一）背书的概念

所谓背书是指在票据背面或者粘单上记载有关事项并签章的票据行为。背书是转让票据权利的一种方法，也是票据得以流通的基础。票据是流通证券，而流通的基础在于转让，所以转让是票据制度的核心。汇票是设权证券，票据权利与票据本身具有密切的联系，持票人将票据权利转让给他人时，也必须将票据本身交付给他人。背书则是转让票据权利的一种重要方式。对此，《票据法》第 27 条第 1 款规定："持票人可以将汇票权利转让给他人或者将一定的汇票权利授予他人行使。"持票人行使第 1 款规定的权利时，应当背书并交付汇票。在票据背面签名的人称为背书人，接受经过背书票据的人称为被背书人。被背书人接受票据以后还可以进行背书转让，依此类推，票据可多次背书转让，形成流通。

（二）背书的效力

背书的效力是指票据经过背书，由背书人交由被背书人后所产生的效力。这种效力体现在三个方面：①权利转让的效力。背书以后，票据上的一切权利，都由背书人转让给被背书人，被背书人取得票据以后成为持票人，享有票据上的一切权利。②担保效力。背书以后，背书人对包括被背书人在内的一切后手担保该票据必然会被承兑或付款；如遭拒绝，被背书人可以向其前面的任何一个背书人，包括出票人进行追索。③证明效力。其是指持有连续背书的票据的最后被背书人，只要他持有票据，就可以推定他是合法的权利人，他可以不必证明实际权利转移过程而行使票据上的权利。对此，《票据法》第 31 条第 1 款规定："以背书转让的汇票，背书应当连续，持票人以背书的连续，证明其汇票权利；非经背书转让，而以其他合法方式取得汇票的，依法举证，证明其汇票权利"。

9 -6（2005 年司法考试多选）甲、乙签订一份购销合同。甲以由银行承兑的汇票付款，在汇票的背书栏记载有"若乙不按期履行交货义务，则不享有票据权利"，乙又将此汇票背书转让给丙。下列对该票据有关问题的表述哪些是正确的?

A. 该票据的背书行为为附条件背书，效力待定

B. 乙在未履行交货义务时，不得主张票据权利

C. 无论乙是否履行交货义务，票据背书转让后，丙取得票据权利

D. 背书上所附条件不产生汇票上效力，乙无论交货与否均享有票据权利

________ CD。《票据法》第 33 条规定:“背书不得附有条件。背书时附有条件的，所附条件不具有汇票上的效力。将汇票金额的一部分转让的背书或者将汇票金额分别转让给 2 人以上的背书无效。”由此选 CD。

(三) 背书的种类

以背书的目的区分，背书可以分为转让背书和非转让背书。转让背书是最常见的背书形式，其目的就是转让票据权利。非转让背书是具有其他目的的背书，分为委托背书和设质背书。委托背书，是指持票人以委托取款为目的所为的一种背书。委托背书的目的不是转移票据权利，其背书仅发生代理权授予的效力。设质背书是背书人以票据权利设定质权为目的所为的背书。质权就是权利质押，所谓权利质押是指债务人或者第三人将其权利移交债权人占有，将该权利作为债权的担保。债务人不履行债务时，债权人有权依照规定以该权利折价或者以拍卖、变卖该权利的价款优先受偿。根据《票据法》第 35 条第 2 款的规定，汇票可以设定质押；质押时应当以背书记载“质押”字样。被背书人依法实现其质权时，可以行使汇票权利。

(四) 背书的连续

所谓背书连续是指在票据转让中，转让汇票的背书人与受让汇票的被背书人在汇票上的签章依次前后衔接。如甲背书给乙，乙背书给丙，丙再背书给丁，这就是背书的连续。而如果甲背书给乙，乙并未背书给丙，而由丙背书给丁，这样的背书就是不连续的。根据我国票据法的规定，以背书转让得到的票据必须是连续的，如果不是连续的，不能享有票据上的权利。背书连续的法律效力在于：持票人以背书的连续证明其汇票权利。只要他持有背书连续的票据，就可推定他是合法的权利人，他可以不必证明其实际权利转移过程而行使票据上的权利。作为债务人来说，他有无条件付款的义务，如果票据债务人认为持票人不是真正权利人而拒绝付款，那么票据债务人必须负举证责任。

(五) 背书的禁止

汇票是流通证券，流通性是汇票的实质性特点。所以，汇票可自由流通，进行背书转让是理所当然的，但有时出票人、背书人出于种种考虑可能会禁止票据

的背书。

对于背书的禁止，我国《票据法》作了下列一些规定：

1. 出票人在汇票上记载“不得转让”字样的，汇票不得转让。这是为了尊重出票人的意愿，出票人一旦在票据上记载“不得转让”的字样，该票据就丧失了流通性。即使在票据上作了背书，也不会产生背书的效力。

2. 背书人在汇票上记载“不得转让”字样，其后手再背书转让的，原背书人对后手的被背书人不承担保证责任。背书人与出票人在票据上记载“不得转让”的含义有所不同。出票人的记载是绝对禁止；而背书人的记载则是相对禁止。出票人记载“不得转让”后，该票据就丧失了流通性，如背书转让，不产生法律效力。而背书人记载“不得转让”的，该票据仍然可以背书转让，只不过是原背书人对后手的被背书人不承担保证责任。例如，甲是背书人，乙是甲的被背书人，也就是说乙是甲的后手，而丙是乙的被背书人。如甲在背书转让票据给乙时，在票据上记载了“不得转让”的字样，如乙再转让给丙，那么甲对丙不承担保证责任，但甲对乙的保证责任仍然存在。

9－7（2002年司法考试单选）若原背书人在汇票上记载有“不得转让”字样时，下列表述中哪一说法是正确的？

A. 若持票人将此票据再行背书转让，该背书行为无效

B. 在特定条件下，持票人可以将此票据再行背书转让

C. 若持票人再行背书转让，原背书人对现持票人不承担保证责任

D. 此票据只能背书记载“委托收款”字样，不能背书记载“质押”字样

______ C。依据《票据法》第34条的规定，背书人在汇票上记载“不得转让”字样，其后手再做背书转让的，原背书人对后手的被背书人不承担保证责任。

汇票被拒绝承兑，被拒绝付款或者超过付款提示期限的，不得背书转让；背书转让的，背书人应当承担汇票责任。背书是转让票据权利或为其它目的的行为。当背书人转让票据时，被背书人取得票据是为了获得权利，而被拒绝承兑、被拒绝付款或者超过付款提示期限的汇票已不具有票据法上的效力，所以不能再背书转让，如果背书人不遵守这一规定，应承担汇票责任。

9－8（2006年司法考试单选）甲公司于2004年4月6日签发一张汇票给乙公司，到期日为2004年7月6日。乙公司于2004年5月6日向付款人提示承兑，

被拒绝。乙公司遂将该汇票背书转让给丙公司。乙公司在此汇票上的背书属于什么性质？

A. 回头背书

B. 限制背书

C. 期后背书

D. 附条件背书

________C。期后背书是指在票据被拒绝承兑、被拒绝付款或者超过付款提示期限时所为的背书。根据《票据法》第36条的规定，期后背书应当属于无效背书，不能发生一般背书的效力，而只具有通常的债权转让的效力。但期后背书的背书人仍须承担票据责任。

四、汇票的承兑

（一）承兑的概念及法律效力

承兑是汇票所特有的一种制度。《票据法》第38条规定："承兑是指汇票付款人承诺在汇票到期日支付汇票金额的票据行为。"根据票据法的规定，出票人出票后，付款人不一定必然付款，他可能会付款，也可能不会付款。这样就会使票据债务人不能完全确定。所以，汇票一旦出票后，就必须经过承兑这一程序。付款人承兑后，成为承兑人，就负有向持票人付款的义务。即使发票人未向付款人供应资金，也不能成为向持票人抗辩的理由。

9-9（2004年司法考试多选）甲公司在与乙公司交易中获汇票一张，出票人为丙公司，承兑人为丁公司，付款人为戊公司，汇票到期日为2003年11月30日。当下列哪些情况发生时，甲公司可以在汇票到期日前行使追索权？

A. 乙公司申请注销法人资格

B. 丙公司被宣告破产

C. 丁公司被吊销营业执照

D. 戊公司因违法被责令终止业务活动

________CD。《票据法》第61条第2款规定，汇票到期日前，有下列情形之一的，持票人也可以行使追索权：①汇票被拒绝承兑的；②承兑人或者付款人死亡、逃匿的；③承兑人或者付款人被依法宣告破产的或者因违法被责令终止业务活动的。所以选CD。

（二）提示承兑

提示承兑，也叫“承兑的提示”，是指持票人向付款人出示汇票，并要求付款人承诺付款的行为。根据票据法的规定，除见票即付的汇票无需提示承兑外，其他汇票都应提示承兑。至于汇票开出后，持票人何时请求承兑提示，票据法都规定有一定期限。这种期限称为提示期间。《票据法》规定的承兑提示期间为：

（1）定日付款或者出票后定期付款的汇票，持票人应当在汇票到期日前向付款人提示承兑。

（2）见票后定期付款的汇票，持票人应当自出票日起1个月内向付款人提示承兑。

（三）承兑的记载

承兑是一种要式行为，因此，必须按照格式在票据上以书面方式作出。《票据法》第42条规定：“付款人承兑汇票的，应当在汇票正面记载‘承兑’字样和承兑日期并签章；见票后定期付款的汇票，应当在承兑时记载付款日期。汇票上未记载承兑日期的，以前条第1款规定期限的最后一日为承兑日期。”根据这一规定，承兑应当符合以下条件：①承兑应在汇票的正面记载，不能在汇票的背面进行。②承兑应记载“承兑”字样。从我国汇票的格式上看，一般要写明“本汇票已经本单位承兑，到期日无条件支付票款”或者“本汇票经本行承兑，到期日由本行付交”的字样。③承兑应记载承兑日期，如不记载承兑日期，承兑仍然有效，其承兑日为付款人收到提示承兑汇票之日起第三天为承兑日。④承兑应当签章。只有签章才具有法律效力。⑤承兑人承兑汇票，不得附有条件；承兑附有条件的，视为拒绝承兑。

9-10（2006年司法考试单选）乙公司在与甲公司交易中获金额为300万元的汇票一张，付款人为丙公司。乙公司请求承兑时，丙公司在汇票上签注“承兑。甲公司款到后支付”。下列关于丙公司付款责任的表述哪个是正确的？

A. 丙公司已经承兑，应承担付款责任

B. 应视为丙公司拒绝承兑，丙公司不承担付款责任

C. 甲公司给丙公司付款后，丙公司才承担付款责任

D. 按甲公司给丙公司付款的多少确定丙公司应承担的付款责任

________ B。根据《票据法》第43条规定，付款人承兑汇票，不得附有条件；承兑附有条件的，视为拒绝承兑。故选B。

9-11（2008年司法考试单选）甲公司在交易中取得汇票一张，金额10万

元，汇票签发人为乙公司，甲公司在承兑时被拒绝。其后，甲公司在一次交易中需支付丙公司10万元货款，于是甲公司将该汇票背书转让给丙公司，丙公司承兑时亦被拒绝。下列哪一选项是正确的？

A. 丙公司有权要求甲公司给付汇票上的金额

B. 丙公司有权要求甲公司返还交易中的对价

C. 丙公司有权向乙公司行使追索权要求其给付汇票上的金额

D. 丙公司应当请求甲公司承担侵权赔偿责任

________ A。《票据法》第36条规定，汇票被拒绝承兑、被拒绝付款或者超过付款提示期限的，不得背书转让；背书转让的，背书人应当承担汇票责任。所以本题中，丙公司有权要求甲公司给付汇票上的金额，承担汇票责任，答案A是正确的。

五、汇票的保证

（一）保证的概念和种类

保证是指票据债务人以外的第三人，为了向票据债权人担保票据债务的履行，而在票据上记载法定事项，承诺于债务人不履行债务时承担责任的一种制度。

根据我国票据法的有关规定，保证分为两种，即单独保证和共同保证。单独保证就是一人所为的保证。共同保证是两人以上所为的保证。《票据法》第51条规定："保证人为2人以上的，保证人之间承担连带责任。"

（二）保证的记载事项

保证属要式行为，保证人必须记载下列事项于汇票或者粘单上：①表明"保证"的字样；②保证人名称和住所；③被保证人的名称；④保证日期；⑤保证人签章。

（三）保证的效力

1. 保证人与被保证人具有相同的责任。在被保证的债务有效时，保证具有从属性。保证人与被保证人所负的责任种类及范围完全相同。

2. 保证人与被保证人对持票人负连带责任。根据《担保法》的规定，保证责任分为两种，一种是一般保证；一种是连带责任保证。根据《担保法》第17条的规定："当事人在保证合同中约定，债务人不能履行债务时，由保证人承担保证责任的，为一般保证。"这种保证的保证人责任可以说是一种补充责任。而连带责任保证的保证人与债务人同属一个地位，债务人在规定的期限内不履行债务的，债权人可以要求债务人履行，也可以要求保证人在其保证范围内承担保证责任。票据保证就是这样的保证责任。《票据法》第50条规定："被保证的汇票，保证人应当与被保证人对持票人承担连带责任。汇票到期后得不到付款的，持票人有权向保证人请求付款，保证人应当足额付款。"

3. 保证人享有追索权。保证人在履行了保证债务，清偿被保证的票据债务后，则免除了被保证人的责任。保证人也取得了票据上的权利。他可以持票向承兑人、被保证人以及前手债务人进行追索。对此，《票据法》第52条规定："保证人清偿汇票债务后，可以行使持票人对被保证人及其前手的追索权"。

4. 保证不得附有条件；附有条件的，不影响对汇票的保证责任。保证人在作保证时，附加了一定的条件，这种附加的条件并不影响保证的责任。这一点与国外的票据法规定有所不同。国外的观点认为，保证附有条件的，该保证无效。而我国票据法的规定则认为，保证附条件后，保证仍然有效，只不过对所附条件视为不存在。

9-12（2006年司法考试单选）乙公司与丙公司交易时以汇票支付。丙公司见汇票出票人为甲公司，遂要求乙公司提供担保，乙公司请丁公司为该汇票作保证，丁公司在汇票背书栏签注"若甲公司出票真实，本公司愿意保证"。后经了解甲公司实际并不存在。丁公司对该汇票承担什么责任？

A. 应承担一定赔偿责任

B. 只承担一般保证责任，不承担票据保证责任

C. 应当承担票据保证责任

D. 不承担任何责任

________ C。《票据法》第48条规定："保证不得附有条件；附有条件的，不影响对汇票的保证责任。"由此选C。

六、汇票的付款

（一）付款的概念

付款是汇票上的承兑人或付款人向持票人支付票据金额以消灭票据关系的行为。由于票据是不断流通的，所以在票据到期之前，可能要经过许多人的背书转让，以至于最后持票人是谁，付款人可能并不知道。为了获得付款，持票人请求支付票据金额时，必须以背书的连续证明自己的权利。对于背书不连续的，付款人可以拒绝付款。因此，持票人必须证明自己是合法持票人以后才能要求付款人付款。付款人付款后，收回票据，票据退出流通环节，票据上的法律关系归于消灭。

（二）付款的提示

票据在市场上的不断流通，使持票人不断发生变更，付款人不能确定谁是最后的持票人，所以，当持票人请求付款人付款之前，必须先提示票据。只有提示票据，才能证明自己是合法的权利人。

所谓付款的提示，就是指持票人向付款人或承兑人提示票据，请求付款的行为。持票人应当在下列期限内提示付款：①见票即付的汇票，其提示付款的期限是自出票日起 1 个月；②定日付款、出票后定期付款或者见票后定期付款的汇票，自到期日起 10 日内向承兑人提示付款。持票人未按照上述规定期限提示付款的，在作出说明后，承兑人或者付款人仍应当继续对持票人承担付款责任。通过委托收款银行或者通过票据交换系统向付款人提示付款的，视同持票人提示付款。

付款提示产生以下效力：①持票人依照规定期间提示付款后，付款人必须在当日足额付款；②见票即付的汇票，提示日为到期日。

（三）付款及其效力

持票人提示付款后，付款人必须在当日足额付款，付款人及其代理付款人付款时，应当审查汇票背书的连续，并审查提示付款人的合法身份证明或者有效要件。付款人付款如不加以审查，或者以恶意或者重大过失付款的，应当自行承担损失。

付款人支付的款项应当与汇票记载一致，汇票金额为外币的，应当按照付款日的市场汇价，以人民币支付。但汇票当事人对汇票支付的货币种类另有约定的除外。

持票人获得付款的，应当在汇票上签收，并将汇票交给付款人。付款的法律效力在于“付款人依法足额付款后，全体汇票债务人的责任解除”。

9-13（2006 年司法考试单选）汇票持票人甲公司在汇票到期后即请求承兑人乙公司付款，乙公司明知该汇票的出票人丙公司已被法院宣告破产仍予以付款。下列哪一表述是错误的？

A. 乙公司付款后可以向丙公司行使追索权

B. 乙公司可以要求甲公司退回所付款项

C. 乙公司付款后可以向出票人丙公司的破产清算组申报破产债权

D. 在持票人请求付款时乙公司不能以丙公司被宣告破产为由而抗辩

B。根据《票据法》第 53 条规定，持票人应当按照下列期限提示付款：①见票即付的汇票，自出票日起 1 个月内向付款人提示付款；②定日付款、出票后定期付款或者见票后定期付款的汇票，自到期日起10日内向承兑人提示付款。持票人未按照前款规定期限提示付款的，在作出说明后，承兑人或者付款人仍应当继续对持票人承担付款责任。通过委托收款银行或者通过票据交换系统向付款人提示付款的，视同持票人提示付款。《票据法》第54条规定，持票人依照前条规定提示付款的，付款人必须在当日足额付款。所以汇票持票人在汇票到期后即请求承兑人付款的，付款人有依据汇票记载金额付款的义务。因此，乙作为付款人，不能以出票人被宣告破产为由而拒绝付款，也不能在付款后再要求持票人返还所付款项。但乙公司付款后可以向丙公司行使追索权，可以向出票人丙公司的破产清算组申报破产债权。因此本题选B是正确的。

七、汇票的追索权

（一）追索权的概念

追索权是指在票据到期前，持票人请求付款被拒绝或者在到期日前出现法定情形时，持票人在依法行使了或者保全了票据权利后，可以向汇票的背书人、出票人或者其他债务人请求偿还汇票金额、利息及取得有关证明和发出通知书的费用的权利。

（二）追索权的种类

《票据法》第61条规定："汇票到期被拒绝付款的，持票人可以对背书人、出票人以及汇票的其他债务人行使追索权。汇票到期日前，有下列情形之一的，持票人也可以行使追索权：①汇票被拒绝承兑的；②承兑人或者付款人死亡、逃匿的；③承兑人或者付款人被依法宣告破产的或者因违法被责令终止业务活动的。"根据这一规定，追索权分为到期追索和期前追索。

到期追索权，是指汇票的持票人在汇票到期向付款人提示付款时付款人拒绝付款的情形下，持票人有权向出票人、背书人以及汇票的其他债务人要求支付汇票金额、利息和有关费用的权利。由此可见，持票人行使到期追索权的根本原因在于：汇票到期被拒绝付款 。期前追索权，是指汇票虽未到期，但由于法定事由的出现，持票人有权向汇票的债务人要求支付汇票金额及有关费用的权利。

可见，持票人行使期前追索权，必须是由于法定事由的出现。这种法定事由，即法律明文规定的原因。根据《票据法》第61条的规定，法定事由主要有三种：

1. 汇票被拒绝承兑。汇票是出票人签发的，委托付款人在见票时或者在指定日期无条件支付确定的金额给收款人或者持票人的票据。票据在到期日要想获得付款，持票人必须请求付款人承兑（除见票即付的汇票无需承兑外）。而付款人是否承兑则是他的自由，也就是说，承兑并非是强制的。在这种承兑自由原则指导下，付款人可能会拒绝承兑。而不承兑，自然不能获得付款。所以，持票人在付款人拒绝承兑的情况下，可以行使追索权，以保护自己的合法权益。

2. 承兑人或者付款人死亡、逃匿的。在票据到期前承兑人或者付款人死亡、逃匿的，使得持票人无处提示承兑或者在承兑的情况下无从获得付款。因此，在这种情况下，承兑人或者付款人死亡、逃匿的，当然可以行使追索权。

3. 承兑人或者付款人被依法宣告破产的或者因违法被责令终止业务活动的。承兑人或者付款人出现了上述情况后，持票人也无法提示付款或提示承兑，所以也可行使追索权。

（三）行使追索权的要件

持票人由于汇票到期被拒绝付款或者由于法定事由不能获得付款时可以行使追索权。但行使追索权不能无凭无据，必须具备一定条件。根据《票据法》的规定，持票人行使追索权，必须出具拒绝证明、退票理由书或者其他合法证明，不能出具上述证明的，丧失对其前手的追索权。

拒绝证明包括两种：被拒绝承兑证明和被拒绝付款证明。被拒绝承兑的证明是持票人提示承兑时遭到承兑人的拒绝后，由承兑人出具的证明。被拒绝付款的证明是持票人提示付款时遭到付款人拒绝后，由付款人出具的证明。退票理由书是承兑人或者付款人拒绝承兑或者拒绝付款，将票据退还给持票人后而出具的证明。上述证明的出具是承兑人或付款人的义务。如不承兑、不付款并且不出具任何证明，那就要承担由此而产生的民事责任。

实践中，还会出现另外一种情况，即持票人不能获得证明。如承兑人或者付款人死亡、逃匿或者其他原因，持票人不能取得拒绝证明。对此，为了保护持票人的合法权益，法律规定“依法取得的其他有关证明”也可以作为证明手段在行使追索权时提供。至于“其他证明”包括内容，法律没有作进一步规定。一般认为，如死亡证明书、宣告失踪的判决都可以作为证明的一种。

除上述的证明外，承兑人或者付款人被人民法院依法宣告破产，人民法院的有关司法文书，承兑人或者付款人因违法被责令终止业务活动有关行政主管部门的处罚决定，也具有拒绝证明的效力。

总之，行使追索权的要件从实质上看是不获付款；从形式上还必须出具拒绝证明或其他证明。没有这两个要件，持票人是不能行使追索权的。

（四）追索权的行使

1. 追索对象。持票人在取得拒绝证书后，可以进行追索。追索的对象是票据上的一切债务人，即出票人、背书人、承兑人和保证人。但“持票人为出票人的，对其前手无追索权。持票人为背书人的，对其后手无追索权”。

2. 发出追索通知。持票人应当自收到被拒绝承兑或者被拒绝付款的有关证明之日起3日内，将被拒绝事由书面通知其前手；其前手应当自收到通知之日起3日内书面通知其再前手。持票人也可以同时向各汇票债务人发出书面通知。汇票债务人应作好还款准备。如果不按上述规定时间通知的，作为持票人仍然可行使追索权。但因延期通知给其前手或出票人造成损失的，由没有按照规定期限通知的汇票当事人，承担对该损失的赔偿责任，但是赔偿的金额以汇票金额为限。

3. 追索方式。汇票被拒付后，持票人可以对汇票的债务人行使追索权。就汇票债务人的责任而言，出票人、背书人、承兑人、保证人所负的责任具有连带性。因此，持票人可以不按照汇票债务人的先后顺序，对其中任何一人、数人或者全体行使追索权。这种追索叫做选择追索或跳跃追索。为了保护持票人的权利，《票据法》还规定了变更追索权，即持票人对汇票债务人中的一人或者数人已经进行追索的，对其他汇票债务人仍可行使追索权。

4. 追索金额。其是指持票人因不获付款而行使追索权时请求票据债务人偿还的金额。根据《票据法》第70条的规定，持票人行使追索权，可以请求被追索人支付下列金额和费用：①被拒绝付款的汇票金额；②汇票金额自到期日或者提示付款日起至清偿日止，按照中国人民银行规定的利率计算的利息；③取得有关拒绝证明和发出通知书的费用。

（五）再追索权

《票据法》第68条第3款规定：“被追索人清偿债务后，与持票人享有同一权利。”换句话讲，被追索人清偿债务后，他也可以行使追索权。这种追索权，法律上称为“再追索权”。行使再追索权的持票人可以向其他汇票债务人请求支付下列金额和费用：①已清偿的全部金额；②已清偿的全部金额自清偿日起至再追索清偿日止，按照中国人民银行规定的利率计算的利息；③发出通知书的费用。

（六）追索权的法律效力

追索权的法律效力主要体现在两个方面：

（1）对持票人的效力。持票人行使追索权债务得到清偿后，持票人退出票据关系，他应当交出汇票和有关拒绝证明，并出具所收到利息和费用的收据。

（2）对被追索人的效力。首先，被追索人清偿债务后，可以行使再追索权；其次，被追索人清偿债务后，其责任解除。

9-14（2008年司法考试多选）张某为支付货款向李某开具了一张票面金额

为10万元的支票。李某担心张某的信用，于是张某让其朋友陈某在该支票上写上了“保证”字样，并签上了陈某的名字。李某接收该支票后，背书转让给了安某。下列哪些选项是正确的?

A. 如果张某的出票行为无效，则陈某的保证行为亦无效

B. 如果张某的出票行为无效，并不必然导致保证行为无效

C. 如果安某到银行要求付款被拒绝，其可以向李某、陈某、张某行使追索权

D. 如果陈某在签署保证时附加了承担保证责任的条件，则当该条件未成就时陈某不承担责任

________ BC。《票据法》第49条规定，保证人对合法取得汇票的持票人所享有的汇票权利，承担保证责任。但是，被保证人的债务因汇票记载事项欠缺而无效的除外。因此只有在张某的出票行为是由于汇票记载事项欠缺而无效时，陈某的保证行为才无效，所以A项错误，B项正确。《票据法》第61条规定，汇票到期被拒绝付款的，持票人可以对背书人、出票人以及汇票的其他债务人行使追索权。汇票到期日前，有下列情形之一的，持票人也可以行使追索权：①汇票被拒绝承兑的；②承兑人或者付款人死亡、逃匿的；③承兑人或者付款人被依法宣告破产的或者因违法被责令终止业务活动的。故C项正确。《票据法》第48条规定，保证不得附有条件；附有条件的，不影响对汇票的保证责任。所以D项错误。本题的正确答案为BC。

■ 第八节　本票

一、本票的概念、种类和特征

《票据法》第73条规定，本票是出票人签发的，承诺自己在见票时无条件支付确定的金额给收款人或者持票人的票据。

依据不同的标准，可以把本票进行不同的分类，通常的划分种类如下：银行本票和商业本票；记名本票和无记名本票；即期本票和远期本票；定额本票和不定额本票。从我国《票据法》的调整对象上看，我国的本票只限于银行本票。

本票是票据的一种，具有票据的共同特点，即本票是有价证券、设权证券、流通证券、要式证券、无因证券。除此之外，我国的银行本票还具有以下两个特点：①本票的出票人是确定的，即银行；②本票是出票人无条件支付的承诺。

9－15（2006年司法考试单选）甲拾得某银行签发的金额为5000元的本票一张，并将该本票背书送给女友乙作生日礼物，乙不知本票系甲拾得，按期持票要求银行付款。假设银行知晓该本票系甲拾得并送给乙，对于乙的付款请求，下列哪一种说法是正确的？

A. 根据票据无因性原则，银行应当支付

B. 乙无对价取得本票，银行得拒绝支付

C. 虽甲取得本票不合法，但因乙不知情，银行应支付

D. 甲取得本票不合法，且乙无对价取得本票，银行得拒绝支付

________ D。《票据法》第10条规定："票据的签发、取得和转让，应当遵循诚实信用的原则，具有真实的交易关系和债权债务关系。票据的取得，必须给付对价，即应当给付票据双方当事人认可的相对应的代价。"《票据法》第11条规定："因税收、继承、赠与可以依法无偿取得票据的，不受给付对价的限制。但是，所享有的票据权利不得优于其前手的权利。前手是指在票据签章人或者持票人之前签章的其他票据债务人。"乙因赠与可以无偿取得票据，不受给付对价的限制。但是，其所享有的票据权利不得优于其前手甲的权利。而甲取得票据时没有给付对价，因此不享有票据权利。所以应该选D。

二、本票的记载

本票是要式证券，出票是一种要式行为，所以本票必须按一定格式出票。根据《票据法》第75条的规定，本票必须记载下列事项：①表明"本票"的字样；②无条件支付的承诺；③确定的金额；④收款人名称；⑤出票日期；⑥出票人签章。上述事项必须全部记载清楚，本票上未记载上述事项之一的，本票即归于无效。

本票除上述绝对必要记载事项之外，另有一些事项可以记载，也可以不记载，如出票地、付款地等。根据规定，本票上未记载付款地的，出票人的营业场所为付款地；本票上未记载出票地的，出票人的营业场所为出票地。

三、本票的见票

见票是本票所特有的一种制度。所谓见票是指本票的持票人按照规定期限，向本票的出票人提示本票，由出票人在本票上记"见票"字样、见票日期并签名的票据行为。

持票人提示见票时，出票人必须承担付款的责任。这是见票的基本法律效力。根据《票据法》的规定，本票的付款期限最长不超过2个月，持票人必须在2个月内提示见票，如不提示，则丧失对出票人以外的前手的追索权。

四、本票的票据行为

根据《票据法》的规定，本票的票据行为除有特殊规定的以外，适用关于汇票的规定。背书保证行为完全适用关于汇票的规定，付款除与汇票相同的以外，主要不同点是本票为见票即付。汇票的定日付款、出票后定期付款、见票后定期付款不适用本票。追索权基本适用，除关于承兑的规定以外。

■ 第九节　支票

一、支票的概念、种类、特征

《票据法》第 81 条规定，支票是出票人签发的，委托办理支票存款业务的银行或者其它金融机构在见票时无条件支付确定的金额给收款人或者持票人的票据。

支票可按不同标准划分为多种。从我国《票据法》的规定看，支票按其支付方式分为现金支票和转账支票。现金支票是专门用于支取一定现金的支票；转账支票是专门用于转账结算用的支票。根据规定，现金支票只能用于支取现金，不能用于转账；转账支票只能用于转账，不能支取现金。

支票除具有票据的共同特征，即支票也是有价证券、设权证券、流通证券、要式证券及无因证券外，它还具有两个特点：①支票的付款人特定，即银行或其它金融机构；②支票为见票即付的票据。《票据法》第 90 条规定："支票限于见票即付，不得另行记载付款日期。另行记载付款日期的，该记载无效。"

二、支票的记载

支票是要式证券，出票是要式行为，所以必须按规定内容出票才具有法律效力。根据《票据法》第 84 条的规定，支票必须记载下列事项：①表明"支票"的字样；②无条件支付的委托；③确定的金额；④付款人名称；⑤出票日期；⑥出票人签章。上述六项内容缺一不可。如未记载其中之一的，支票无效。

支票上还可以记载其他内容，如付款地、出票地、收款人。如收款人未记载，可由出票人授权补记。付款地未记载，以付款人的营业场所为付款地；出票地未记载，以出票人营业场所、住所或者经常居住地为出票地。

三、支票的票据行为

支票的出票，是出票人制成票据并将其交给收款人的行为。支票的签发必须按格式填写在中国人民银行统一印制的支票用纸上。除遵守上述形式内容外，支票的出票人所签发的金额不得超过其在付款人处实有的存款金额。如果超过其付款时在付款人处实有的存款金额的，为空头支票。空头支票禁止签发，银行也不予付款。支票的出票具有三个方面的法律效力：

（1）对于出票人来说，必须按照签发的支票金额承担保证向该持票人付款的责任。

（2）对于付款人来说，出票人在付款人处的存款足以支付支票金额时，付款人应当在当日足额付款。

（3）对于收款人来说，出票人出票后，就赋予了收款人支取票据上金额的权利，支票的背书、追索与汇票相同，此不赘述。

支票的付款与汇票的付款要求基本相同。唯一的区别在于支票的付款人是银行，支票限于见票即付。从支票的付款方式看，支票的持票人应当自出票日起10日内提示付款。超过提示期限的，付款人可以不予付款。支票的付款人经审查支票有效支付票款后，对出票人不再承担受委托付款的责任，对持票人不再承担付款的责任，但是，付款人以恶意或者重大过失付款的除外。

9－16（2008年司法考试多选）熊某因出差借款。财务部门按规定给熊某开具了一张载明金额1万元的现金支票。熊某持支票到银行取款，银行实习生马某向熊某提出了下列问题：你真的是熊某吗？为什么要借1万元？熊某拒绝回答，马某遂拒绝付款。根据票据法原理，关于马某行为，下列哪些选项是正确的？

A. 侵犯熊某人格尊严

B. 违反票据无因性原理

C. 侵犯持票人权利

D. 违反现金支票见票即付规则

________BCD。所谓人格尊严是指民事主体作为“人”所应有的最基本社会地位、社会评价，并得到起码尊重的权利。本题中，实习生的行为跟侵犯熊某的人格尊严没有关系，所以A项是错误的。《票据法》第90条规定，支票限于见票即付，B、D两项的说法是正确的。同时实习生拒绝付款，侵犯了持票人马某的票据权利，所以C项的说法也是正确的。本题正确答案是BCD。

9－17（2006年司法考试多选）甲公司于2006年3月2日签发同城使用的支票一张给乙公司，金额为10万元人民币，付款人为丁银行。次日，乙公司将支票背书转让给丙公司。2006年3月17日，丙公司请求丁银行付款时遭拒绝。丁银行拒绝付款的正当理由有哪些？

A. 丁银行不是该支票的债务人

B. 甲公司在丁银行账户上的存款仅有2万元人民币

C. 该支票的债务人应该是甲公司和乙公司

D. 丙公司未按期提示付款

______ BD。《票据法》第87条规定，支票的出票人所签发的支票金额不得超过其付款时在付款人处实有的存款金额。出票人签发的支票金额超过其付款时在付款人处实有的存款金额的，为空头支票。禁止签发空头支票。由此条可知，签发空头支票的，付款人可以拒绝付款，因此A项是正确的。《票据法》第91条规定，支票的持票人应当自出票日起10日内提示付款；异地使用的支票，其提示付款的期限由中国人民银行另行规定。超过提示付款期限的，付款人可以不予付款；付款人不予付款的，出票人仍应当对持票人承担票据责任。所以D项是正确的。支票记载的付款人不能以其不是该支票的债务人为由拒绝付款，所以A、C两项是错误的。

■ 第十节　法律责任

一、刑事责任

违反票据法的刑事责任，主要规定了两个方面：①票据欺诈刑事责任；②玩忽职守刑事责任。

根据《票据法》第102、104条规定，下列行为追究刑事责任：

（1）伪造、变造票据的。伪造票据，是指以行使票据上权利义务为目的，假冒他人的名义为票据行为的行为。依照《刑法》规定，伪造票据构成伪造有价证券罪，处7年以下有期徒刑，可以并处没收财产。变造票据，是指没有合法权限的人在已有效成立的票据上变更票据上签名以外的记载内容的行为。变造票据构成诈骗罪。

（2）故意使用伪造、变造的票据的。

（3）签发空头支票或者故意签发与其预留的本名签名式样或者印鉴不符的支票，骗取财物的。

（4）签发无可靠资金来源的汇票、本票，骗取资金的。

（5）汇票、本票的出票人在出票时作虚假记载，骗取财物的。

（6）冒用他人的票据，或者故意使用过期或者作废的票据，骗取财物的。

（7）付款人同出票人、持票人恶意串通，实施前六项所列行为之一的。

（8）金融机构工作人员在票据业务中玩忽职守，对违反票据法规定的票据予以承兑、付款或者保证，造成重大损失，构成犯罪的。

二、行政责任

上述八项行为中，情节轻微，不构成犯罪的，依照国家有关规定给予行政处罚。除此之外，票据的付款人对见票即付或者到期的票据，故意压票，拖延支付的，对直接责任人员给予处分。

三、民事责任

违反票据法的民事责任主要规定了三个方面：

（1）金融机构工作人员在票据业务中玩忽职守，对违反票据法规定的票据予以兑付、付款或者保证，给当事人造成损失的，由该金融机构和直接责任人员依法承担赔偿责任。

（2）票据的付款人故意压票，拖延支付，给持票人造成损失的，依法承担赔偿责任。

（3）除上述以外其他违反票据法规定给他人造成损失的，应当依法承担民事责任。

第十章　保险法律制度

■ 第一节　保险法概述

一、保险概述

（一）危险的概念与种类

危险是指社会和自然界中客观存在的，人类无法把握与不能确定的事故的发生而导致的损失的不确定性。危险可以说是无处不在、无时不有的。它给人们的生活和生产都造成了一定的损失，因此，需要人们用各种手段应付危险，尽量减少损失。

危险按不同的标准可进行不同的分类。以依附之标的划分为财产危险、人身危险、责任危险；以发生原因划分为政治危险、社会危险、经济危险；以损失的性质划分为纯粹危险和机遇性危险；等等。

（二）危险的管理

危险管理就是对危险进行识别、测定之后采取措施应付和处理危险。识别与测定是危险管理的前提；应付和处理是危险管理的目的；识别和预测是应付和处理的基础。

一般说来，对危险的应对方法有四种：回避危险、预防危险的发生、自己承担发生的危险、转嫁危险。其中转嫁危险又有许多不同的办法，而最科学、最被普遍的采用的就是保险。

（三）保险的概念与特征

1. 保险的概念。保险既是经济学的概念，又是法学概念。从经济学的角度看，保险是以概率论为技术条件，进行合理计算，集合多数单位共同建立保险基金，用来在发生自然灾害或者意外事故时，对被保险人的财产或者人身伤亡给予经济补偿或者给付保险金的一项制度。据此，构成保险应具有下列条件：

（1）保险必须有特定的危险事故。保险是对特定危险事故发生所致的损失给予补偿，以求人类生活的安定。故特定的危险事故，是保险产生的前提条件，若无危险与损失发生，保险关系不能成立。所谓危险事故，是指在特定客观情形下、特定期间内，某一事件发生导致损失的不确定性。大致含有三种意义：①事件的发生与否属不确定，即危险确实存在，而不一定发生。如果某种事件绝无发生的可能，也就无愿意参加保险并缴纳保险费者；如果某种事件必然发生，也就无任何保险人愿意承担此必然给予保险金的责任。②事件发生的时间属不确定。偶然事件的发生，即使可以断定，但何时发生仍不能预知，此即具有不确定性。如人固有一死，但死于何时，仍不能预知。故生命可成为人寿保险的可保风险。③事件发生的原因与结果属不确定。偶然事件的发生原因，必须为不确定，如属保险当事人所故意促成或由保险标的物本身所当然引起的事件，不能成为保险的可保范围。如投保人故意烧毁保险标的、保险标的物自然灭失或消耗等，在各类保险中均为保险人的除外责任。偶然事件发生的结果也必须为不确定，如财产发生火灾，未必全部焚毁。

危险事故具有如下特征：①客观性。危险事故是不以人们的主观意志为转移的，过去存在，现在有，将来也无法消灭。实际上，人类社会在实践着两种不同的价值观，一方面，人们期望平平安安，凭借科技力量将危险拒之千里之外；另一方面，又在不断地制造着新的危险。②损害性。危险事故的发生导致的结果至少为一部分人所不愿接受的。反之则不成为危险，也不必进行转嫁。③规律性。依据大数法则，在一定时期一定危险发生的频率和损失率，是能够测定出来的，否则，保险人将无法确定保险费率。

所谓“特定”是指，保险上的危险事故，必须事先加以约定，即保险当事人在订立合同时，应约定某一种或数种危险事故发生，为保险人给付保险金的条件。保险人给付保险金的特定危险事故，称为保险事故。非属于保险事故者，保险人对其损失无义务给予补偿。如投保火灾保险对被盗所造成的损失，当然不属保险人的赔偿范围。

（2）保险应有多数人参加。保险的经营原理是通过集合多数经济单位共同筹集资金，建立集中的保险基金用以补偿损失，即将一人的损失分摊到多数人中去，充分体现“人人为我，我为人人”的互助精神。

（3）科学的计算基础——大数法则。该法则的意义是个别事物的发生，可能是不规则的，但若集合众多的事物来观察，又具有相当的规则性。大数法则是近代保险事业赖以建立的数理基础，在这一基础上，可以将个别危险单位遭受损失的不确定性变成多数危险单位可以预知的损失，从而使保险费的计算公平合理，相对稳定。保险人对大数法则的运用就是按照投保人的保险标的的危险大小、过去的损失统计资料等，合理核算出保险合同当事人双方都乐于接受的费率。科学运用大数法则，就是要对保险标的进行合理的分类，根据保险标的不同、环境不同、危险事故发生的频率以及损失结果的不同，采用不同的保险费率。如果对危险频率不同的保险标的采用同一费率标准，势必影响保险业的发展。现代保险种类繁多，费率差异甚大，这是严格遵循大数法则科学原理的必然要求。如果危险发生的概率小，而保险费高，则有损投保人的利益；如果危险发生的频率大而收取保险费少，则保险公司自身难保，谈何保人。

（4）危险事故所造成的损失必须能够确定。就整个保险制度而言，应以确保经济生活安定为最终目标，但就个别保险契约而言，当以损失补偿为主要职能。保险是对危险事故所造成的损失给予经济补偿。补偿方法主要是支付货币，因此，其损失必须在经济上能够计算价值，否则，保险的补偿将无法实现。在财产保险中，对于危险事故所造成的损失，可以通过估价确定，在理论上适用损失补偿原则，即任何补偿的给付，以损失范围为限。在人身保险中，由于保险对象是人身或人体机能的一部分，危险事故造成的人身伤亡无法计算其损失价值。所以，人身保险只能依预定的保险金额给付，即采取定额保险的方式。在订立人身保险合同时将其可能损失确定下来，事故发生后视确定损失为实际损失，由保险人支付保险金。[1]

从法律的层面看，保险是一种以合同为平台的权利与义务关系。根据《保险法》第2条规定，保险是指投保人根据合同约定，向保险人支付保险费，保险人对于合同约定的可能发生的事故因其发生所造成的财产损失承担赔偿保险金责任，或者当被保险人死亡、伤残、疾病或者达到合同约定的年龄、期限时承担给付保险金责任的商业保险行为。由此可见，保险法中所指的保险是一种与社会保险性质不同的商业行为。

2. 保险的特征。从保险的法律含义可见保险具有下列特征：

（1）保险是一种经济补偿或者经济给付制度。保险是对特定的危险事故和特定事件的发生所导致的损失给予一定的补偿制度，这种经济补偿是一种善后对策。如果根本没有发生特定的危险事故或者特定的事件，没有给投保人带来损失，那就不会进行补偿。

（2）保险须依附于危险的存在。保险制度建立的初衷就是为了应付自然灾害或意外事故等危险的产生，弥补其可能造成的损失。如果没有危险的存在，就没有必要建立补偿损失的保险制度了，这也就是保险制度中的"无危险无保险"理论。危险是保险存在的客观性条件，但并不是说所有的危险都是可保危险。一般来说，可保危险具有以下特征：①可保危险必须有发生的可能。若保险人与投

〔1〕孙积禄：《保险法论》，中国法制出版社1997年版，第4页。

保人事先约定的危险已不可能发生，就不属于可保危险。例如，我国台湾地区"保险法"第51条规定："保险契约订立时，保险标的之危险已发生或已消灭者，其契约无效；但为当事人双方所不知者，不在此限。"②可保危险的发生有不确定性。这主要表现于危险是否发生不确定，或者危险必然发生但发生的时间或导致的后果不能确定。③可保危险必须是纯粹危险。纯粹危险是与投机危险相对应的概念，它只会造成损失而不可能带来收益。而投机危险既有损失的可能，也有获利的机会，它不属于承保的范围，例如购买股票、基金等都属于投机危险。④可保危险必须是大量标的均有遭受损失的可能。如果某种危险只是存在于少数标的之上，一方面，保险人就没有计算损失概率的基数，从而不能合理收费；另一方面，承保这种危险也难于经营下去。⑤可保危险应有发生较大危险的可能性。如果某种危险的发生所带来的损失轻微，就没有必要通过保险来获取保障了。

(3) 保险是一种法律关系。保险是投保人和保险人之间建立起来的一种合同关系。在保险合同关系中，一方承担支付保险费的义务，一方承担补偿损失的责任。

(四) 保险的基本类型

保险根据不同的标准，可以作出不同的分类：

(1) 根据保险标的的不同，保险分为财产保险与人身保险。财产保险是指以财产以及同财产有关的利益为保险标的的保险。常见的财产保险有财产损失保险、责任保险、信用保险等。人身保险是指以人的寿命或者身体为保险标的的保险。保险人对被保险人在保险期限内死亡、伤残，或合同期满仍生存的，依合同约定支付保险金，常见的人身保险合同有人寿保险、健康保险、意外伤害保险等。

(2) 根据保险人承担责任的次序不同，保险分为原保险与再保险。原保险是相对于再保险而言的，它是指保险人对被保险人因保险事故所造成的损失承担直接的、原始的赔偿责任的一种保险，又称第一次保险。再保险是指保险人将其承担的保险业务，以承保形式，部分转移给其他保险人的保险。因为再保险是以原保险为基础的，所以又称第二次保险。

(3) 根据实施的形式不同，保险分为强制保险与自愿保险。强制保险，又称法定保险，是指依据法律规定而强制实施的保险。这种保险多是基于国家政策的需要而举办，体现了国家对公共利益的维护。在实践中，交通工具上旅客的意外伤害保险就是典型的强制保险。自愿保险是指保险人与投保人之间的保险关系完全建立于当事人自由意志之上的一种保险类型。商业保险的绝大部分险种都属

于自愿保险。

(4) 根据保险人的人数不同，保险分为单保险与重复保险。单保险是指投保人以一个保险标的、一个保险利益、一个保险事故同一个保险人订立的保险合同。重复保险是指投保人以同一保险标的、同一保险利益、同一保险事故分别向两个以上的保险人订立保险合同的保险。

(5) 根据保险的实施范围，保险可分为社会保险和普通保险。社会保险是基于劳动风险的存在而设立的一种社会保障制度，是国家通过立法设立的，用于保障劳动者因暂时或永久丧失劳动能力或劳动机会时的基本生活而实行的一种物质帮助制度。社会保险作为一种物质帮助形式，既是保障劳动者基本生活、维护社会安定的需要，也是宪法赋予劳动者的一项基本权利，是国家对全体劳动者应负的责任。社会保险是社会保障体系的核心部分，与社会保障体系中的社会救济、社会福利相比，具有强制性、社会性、福利性、互济性的特点。

普通保险也就是商业保险，是由以营利为目的的保险公司开展的保险。商业保险也具有防范风险、分担损失、提供保障的功能，但与社会保险有着重大区别：

第一，保险的性质不同。社会保险是国家为保证劳动者基本生活需要而建立的一项社会保障制度，以实现国家社会政策为宗旨，通过国家立法强制执行，具有强制性、福利性和非盈利性的特征。商业保险是由保险者与被保险者按照自愿原则签订契约来实现，具有盈利性的特征。此外，商业保险的社会性、互助性不如社会保险广泛、明显；同类风险、同等交费水平下的商业保险保险金支付水平低于社会保险待遇水平，即保障性也有差别。

第二，保险对象不同。社会保险以靠工资收入生活的劳动者及其家属为对象，商业保险则以全体公民为对象，加入保险的惟一前提是缴纳保险费。任何人都可自愿选择是否参加商业保险及参加何种商业保险。

第三，作用不同。社会保险的主要作用是保障劳动者在丧失劳动能力或失业时的本人及其家属的基本生活需要，维持劳动力再生产的正常进行，并且通过法律规定的保险基金筹集和支付手段，直接实施国家对国民收入的再分配干预，起到调节收入悬殊、实现社会公平与稳定的作用。商业保险的作用主要是在被保险人遭遇规定的保险事故时给予对等性的经济补偿，而不论这种补偿能否保障被保险人的基本生活需要；一般不具有调节收入悬殊、维护社会公平与稳定的作用。

第四，费用负担不同。社会保险的保险费用一般由政府、用人单位、劳动者个人三方共同负担，而且政府和用人单位要承担主要部分；商业保险的保险费用是由投保人个人全部负担。

第五，给付标准不同。社会保险从保障劳动者基本生活出发，综合考虑劳动者原有的生活水平、社会平均消费水平、物价水平、财政承受能力等多种因素确定待遇水平，给付标准不完全取决于缴费多少，而主要取决于保障的需要。商业保险则按投保人所缴保费的多少确定赔偿数额。

第六，适用法律和管理体制不同。社会保险在我国目前适用《劳动法》以及国务院及其劳动行政主管部门制定的有关社会保险的劳动法规、规章；管理体制上由各级人民政府劳动行政部门和下设的社会保险机构（属事业单位性质）负责管理。商业保险则适用《保险法》；管理体制上是由保险公司自主经营、管理。

二、保险法概述

（一）保险法的概念

保险法是以保险关系为调整对象的法律规范的总称。《保险法》于 1995 年 6 月 30 日第八届全国人民代表大会常务委员会第十四次会议通过，于 2002 年 10 月 28 日第九届全国人民代表大会常务委员会第三十次会议修改，2009 年 2 月 28 日第十一届全国人民代表大会常务委员会第七次会议再次修订，于 2009 年 10 月 1 日起实施。

（二）保险法的立法宗旨

《保险法》第 1 条规定："为了规范保险活动，保护保险活动当事人的合法权益，加强对保险业的监督管理，维护社会经济秩序和社会公共利益，促进保险事业的健康发展，制定本法。"

保险是随着商品生产和市场经济发展而出现的具有预防和补偿风险损害机制的重要经济活动，它作为风险管理的重要手段，对社会的稳定和经济的健康发展，对企业的持续经营和扩大再生产，对保障个人及其家庭的财产安全、生活安定、人身健康，都有着极其重要的意义。在市场经济比较发达的国家中，保险市场已成为市场经济的重要组成部分，发挥着巨大的作用。由于我国保险市场尚处于初步发展阶段，缺乏经验，因此保险业内部管理薄弱，外部监管力度不够，存在着一些不规范的问题，这与我国保险市场的不断扩大和保险业的迅猛发展是不相适应的，而迫切需要用法律的形式对这种商业活动进行规范。为了保障我国保险业的健康发展，依法规范保险活动，加强对保险经营机构的管理和维护保险市场秩序，以利于保护保险活动当事人的合法权益，使我国商业保险活动走上法制轨道，制定保险法是非常必要的。

（三）保险法的调整范围

《保险法》第 3 条规定："在中华人民共和国境内从事保险活动，适用本法。”按照该规定，保险法适用的地域范围是在中华人民共和国境内，也就是说这部法律从空间上是在全国范围内产生效力。因为保险法是由全国人大常委会制定的一部全国性法律，所以它应当在国家行使主权的领域内施行，这是由国家主权原则决定的。中华人民共和国境内即我国行使国家主权的空间，包括陆地领土、领海、内水和领空四个部分，凡在上述主权管辖范围所及的全部领域发生的保险活动，都要适用保险法。需要指出的是，香港和澳门虽然是我国领土，但由于历史的原因，根据宪法和香港特别行政区基本法、澳门特别行政区基本法的规定，这些地区的保险活动可适用本地区的特别法规定，因此保险法不适用于这些地区的保险活动。

从适用的主体上看，无论是中国自然人、法人还是外国自然人、法人以及无国籍人，只要在中华人民共和国境内从事保险活动，包括处于保险人地位或处于投保人、被保险人、受益人地位的所有保险当事人，都必须遵守和执行本法；无论外国保险组织在中国境内设有机构或没有设立机构，只要从中国境内吸收投保，并依所订立的保险合同在中国境内履行保险责任，都受本法的约束。

（四）保险法的原则

1. 从事保险活动必须遵守法律、行政法规，尊重社会公德，不得损害社会公共利益。

2. 保险活动当事人行使权利、履行义务应当遵循诚实信用原则。诚实信用原则是保险活动所应遵循的一项最重要的基本原则，保险法律规范中许多内容都必须贯彻和体现这一原则。诚实信用原则最早起源于罗马法，原来是指契约的履行应当诚实守信，经过法国民法和德国民法的发展，到了瑞士民法，已经将诚实信用原则的适用由债权债务关系扩及到整个民事活动。所谓诚实信用原则是指民事主体从事民事活动，行使民事权利和履行民事义务时，维持双方的利益平衡，对另一方不进行任何的欺诈，以诚实、善良的心态行使权利，履行义务，恪守信用。诚实信用原则主要涉及两个方面的关系，当事人之间的利益关系和当事人与社会间的利益关系。在当事人之间的利益关系中，诚实信用原则要求当事人一方尊重另一方的利益，自己在得到利益的同时，使对方也获得利益，不得损人利己。在当事人与社会之间的利益关系中，诚实信用要求当事人不得通过自己的民事活动损害社会的公共利益和第三人的利益。

保险活动当事人行使权利、履行义务应当遵循诚实信用原则，这是法律对保险活动当事人的基本要求。在保险活动中，投保人应当依法对其投保的标的，按保险人的询问进行如实告知，并在发生约定的保险事故时也如实履行告知义务；保险人则应当在承保时，将保险合同的条款、条件明确地告知投保人，不得欺骗也不得隐瞒，在发生约定的保险事故时，应当及时查明和确定保险事故的性质、原因和保险标的的损失程度，并及时赔付保险金，不得拖延或逃避承担保险责任。

3. 分业经营、分业管理的原则。《保险法》第 8 条规定："保险业和银行业、证券业、信托业实行分业经营、分业管理，保险公司与银行、证券、信托业务机构分别设立。国家另有规定的除外。"

4. 除《保险法》规定的上述三个原则外，我们认为，当事人在保险活动中还应该遵守下列原则：

（1）损失补偿原则。保险的基本职能就是对约定风险所致的损失进行补偿。损失补偿原则的基本内容是，投保人按照约定交纳保险费，被保险人或受益人在约定的保险事故发生时，可以从保险人处获得所受实际损失的补偿。但是，补偿的金额只限于被保险人遭受的实际损失，保险金额超过保险价值的，超过的部分无效。在财产保险合同中，保险人可以以事先约定的保险价值为基础承担保险责任，也可以在事故发生后，以实际损失为基础承担保险责任；在人身保险合同中，保险标的的价值是无法用金钱衡量的，因此，损失的补偿额是事先约定的。

（2）保险利益原则。保险利益是指投保人或者被保险人对保险标的具有的法律上承认的利益。人身保险的投保人在保险合同订立时，对被保险人应当具有保险利益。财产保险的被保险人在保险事故发生时，对保险标的应当具有保险利益。人身保险是以人的寿命和身体为保险标的的保险。财产保险是以财产及其有关利益为保险标的的保险。被保险人是指其财产或者人身受保险合同保障，享有保险金请求权的人。投保人可以为被保险人。

10－1（2002 年司法考试多选）按照保险利益原则，下列哪些当事人的投保行为无效？

A. 某甲为自己购买的一注彩票投保

B. 某乙为自己即将出生的女儿购买人寿险

C. 某丙为屋前的一棵国家一级保护树木投保

D. 某丁为自己与女友的恋爱关系投保

________ ABD。C 项涉及的林木归个人所有，因此投保人有合法的所有权，对此有保险利益存在，其投保行为是有效的。

10－2（2008 年司法考试多选）保险法中的保险利益原则是指投保人应当对保险标的具有法律上承认的利益，否则会导致保险合同无效。下列哪些选项符合保险利益原则？

A. 甲经同事乙同意，为其购买一份人寿险

B. 丙为自己刚出生一个月的孩子购买一份人身险

C. 丁公司为其经营管理的风景区内的一颗巨型钟乳石投保一份财产险

D. 戊公司为其一座已经投保的仓库再投保一份财产险

________ABCD。

(1)《保险法》第12条规定："人身保险的投保人在保险合同订立时，对被保险人应当具有保险利益。财产保险的被保险人在保险事故发生时，对保险标的应当具有保险利益。……保险利益是指投保人或者被保险人对保险标的具有的法律上承认的利益。"《保险法》第31条规定："投保人对下列人员具有保险利益：①本人；②配偶、子女、父母；③前项以外与投保人有抚养、赡养或者扶养关系的家庭其他成员、近亲属；④与投保人有劳动关系的劳动者。除前款规定外，被保险人同意投保人为其订立合同的，视为投保人对被保险人具有保险利益。"所以A、B项是正确的。

(2) C、D项为投保人对财产具有保险利益，所以也是正确的。

(3) 近因原则。保险法中的近因原则是指约定保险事故的发生与损失结果的形成，具有直接的因果关系，保险人才对损失承担赔付责任。

10-3（2006年司法考试多选）下列关于保险合同原则的哪些表述是错误的？

A. 自愿原则是指保险当事人双方可以自由决定保险范围和保险费率

B. 保险利益原则的根本目的是有效弥补投保人的损失

C. 近因原则中的近因是指造成保险标的损害的主要的、决定性的原因

D. 最大诚信原则对保险人的主要要求是及时全面地赔付保险金

________ABD。①保险费率当报保险监督管理机构审批，所以A项是错误的。②《保险法》第12条规定，人身保险的投保人在保险合同订立时，对被保险人应当具有保险利益。财产保险的被保险人在保险事故发生时，对保险标的应当具有保险利益。保险利益是指投保人或者被保险人对保险标的具有法律上承认的利益。保险标的是指作为保险对象的财产及其有关利益或者人的寿命和身体。所以B项是错误的。③最大诚信原则对保险人的主要要求是签订合同时尽告知义务和有足够偿付能力履行支付保险金的责任，因此D项是错误的。

■ 第二节 保险合同的一般规定

一、保险合同的概念和特征

我国《保险法》第10条规定："保险合同是投保人与保险人约定保险权利义务关系的协议。投保人是指与保险人订立保险合同，并按照合同约定负有支付保险费义务的人。保险人是指与投保人订立保险合同，并按照合同约定承担赔偿或者给付保险金责任的保险公司。"依照保险合同，投保人向保险人支付保险费，保险人在合同约定的保险事故发生或约定的人身保险事件出现时，履行赔偿或给付保险金的义务。

《保险法》规定的保险合同除具有一般合同的特点外，还具有自己的特征：

1. 保险合同主体一方的特定性。保险合同的保险人一方必须是依法设立的经营保险业务的保险公司，除此之外，一般性的企业或者个人不能从事保险业务的经营活动。

2. 保险合同是射幸合同。射幸合同是指当事人一方或双方应为的给付，取决于合同成立后偶然事件的发生。当事人一方付出的代价所获得的只是一个机会，可能因此"一本万利"，也可能没有利益可得。与射幸合同相对应的是实定合同，即在合同成立时，当事人的给付义务已经确定，不以偶然事件的发生为前提条件。

在保险合同中，投保人支付保险费，目的是在事故发生后获得损失补偿的机会。在合同约定的期间内，如果意外事故发生，投保人即可获得超出保险费的金钱给付，反之，投保人支付的保险费就没有回报（人寿保险除外）。从保险人的角度看，获取保险费后，是否需要履行赔偿损失或给付保险金的义务，同样取决于约定的偶然事件是否发生。这一点在财产保险合同中体现得尤为突出。

3. 保险合同是格式合同。格式合同，又称格式条款、标准合同、附和合同。根据《合同法》第39条的规定，它是指合同的条款由一方当事人预先拟定，重复使用，在订立合同时未与对方协商的合同。保险合同具有内容专业、使用频率高、范围大的特点，将合同的基本条款交给具有专业知识和经验的一方当事人依据统一标准制订，降低了交易成本、提高了经济效率和效益。因此，世界各国的保险合同基本采用格式合同的形式。

对于保险合同的格式合同，为了保护投保人的利益，《保险法》规定了多方面的限制：①订立保险合同，采用保险人提供的格式条款的，保险人向投保人提供的投保单应当附格式条款，保险人应当向投保人说明合同的内容。对保险合同中免除保险人责任的条款，保险人在订立合同时应当在投保单、保险单或者其他保险凭证上作出足以引起投保人注意的提示，并对该条款的内容以书面或者口头形式向投保人作出明确说明；未作提示或者明确说明的，该条款不产生效力。②采用保险人提供的格式条款订立的保险合同中的下列条款无效：其一，免除保险人依法应承担的义务或者加重投保人、被保险人责任的；其二，排除投保人、被保险人或者受益人依法享有的权利的。③采用保险人提供的格式条款订立的保险合同，保险人与投保人、被保险人或者受益人对合同条款有争议的，应当按照通常理解予以解释。对合同条款有两种以上解释的，人民法院或者仲裁机构应当作出有利于被保险人和受益人的解释。

4. 保险合同是双务有偿合同。合同以双方当事人是否互负对价为标准，分为单务合同与双务合同。单务合同是当事人一方承担义务、另一方享有权利的合同；双务合同是指双方当事人都享有权利并承担义务的合同。就保险合同而言，投保人履行了交付保险费的义务，享有损失产生后获得补偿的权利，保险人收取了保险费，必须承担约定事项发生时赔付保险金的责任。尽管就单个保险合同而言，保险危险未发生时，保险人不会履行赔付义务，但这是由保险合同的射幸性决定的，不能抹杀其双务合同的特性。

保险合同的双务性从另一个角度看，就是它的有偿性。被保险人或受益人所获得的赔偿或给付是以投保人支付保险费为对价的，与此相对应，保险人收取的保险费是以将来可能支付赔偿额或保险金为对价，这也充分体现了保险合同商业性的特点。

10-4（2002年司法考试多选）下列关于保险合同性质的表述中哪些是正确的？

A. 保险合同是射幸合同

B. 保险合同是格式合同

C. 保险合同是双务合同

D. 保险合同是诺成合同

________ABCD。①射幸合同，是指以将来不确定事件的发生而决定是否给付的合同，在保险合同中，保险事故是否发生是不确定的，故其属射幸合同，A项当选。②格式合同，是指由一方预先拟定合同的条款，对方只能表示接受或不接受，即订立或者不订立的合同，而不能就合同的条款内容与拟订方进行协商的合同。保险合同的条款是由保险人单方面预先制定而成立的合同。因此，保险合同是格式合同，B 项当选。③双务合同是当事人双方互负债务的合同。在保险合同中，投保人负有交付保险费的义务，保险人负有在保险事故发生时支付保险金的义务。《保险法》第 2 条规定：“本法所称保险，是指投保人根据合同约定，向保险人支付保险费，保险人对于合同约定的可能发生的事故因其发生所造成的财产损失承担赔偿保险金责任，或者当被保险人死亡、伤残、疾病或者达到合同约定的年龄、期限时承担给付保险金责任的商业保险行为。”因此保险合同属双务合同，C 项当选。④依合同成立于意思表示外是否须交付物为标准，合同可分为诺成合同与要物合同。诺成合同是双方意思表示一致即成立的合同，要物合同于意思表示一致外还须有物之交付方可成立。《保险法》第 13 条规定：“投保人提出保险要求，经保险人同意承保，保险合同成立。保险人应当及时向投保人签发保险单或者其他保险凭证。保险单或者其他保险凭证应当载明当事人双方约定的合同内容。”因此，D 项当选。

二、保险合同的主体

保险合同的主体是指在保险合同中享有权利和承担义务的人。保险合同的主体分两类：①保险合同的当事人，即订立合同的保险人与投保人；②保险合同的关系人，是指在保险合同约定的条件满足时，对保险人享有保险金给付请求权的人，包括被保险人与受益人。

（一）保险人

保险人又称承保人，是指与投保人订立保险合同，并承担赔偿或者给付保险金责任的人。在保险合同中，保险人享有收取保险费的权利，同时履行承担赔偿或给付保险金的义务。

保险业务所面临的风险是不确定的，要承担风险的损失补偿责任，需要大量的资金为后盾，这种能力不是一般的企业或个人能够具备的。为了维护保险市场和金融秩序的稳定，保护投保人、被保险人与受益人的利益，各国保险法对保险人的资格都作出了规定。在我国，商业保险业务一般应由依法设立的保险公司经营，并且，保险公司仅限于经金融监督管理部门批准设立的股份有限公司和国有独资公司。

（二）投保人

投保人又称要保人，是指与保险人订立保险合同，并按照保险合同负有支付保险费义务的人。投保人既可以是自然人，也可以是法人或其他组织，但必须具备三个条件：

1. 投保人应具备民事权利能力与民事行为能力。无民事行为能力人和限制民事行为能力人所订立的保险合同无效，但经其法定代理人或监护人同意的除外。

2. 投保人对保险标的应具有保险利益。保险利益是指投保人对保险标的具有的法律上承认的利益，即在保险事故发生时，投保人可能遭受的损失或失去的利益。如果投保人将与自己没有利害关系的标的投保，企图在事故发生后获得赔偿，就违背了损失补偿原则，也容易引发道德危险，法律是不予保护的。

3. 投保人必须承担支付保险费的义务。保险合同是有偿合同，投保人为自己的利益或者为他人的利益订立合同，都必须承担支付保险费的义务。

（三）被保险人

被保险人是指其财产或者人身受保险合同保障，享有保险金请求权的人。被保险人应具备两个条件：

1. 被保险人是保险事故发生时遭受损失的人。在财产保险合同中，被保险人可以是财产的所有人，也可以是享有财产使用权、经营管理权、抵押权等其他权利的人。在人身保险合同中，被保险人是生命或身体健康因保险事故的发生遭受直接损害的人。

2. 被保险人必须是享有赔偿请求权的人。被保险人承担了保险事故带来的损失，理应享有赔偿请求权，这种权利是投保人无权享有的。在财产保险合同中，请求权一般由被保险人自己行使；在人身保险合同中，请求权可由被保险人行使，也可以由事先约定的受益人行使，若被保险人死亡，又没有约定受益人，应由被保险人的法定继承人行使。

（四）受益人

我国保险法对受益人的概念作出明确界定：受益人是指人身保险合同中由被保险人或投保人指定的享有保险金请求权的人。由此可见，我国保险法所说的受益人只限于人身保险合同中。其实，在财产保险合同中，也有受益人，只是其身份由被保险人吸收了而已，但在人身保险合同中，被保险人与受益人可能是不重合的，因此，受益人在人身保险合同中具有意义。

三、保险合同的订立

（一）保险合同的订立程序

保险合同作为合同的一种，首先应符合合同法的基本规定，作为保险合同的订立也必须经过要约与承诺两个阶段。《保险法》第 13 条明确规定：“投保人提出保险要求，经保险人同意承保，保险合同成立。保险人应当及时向投保人签发保险单或者其他保险凭证。保险单或者其他保险凭证应当载明当事人双方约定的合同内容。当事人也可以约定采用其他书面形式载明合同内容。依法成立的保险合同，自成立时生效。投保人和保险人可以对合同的效力约定附条件或者附期限。”

10－5（2008年司法考试单选）李某与保险代理人张某洽谈车辆保险事宜，谈妥后李某即与张某签署了盖有保险公司印章的合同并缴付了保费，但张某表示需将保费交回公司后才能签发保单。后李某发生保险事故向该保险公司索赔，保险公司称张某已离职，且其未将保险合同和保费交回公司，故保险公司不能赔偿。对此，下列哪一选项是正确的？

A. 保险公司应当支付保险金，保费由保险公司向张某索赔

B. 李某应当向张某索赔车辆损失

C. 李某向保险公司补缴保费后可以获得保险赔偿

D. 待保险公司找到张某追回保费后，李某可以获得赔偿

________ A。《保险法》第13条规定，投保人提出保险要求，经保险人同意承保，保险合同成立。保险人应当及时向投保人签发保险单或者其他保险凭证。保险单或者其他保险凭证应当载明当事人双方约定的合同内容。该法第14条规定，保险合同成立后，投保人按照约定交付保险费；保险人按照约定的时间开始承担保险责任。本题中，张某与李某已经就保险事宜达成一致，并签署了盖有保险公司印章的合同且李某缴付了保费，保险合同已经成立，保险公司应当承担保险责任，李某发生保险事故后有权向保险公司索赔，故B项说法错误。李某已经缴付了保费，是由于保险代理人张某的原因未交回公司，保险公司无权要求李某再补缴保费，故C项说法错误。保险公司向李某支付保险金是应承担的责任，并不能以保险公司追回保费为条件，故D项说法错误。保险公司支付保险金后，可以向张某索赔。故本题的正确答案为A。

（二）保险合同的内容

保险合同的内容，即保险合同的条款，它确定了合同当事人及关系人的权利和义务，是保险人对承保标的履行保险责任的法律依据。保险合同的内容由两部分组成，即保险合同的法定条款和约定条款。

所谓法定条款是指法律所规定的在保险合同中必须列入的条款。根据《保险法》第18条的规定，保险合同的法定条款包括下列事项：

（1）保险人的名称和住所。

（2）投保人、被保险人及受益人的名称与住所。明确保险合同当事人及关系人的姓名与住所是履行合同的需要，在合同订立后，各方主体权利义务的实现

都与当事人和关系人及其住所有关。在实践中，保险人的名称与住所在保险单上已事先印就，需要填写的是投保人、被保险人和受益人的名称和住所。

（3）保险标的。保险标的是指保险所要保障的对象，在财产保险中，它是指财产本身及其有关的利益，在人身保险中，它是人的寿命和身体。明确保险标的，一方面可以判断投保人对保险标的是否有可保利益，另一方面可以确定保险费率及保险人承担保险责任的范围。

（4）保险责任和责任免除。保险责任是指保险单上载明的，在约定危险发生时，保险人所承担的赔偿或给付的责任。除外责任是指依据法律或合同的规定，保险人不负赔偿或给付责任的范围，通常包括战争、罢工及道德危险等。

（5）保险期间和保险责任开始的时间。保险期间是指保险人对保险标的承担保险责任的期间。保险期间的计算有两种方式：①以年、月来计算，如 6 个月、1 年、10 年等；②以某一事件的始末过程计算，例如，货物运输保险合同中一般以一个航程为保险期间。应该明确，保险责任开始的时间并不一定与合同成立的时间一致，当事人可以另行规定保险责任的始期。

（6）保险金额。保险金额是指保险人承担赔偿或者给付保险金责任的最高限额。它不仅是保险人赔偿或给付的最高限额，而且也是计算保险费的标准，因此，对合同当事人及关系人具有重要意义。保险金额的约定不得超过保险价值，超过部分无效。

（7）保险费以及支付办法。保险费是投保人向保险人支付的费用，是作为保险人按照合同约定承担赔偿或者给付保险金责任的对价。保险费是根据保险金额与保险费率计算出来的，是保险基金的来源，缴纳保险费是投保人应尽的义务，对此保险合同应当明确规定。保险费支付办法是指采用现金支付还是转账支付，使用人民币还是外币，一次付清还是分期付款以及具体支付的时间，这些也需要在合同中明确地加以规定。

（8）保险金赔偿或者给付办法。保险金赔偿或者给付办法是指保险人在保险事故发生造成保险标的损失时，向被保险人或受益人赔偿或者给付保险金的方式和时间等，应由投保人和保险人依法约定，并在保险合同中载明。

（9）违约责任和争议处理。违约责任是指合同当事人因其过错致使合同不履行或者不完全履行时，基于法律规定或者合同约定应当承担的法律后果。在保险合同中规定违约责任条款，可以保证合同的顺利履行。争议处理是指保险合同当事人在合同履行过程中发生争议时的处理办法，投保人和保险人应当在保险合同中加以约定，以利于争议的解决。

（10）订立合同的年、月、日。保险合同应当记载订立合同的时间，这对于确定投保人是否具有保险利益、保险合同是否有效、保险责任的开始时间以及计算保险期间等都具有重要作用。

投保人与保险人除了在法律规定的保险合同事项外，还可以就与保险有关的其他事项作出约定。

(三) 保险合同的形式

保险合同的形式是指保险合同订立的凭证，是当事人意思表示一致的结果。实践中主要表现为投保单、保险单、暂保单与保险凭证。

1. 保险单。保险单是投保人与保险人之间订立的正式保险合同的书面凭证，它由保险人签发给投保人，是最基本的保险合同形式。

2. 保险凭证。保险凭证是保险人签发给投保人以证明保险合同业已生效的文件，它是一种简化的保险单，与保险单具有同样的作用和效力。

3. 投保单。投保单是投保人向保险人递交的书面要约。为准确迅速处理保险业务，投保单的格式和项目都由保险人设计，并以规范的形式提出。在保险人出立正式保险单后，投保单成为保险合同的组成部分。

4. 暂保单。暂保单是在正式保险单出立之前先给予投保人的一种临时保险凭证，它具有与正式保险单同等的法律效力，并于正式保险单交付时自动失效。

四、保险合同的效力

根据《民法通则》、《合同法》和《保险法》的有关规定，保险合同的效力分为四种情况，即保险合同的有效、保险合同的效力待定、可撤销的保险合同及无效保险合同。

1. 保险合同的有效。与一般的商事合同一样，保险合同的生效必须符合三个主要要件：①主体合格，应具有相应的民事行为能力；②意思表示真实；③不违反法律和行政法规。

2. 保险合同的效力待定。当事人签订保险合同后，如果出现当事人主体不合格的情况，可以根据《民法通则》以及《合同法》的相关规定确定合同的效力。

3. 可撤销的保险合同。在当事人签订合同的过程中，如果出现欺诈、胁迫、乘人之危或者重大误解以及显失公平的情况由当事人决定合同是否履行还是撤销。

4. 无效保险合同。保险合同的无效，是指因法定或约定原因的出现，而使保险合同全部或部分内容自始不产生法律约束力。

五、保险合同的履行

（一）投保人的义务

1. 交付保险费的义务。保险合同成立后，投保人按照约定交付保险费，保险人按照约定的时间开始承担保险责任。

2. 告知义务。订立保险合同，保险人就保险标的或者被保险人的有关情况提出询问的，投保人应当如实告知。投保人故意或者因重大过失未履行如实告知义务，足以影响保险人决定是否同意承保或者提高保险费率的，保险人有权解除合同。上述合同解除权，自保险人知道有解除事由之日起，超过30日不行使而消灭。自合同成立之日起超过2年的，保险人不得解除合同；发生保险事故的，保险人应当承担赔偿或者给付保险金的责任。

投保人故意不履行如实告知义务的，保险人对于合同解除前发生的保险事故，不承担赔偿或者给付保险金的责任，并不退还保险费。投保人因重大过失未履行如实告知义务，对保险事故的发生有严重影响的，保险人对于合同解除前发生的保险事故，不承担赔偿或者给付保险金的责任，但应当退还保险费。

保险人在合同订立时已经知道投保人未如实告知的情况的，保险人不得解除合同；发生保险事故的，保险人应当承担赔偿或者给付保险金的责任。

3. 通知义务。投保人、被保险人或者受益人知道保险事故发生后，应当及时通知保险人。因故意或者重大过失未及时通知，致使保险事故的性质、原因、损失程度等难以确定的，保险人对无法确定的部分，不承担赔偿或者给付保险金的责任，但保险人通过其他途径已经及时知道或者应当及时知道保险事故发生的除外。

4. 提交有关单证义务。保险事故发生后，按照保险合同请求保险人赔偿或者给付保险金时，投保人、被保险人或者受益人应当向保险人提供其所能提供的与确认保险事故的性质、原因、损失程度等有关的证明和资料。保险人按照合同的约定，认为有关的证明和资料不完整的，应当及时一次性通知投保人、被保险人或者受益人补充提供。

5. 退还保险金义务。未发生保险事故，被保险人或者受益人谎称发生了保险事故，向保险人提出赔偿或者给付保险金请求的，保险人有权解除合同，并不退还保险费。投保人、被保险人故意制造保险事故的，保险人有权解除合同，不承担赔偿或者给付保险金的责任；除《保险法》第43条规定外，不退还保险费。

保险事故发生后，投保人、被保险人或者受益人以伪造、变造的有关证明、资料或者其他证据，编造虚假的事故原因或者夸大损失程度的，保险人对其虚报的部分不承担赔偿或者给付保险金的责任。投保人、被保险人或者受益人有上述行为之一，致使保险人支付保险金或者支出费用的，应当退回或者赔偿。

（二）保险人的义务

1. 说明义务。订立保险合同，采用保险人提供的格式条款的，保险人向投保人提供的投保单应当附格式条款，保险人应当向投保人说明合同的内容。对保险合同中免除保险人责任的条款，保险人在订立合同时应当在投保单、保险单或者其他保险凭证上作出足以引起投保人注意的提示，并对该条款的内容以书面或者口头形式向投保人作出明确说明；未作提示或者明确说明的，该条款不产生效力。

2. 核定及给付保险金义务。保险人收到被保险人或者受益人的赔偿或者给付保险金的请求后，应当及时作出核定；情形复杂的，应当在30日内作出核定，但合同另有约定的除外。保险人应当将核定结果通知被保险人或者受益人；对属于保险责任的，在与被保险人或者受益人达成赔偿或者给付保险金的协议后10日内，履行赔偿或者给付保险金义务。保险合同对赔偿或者给付保险金的期限有约定的，保险人应当按照约定履行赔偿或者给付保险金义务。保险人未及时履行上述规定义务的，除支付保险金外，应当赔偿被保险人或者受益人因此受到的损失。任何单位和个人不得非法干预保险人履行赔偿或者给付保险金的义务，也不得限制被保险人或者受益人取得保险金的权利。

六、保险合同的变更与终止

（一）保险合同的变更

保险合同的变更是指在保险合同的有效期限内，因订立合同所依据的主客观情况发生变化而导致的保险合同主体与内容的变更。

1. 保险合同主体的变更。主体的变更是指保险合同当事人与关系人的变更，又称保险合同的转让。由于保险合同的主要形式是保单，这种变更在习惯上又称保单的转让。引起财产保险合同主体变更的最主要的原因是保险标的所有权发生了转移（例如继承、买卖、赠与等），但保险标的所有权的转移并不意味着保险合同的转让。我国保险法规定，除合同另有约定外，保险标的的转让应当通知保险人，经保险人同意继续承保后，依法变更合同。也就是说，保险标的所有权的转让未经保险人同意的，保险合同即行终止，不可能出现主体变更的情形。但这一原则有个例外，那就是货物运输保险合同。运输中的货物流动性大，如果被保货物的每一次转让都需经保险人的同意，必然影响货物的正常流转。因此，各国保险法一般都允许货物运输保险合同随保险标的的转让而转让，我国保险法也是这样规定的。

在人身保险合同中，保单的转让或受益人的变更一般不需经过保险人的同意，只需通知保险人即可。但其中受益人的变更必须由投保人或被保险人作出决定，投保人变更受益人时须经被保险人同意。

保险合同存续期间，保险人变更的情况并不多见，主要有以下两种情形：①保险人合并分立导致的保险人的变更；②在人寿保险合同中，原保险人消灭导致的保险人变更。

2. 保险合同内容的变更。保险合同内容的变更是指双方当事人就合同主体以外的事项进行的变更。它一般包括保险标的数量的增减，存放地点、价值或危险程度的变化，保险责任、保险金额及保险期限的变化等。

保险合同内容的变更对保险人保险责任的承担会产生影响，因此，保险合同订立后，投保人要求变更合同内容的，须经过保险人的同意。经协商变更合同内容的，保险人应在原保险单或者其他保险凭证上批注或者附贴批单，或者由投保人与保险人订立变更合同的书面协议。

（二）保险合同的终止

1. 保险合同终止的概念与原因。保险合同的终止，又称保险合同权利义务的终止，它是指因法定或约定事由的出现而引起的债权债务关系的消灭。一般地说，导致保险合同终止的原因主要有以下几方面：①保险合同按照约定履行；②保险合同期限届满；③双方当事人协商终止合同；④未经保险人同意转让保险标的（运输保险合同或合同另有规定除外）；⑤当事人违约；⑥当事人解除合同。

2. 保险合同的解除。保险合同的解除是合同终止的重要原因之一。所谓保险合同的解除，是指在保险合同成立后，保险合同的当事人基于法定或约定的事由，行使解除权，从而使保险合同自始无效的法律行为。

保险合同成立后，对双方当事人具有法律约束力，因此，保险合同的解除必须符合法律的规定或合同的约定。我国《保险法》第15条规定："除本法另有规定或者保险合同另有约定外，保险合同成立后，投保人可以解除合同，保险人不得解除合同。"

由此可见，保险法对投保人解除合同的限制较少，而对保险人单方解除合同限制程度较高。根据《保险法》第50条的规定，货物运输保险合同和运输工具航程保险合同，保险责任开始后，当事人不得解除合同。这是投保人不得解除合同的例外情况，而对于保险人来说，大多数情况下不得单方解除合同，除非出现法定或约定的情形。根据我国保险法的规定，保险人解除保险合同的法定事由有以下几方面：①投保人故意违反告知义务，或者因过失未履行告知义务足以影响到保险人对重要事实的认定的，保险人有权解除保险合同；②投保人、被保险人或者受益人在未发生保险事故的情况下谎称发生保险事故或者故意制造保险事故的，保险人有权解除保险合同；③被保险人没有遵守国家有关消防、安全、生产操作、劳动保护等方面的规定，没有对保险标的的安全履行应尽责任的，保险人有权解除保险合同；④在保险合同有效期内，保险标的危险程度增加，超过保险人所能承保的事故发生几率的最低指标，保险人有权解除合同；⑤投保人申报的被保险人的年龄不真实，真实年龄不符合合同约定的年龄限制的，保险人有权解除保险合同；⑥人身保险合同中，自保险合同效力中止之日起超过2年，保险人与投保人未就补交保险费事宜达成协议的，保险人有权解除合同。

保险合同的解除最直接的后果就是保险合同效力的终止。但根据投保人、被保险人过错程度及危害程度的不同，法律对保险费的处理有所不同，主要分退还及不退还保险费两种情况。

保险人解除保险合同后，应退还保险费的情形有：①保险合同中止后，双方当事人未就补交保险费达成协议的，保险人解除合同后，应在扣除手续费后退还保险费。若投保人已交足2年以上保险费的，保险人还应当依合同约定退还保险单的现金价值。②投保人申报的被保险人年龄不真实，且真实年龄不符合合同约定的年龄限制的，保险人解除合同后，应退还保险费，但自合同成立之日起逾2年的除外。③投保人因重大过失未履行告知义务导致保险人解除保险合同的，保险人应当退还保险费。

保险法规定不退还保险费的情况主要有以下几种情形：①投保人故意不履行如实告知义务；②被保险人或者受益人谎称发生保险事故；③投保人、被保险人或受益人故意制造保险事故。

3. 保险合同的中止与终止。保险合同的中止与保险合同的终止是两个不同的概念。合同终止是合同权利义务的消灭，其效力不可能恢复；而保险合同的中止只是合同关系的暂时停止，合同效力在一定条件下可以恢复。

保险合同的中止主要出现于分期付款的人身保险合同中。我国《保险法》第36条规定，人身保险合同约定分期支付保险费的，投保人支付首期保险费后，除合同另有约定外，投保人自保险人催告之日起超过30日未支付当期保险费，或者超过约定的期限60日未支付当期保险费的，合同效力中止，或者由保险人按照合同约定的条件减少保险金额。

■ 第三节　人身保险合同和财产保险合同

一、人身保险合同

（一）人身保险合同的概念与特征

人身保险合同是以人的寿命和身体为保险标的的保险合同。与财产保险合同比较，具有以下几方面特征：

（1）人身保险合同的主体除了保险人、投保人与被保险人之外，还有受益人。而在财产保险合同中，受益人的身份由被保险人吸收，没有独立存在的意义。

（2）人身保险合同以人的寿命与身体为保险标的，而财产保险合同的保险标的是财产及其有关利益。

（3）人身保险合同具有长期性。所谓长期性是就保险期限而言的，人身保险合同中有相当一部分属于长期保险合同，保险期限少则几年，多则十几年、几十年甚至终身，特别是人寿保险合同，而财产保险合同的保险期限相对较短。

（4）人身保险合同具有给付性。人身保险的标的是人的寿命与身体，它的价值是无法计算的。当保险事故发生时，被保险人受到的损失是很难用货币衡量的，因此，人身保险合同中往往事先约定赔付金额，事故发生后或约定的期限届满时，保险人承担给付保险金的责任，这与财产保险中赔偿金的意义是有一定差别的。

（二）人身保险合同的种类

人身保险合同依据不同的标准，可以进行不同的分类。其中，最通常的分类方法是以保障范围的不同，将人身保险合同分为人寿保险合同、意外伤害保险合同与健康保险合同。

（1）人寿保险合同是最早出现的人身保险合同，它是指保险人在被保险人死亡或保险期限届满时，向被保险人或受益人给付保险金的合同。按照保险责任划分，人寿保险合同又可分为死亡保险合同、生存保险合同与两全保险合同。

死亡保险合同是以被保险人的死亡为保险事故的合同。它包括两种合同类型，一种是定期死亡保险合同，另一种是终身死亡保险合同。在定期死亡保险合同中，保险人给付保险金的前提是被保险人在约定的期限内死亡。这种合同一般适用于被保险人在短期内从事可能危及生命的工作的情形，或者被保险人的生命对家庭的利益非常重要的情况。终身死亡保险合同是不定期的死亡保险，只要投保人履行交纳保险费的义务，合同生效后任何时候，只要被保险人死亡，保险人就应给付保险金。这相对而言加重了保险人的责任，因此终身保险合同的保险费也比较高。

生存保险合同是以被保险人的生存作为保险事故的保险合同。与死亡保险合同相反，保险人支付保险金的条件是，被保险人在约定期限届满时仍旧生存。投保这种合同的目的主要在于当被保险人到一定年龄时，可以得到一部分保险金满足生活的需要。

两全保险合同是指被保险人在保险期限内无论死亡还是生存，保险期限届满，保险人都应给付保险金的保险合同。由于被保险人在期限届满时，要么生存，要么死亡，所以被保险人或受益人总能获得保险金，在这一点上两全保险与储蓄有相似之处，有时人们也称其为储蓄保险。也正是因为这一点，两全保险的保险费也比较高。

（2）意外伤害保险合同是指被保险人在保险期限内，因遭遇意外事故致使其伤残或死亡时，保险人依约定向被保险人或受益人给付保险金的保险合同。

（3）健康保险合同是指被保险人在保险期限内，因疾病、分娩等导致残疾或死亡时，保险人给付保险金的保险合同。健康保险合同一般包括以下几种类型：医疗给付保险合同、工资给付保险合同与残疾和死亡保险合同。

（三）人身保险合同的保险利益

保险利益是保险法的一项基本原则，它的基本含义是投保人对保险标的具有法律上承认的利益。订立合同时，投保人对被保险人不具有保险利益的，合同无效。根据《保险法》第31条的规定，人身保险合同的投保人对下列人员具有保险利益：①本人；②配偶、子女、父母；③前项以外与投保人有抚养、赡养或者扶养关系的家庭其他成员、近亲属；④与投保人有劳动关系的劳动者。除前款规定外，被保险人同意投保人为其订立合同的，视为投保人对被保险人具有保险利益。

10－6（2008年司法考试单选）杜某与其妻陈某经法院判决于2007年离婚，其女随陈某生活。2008年杜某为其母购买了一份人寿保险，并经其母同意指定自己为受益人。杜某无其他亲属。一日，杜某与其母外出旅游遭遇车祸，其母当场死亡，杜某受重伤住院两天后亦死亡。对于人寿保险金，下列哪一选项是正确的？

A. 因已无受益人，应归国家所有

B. 应当支付给杜某的前妻陈某和女儿

C. 应当支付给杜某的女儿

D. 因已无受益人，应归保险公司所有

________C。杜某死亡时间在其母之后，杜某作为受益人，有权取得其母的人寿保险金，故排除A、D两项。杜某死亡后，该部分保险金作为杜某的遗产应由其女继承，而陈某与杜某已解除婚姻关系，并不属于杜某的继承人，保险公司应当将人寿保险金支付给杜某的女儿，故本题的正确答案为C。

（四）人身保险合同当事人的权利与义务

（1）投保人申报的被保险人年龄不真实，并且其真实年龄不符合合同约定的年龄限制的，保险人可以解除合同，并按照合同约定退还保险单的现金价值。投保人申报的被保险人年龄不真实，致使投保人支付的保险费少于应付保险费的，保险人有权更正并要求投保人补交保险费，或者在给付保险金时按照实付保险费与应付保险费的比例支付。投保人申报的被保险人年龄不真实，致使投保人支付的保险费多于应付保险费的，保险人应当将多收的保险费退还投保人。

10－7（2008年司法考试单选）某保险公司开设一种人寿险：投保人逐年缴纳一定保费至60岁时可获得20万元保险金，保费随起保年龄的增长而增加。41岁的某甲精心计算后发现，若从46岁起投保，可最大限度降低保费，遂在向保险公司投保时谎称自己46岁。3年后保险公司发现某甲申报年龄不实。对此，保险公司应如何处理?

A. 因某甲谎报年龄，可以主张合同无效

B. 解除与某甲的保险合同，所收保费不予退还

C. 对某甲按41岁起保计算，对多收部分保费退还某甲或冲抵其以后应缴纳的保费

D. 解除与某甲的保险合同，所收保费扣除手续费后退还某甲

________C。《保险法》第32条规定，投保人申报的被保险人年龄不真实，并且其真实年龄不符合合同约定的年龄限制的，保险人可以解除合同，并按照合同约定退还保险单的现金价值。投保人申报的被保险人年龄不真实，致使投保人支付的保险费少于应付保险费的，保险人有权更正并要求投保人补交保险费，或者在给付保险金时按照实付保险费与应付保险费的比例支付。投保人申报的被保险人年龄不真实，致使投保人支付保险费多于应付保险费的，保险人应当将多收的保险费退还投保人。甲谎报年龄的行为并不影响合同生效，另外此事发生已经超过了2年，故应对甲按41岁起保计算，对多收部分保费退还某甲或冲抵其以

后应缴纳的保费。故本题选 C。

（2）投保人不得为无民事行为能力人投保以死亡为给付保险金条件的人身保险，保险人也不得承保。父母为其未成年子女投保的人身保险，不受上述规定限制。但是，因被保险人死亡给付的保险金总和不得超过国务院保险监督管理机构规定的限额。

10－8（2008 年司法考试单选）公民甲通过保险代理人乙为其 5 岁的儿子丙投保一份幼儿平安成长险，保险公司为丁。下列有关本事例的哪一表述是正确的？

A. 该份保险合同中不得含有以丙的死亡为给付保险金条件的条款

B. 受益人请求丁给付保险金的权利自其知道保险事故发生之日起 5 年内不行使而消灭

C. 当保险事故发生时，乙与丁对给付保险金承担连带赔偿责任

D. 保险代理人乙只能是依法成立的公司，不能是个人

________ B。《保险法》第 26 条规定："人寿保险以外的其他保险的被保险人或者受益人，向保险人请求赔偿或者给付保险金的诉讼时效期间为 2 年，自其知道或者应当知道保险事故发生之日起计算。人寿保险的被保险人或者受益人向保险人请求给付保险金的诉讼时效期间为 5 年，自其知道或者应当知道保险事故发生之日起计算。"该法第 33 条规定："投保人不得为无民事行为能力人投保以死亡为给付保险金条件的人身保险，保险人也不得承保。父母为其未成年子女投保的人身保险，不受前款规定限制。但是，因被保险人死亡给付的保险金额总和不得超过国务院保险监督管理机构规定的限额。"该法第 117 条规定："保险代理人是根据保险人的委托，向保险人收取佣金，并在保险人授权的范围内代为办理保险业务的机构或者个人。"该法第 127 条规定："保险代理人根据保险人的授权代为办理保险业务的行为，由保险人承担责任。保险代理人没有代理权、超越代理权或者代理权终止后以保险人名义订立合同，使投保人有理由相信其有代理权的，该代理行为有效。保险人可以依法追究越权的保险代理人的责任。"因此，选项 B 是正确的。

（3）以死亡为给付保险金条件的合同，未经被保险人同意并认可保险金额的，合同无效。按照以死亡为给付保险金条件的合同所签发的保险单，未经被保险人书面同意，不得转让或者质押。父母为其未成年子女投保的人身保险，不受

上述合同须经被保险人同意方可生效的限制。

(4) 投保人可以按照合同约定向保险人一次支付全部保险费或者分期支付保险费。

(5) 合同约定分期支付保险费，投保人支付首期保险费后，除合同另有约定外，投保人自保险人催告之日起超过 30 日未支付当期保险费，或者超过约定的期限 60 日未支付当期保险费的，合同效力中止，或者由保险人按照合同约定的条件减少保险金额。被保险人在上述规定期限内发生保险事故的，保险人应当按照合同约定给付保险金，但可以扣减欠交的保险费。合同效力依照上述规定中止的，经保险人与投保人协商并达成协议，在投保人补交保险费后，合同效力恢复。但是，自合同效力中止之日起满 2 年双方未达成协议的，保险人有权解除合同。保险人依照前款规定解除合同的，应当按照合同约定退还保险单的现金价值。

(6) 保险人对人寿保险的保险费，不得用诉讼方式要求投保人支付。

(7) 人身保险的受益人由被保险人或者投保人指定。投保人指定受益人时须经被保险人同意。投保人为与其有劳动关系的劳动者投保人身保险，不得指定被保险人及其近亲属以外的人为受益人。被保险人为无民事行为能力人或者限制民事行为能力人的，可以由其监护人指定受益人。

(8) 被保险人死亡后，有下列情形之一的，保险金作为被保险人的遗产，由保险人依照《继承法》的规定履行给付保险金的义务：①没有指定受益人，或者受益人指定不明无法确定的；②受益人先于被保险人死亡，没有其他受益人的；③受益人依法丧失受益权或者放弃受益权，没有其他受益人的。受益人与被保险人在同一事件中死亡，且不能确定死亡先后顺序的，推定受益人死亡在先。

(9) 投保人故意造成被保险人死亡、伤残或者疾病的，保险人不承担给付保险金的责任。投保人已交足 2 年以上保险费的，保险人应当按照合同约定向其他权利人退还保险单的现金价值。

(10) 受益人故意造成被保险人死亡、伤残、疾病的，或者故意杀害被保险人未遂的，该受益人丧失受益权。

(11) 以被保险人死亡为给付保险金条件的合同，自合同成立或者合同效力恢复之日起 2 年内，被保险人自杀的，保险人不承担给付保险金的责任，但被保险人自杀时为无民事行为能力人的除外。保险人依照上述规定不承担给付保险金责任的，应当按照合同约定退还保险单的现金价值。

(12) 因被保险人故意犯罪或者抗拒依法采取的刑事强制措施导致其伤残或者死亡的，保险人不承担给付保险金的责任。投保人已交足 2 年以上保险费的，

保险人应当按照合同约定退还保险单的现金价值。

10－9（2008 年司法考试单选）李某为其子投保了以死亡为给付保险金条件的人身保险，期限 5 年，保费已一次缴清。两年后其子因抢劫罪被判处死刑并已执行。李某要求保险公司履行赔付义务。对此，保险公司应如何处理？

A. 依照合同规定给付保险金

B. 根据李某已付保费，按照保单的现金价值予以退还

C. 可以不承担给付保险金的义务，也不返还保险费

D. 可以解除合同，但应全额返还保险费

________ B。《保险法》第 43 条规定，被保险人故意犯罪导致其自身伤残或者死亡，但投保人已交足 2 年以上保险费的，保险人应当按照保险单退还其现金价值。

（13）被保险人因第三者的行为而发生死亡、伤残或者疾病等保险事故的，保险人向被保险人或者受益人给付保险金后，不享有向第三者追偿的权利，但被保险人或者受益人仍有权向第三者请求赔偿。

（14）投保人解除合同的，保险人应当自收到解除合同通知之日起 30 日内，按照合同约定退还保险单的现金价值。

10－10（2005 年司法考试多选）张某到保险公司商谈分别为其 62 岁的母亲甲和 8 岁的女儿张乙投保意外伤害险事宜。张某向保险公司详细询问了有关意外伤害保险的具体条件，也如实地回答了保险公司的询问。请回答以下的 1～4 题。

1. 在张某为其母亲甲投保的意外伤害保险中，依法可以确定谁为受益人？

A. 以被保险人甲为受益人

B. 以被保险人甲指定的张乙为受益人

C. 以投保人张某为受益人，但须经甲同意

D. 以投保人张某和被保险人甲共同指定的第三人为受益人

________ ABCD。《保险法》第 21 条规定，投保人、被保险人或者受益人知道保险事故发生后，应当及时通知保险人。被保险人是指其财产或者人身受保险合同保障，享有保险金请求权的人，投保人可以为被保险人。受益人是指人身保险合同中由被保险人或者投保人指定的享有保险金请求权的人，投保人、被保险人可以为受益人。该法第 39 条规定，人身保险的受益人由被保险人或者投保人指定。投保人指定受益人时须经被保险人同意。投保人为与其有劳动关系的劳动

者投保人身保险，不得指定被保险人及其近亲属以外的人为受益人。被保险人为无民事行为能力人或者限制民事行为能力人的，可以由其监护人指定受益人。由此 ABCD 都选。

2. 在张某为其女儿张乙投的意外伤害保险中，受益人如何产生？

A. 因张乙为无民事行为能力人，故张某可以监护人身份指定受益人

B. 张乙虽无民事行为能力，但因她是保险合同的被保险人，故她可以指定受益人

C. 因张乙无民事行为能力，她可以委托张某指定受益人

D. 张某作为投保人可以指定受益人，但必须征得被保险人张乙的同意

________ A。由上述《保险法》第 39 条规定，应该选 A。

3. 张某为甲和张乙投保的保险合同均约定为分期支付保费。张某支付了首期保费后，因长期外出，第二期超过 60 日未支付当期保费，这有可能引起什么后果？

A. 合同效力中止

B. 合同终止

C. 保险人有权立即解除合同

D. 保险人按照约定条件减少保险金额

________ AD。《保险法》第 36 条规定："合同约定分期支付保险费，投保人支付首期保险费后，除合同另有约定外，投保人自保险人催告之日起超过 30 日未支付当期保险费，或者超过约定的期限 60 日未支付当期保险费的，合同效力中止，或者由保险人按照合同约定的条件减少保险金额。"由此选 AD。

4. 张某续交保费 2 年后，由于经济上陷入困境，无力继续支付保费，遂要求解除保险合同并退还已交的保费。对于张某的这一请求，应当如何认定？

A. 张某有权解除合同，但无权要求退还任何费用

B. 张某有权解除合同，保险公司应当退还已交的保费

C. 张某有权解除合同，保险公司应当退还保险单的现金价值

D. 张某有权解除合同并要求按规定退还保费，但保险公司有权收取违约金

________ C。《保险法》第 47 条规定："投保人解除合同，保险人应当自接到解除合同通知之日起 30 日内，按照合同约定退还保险单的现金价值。"由此选 C。

二、财产保险合同

（一）财产保险合同的概念与特征

《保险法》第12条第4款规定，财产保险是指以财产及其有关利益为保险标的的保险。因此，财产保险合同可以表述为当事人以财产及其有关利益为保险标的的合同。它具有以下几方面主要特征：

1. 财产保险合同的保险标的为特定的财产及与财产有关的利益。这是财产保险合同区别于人身保险合同的基本特征，它决定了保险标的可以随其所有权的转移而转移。根据保险法的规定，财产保险的保险标的依法转让后，经保险人同意继续承保的，保险合同依法变更。而这种情况在人身保险合同中是不存在的。

2. 财产保险合同是一种损失补偿合同。财产保险的目的在于对约定保险事故而导致的实际损失进行补偿，而不可能使被保险人获得额外的收益。因此，财产保险的赔偿额是以事故的实际损失为计算依据的，并且，在订立合同时，当事人所确定的保险金额不得高于保险价值，保险金额超过保险价值的，超过的部分无效。在重复保险中，保险金额总和超过保险价值的，各保险人赔偿金额的总和也不得超过保险价值。

3. 财产保险合同实行保险代位制度。这一特征是由财产保险合同的补偿性决定的，如果被保险人在获得保险赔偿金的同时，又从事故责任者处得到赔偿，显然违背补偿原则。因此，财产保险合同一般规定，保险人支付保险金后，可以在赔偿金额范围内代位行使被保险人对事故责任者请求赔偿的权利，而这些在人身保险合同中是不存在的。

（二）财产保险合同的种类

1. 财产损失保险合同。它是指以生产资料、生活资料等有形资产的实际损失为补偿目的的保险合同，一般包括企业财产保险合同、家庭财产保险合同、运输工具保险合同及货物运输保险合同等。

2. 责任保险合同。它是指以被保险人对第三者依法应负的赔偿责任为保险标的的合同。依据责任保险合同，投保人按照约定支付保险费，当被保险人依法必须向第三者履行赔偿义务时，保险人依据合同的约定，直接向被保险人或该第三者赔偿保险金。如果被保险人因给第三者造成损害的保险事故而被提起诉讼的，除非合同另有规定，被保险人应承担的仲裁、诉讼及其它合理、必要的费用，也由保险人承担。责任保险合同一般包括公众责任保险合同、产品责任保险合同、雇主责任保险合同、职业责任保险合同等。

3. 信用保险合同，是指保险人对债务人的信用或履约能力提供保证的合同。

依据信用保险合同，投保人支付保险费，当债务人没有清偿债务致使债权人遭受损失时，由保险人按照合同约定，向被保险人（债权人）给付保险赔偿金。信用保险合同的主要形式有出口信用保险合同、投资信用保险合同与国内商业信用保险合同等。

4. 保证保险合同，是指保险人对被保证人的作为或不作为给被保险人带来的损失承担保险责任的保险合同。在保证保险合同中，投保人支付保险费，当被保证人没有按照协议的要求履行义务，并因此给权利人（被保险人）带来损失时，由保险人（保证人）向被保险人支付保险金。之后，保险人有权向被保证人请求给付赔偿额。比较典型的保证保险合同有忠诚保证保险合同、履约保证保险合同等。

（三）被保险人的义务

1. 维护保险标的的义务。被保险人应当遵守国家有关消防、安全、生产操作、劳动保护等方面的规定，维护保险标的的安全。保险人可以按照合同约定对保险标的的安全状况进行检查，及时向投保人、被保险人提出消除不安全因素和隐患的书面建议。投保人、被保险人未按照约定履行其对保险标的的安全应尽责任的，保险人有权要求增加保险费或者解除合同。保险人为维护保险标的的安全，经被保险人同意，可以采取安全预防措施。

2. 通知义务。

（1）在合同有效期内，保险标的的危险程度显著增加的，被保险人应当按照合同约定及时通知保险人，保险人可以按照合同约定增加保险费或者解除合同。保险人解除合同的，应当将已收取的保险费，按照合同约定扣除自保险责任开始之日起至合同解除之日止应收的部分后，退还投保人。被保险人未履行上述规定的通知义务的，因保险标的的危险程度显著增加而发生的保险事故，保险人不承担赔偿保险金的责任。

（2）重复保险的投保人应当将重复保险的有关情况通知各保险人。

（3）保险标的转让的，保险标的的受让人承继被保险人的权利和义务。保险标的转让的，被保险人或者受让人应当及时通知保险人，但货物运输保险合同和另有约定的合同除外。因保险标的转让导致危险程度显著增加的，保险人自收到上述规定的通知之日起30日内，可以按照合同约定增加保险费或者解除合同。保险人解除合同的，应当将已收取的保险费，按照合同约定扣除自保险责任开始之日起至合同解除之日止应收的部分后，退还投保人。被保险人、受让人未履行上述规定的通知义务的，因转让导致保险标的危险程度显著增加而发生的保险事故，保险人不承担赔偿保险金的责任。

3. 减损义务。保险事故发生时，被保险人应当尽力采取必要的措施，防止或者减少损失。保险事故发生后，被保险人为防止或者减少保险标的的损失所支付的必要的、合理的费用，由保险人承担；保险人所承担的费用数额在保险标的损失赔偿金额以外另行计算，最高不超过保险金额的数额。

10－11（2004 年司法考试多选）刁某将自有轿车向保险公司投保，其保险合同中含有自燃险险种。一日，该车在行驶中起火，刁某情急之下将一农户晾在公路旁的棉被打湿灭火，但车辆仍有部分损失，棉被也被烧坏。保险公司对下列哪些费用应承担赔付责任？

A. 车辆修理费 500 元

B. 刁某误工费 400 元

C. 农户的棉被损失 200 元

D. 刁某乘其他车辆返回的交通费 30 元

________ AC。《保险法》第 57 条规定，“保险事故发生时，被保险人应当尽力采取必要的措施，防止或者减少损失。保险事故发生后，被保险人为防止或者减少保险标的的损失所支付的必要的、合理的费用，由保险人承担；保险人所承担的费用数额在保险标的损失赔偿金额以外另行计算，最高不超过保险金额的数额。”因此，本题应选 AC。

4. 提供信息义务。保险人向第三者行使代位请求赔偿的权利时，被保险人应当向保险人提供必要的文件和所知道的有关情况。

（四）保险人的义务

1. 退还保险费的义务。保险人在下列情形下应该退还保险费：①有下列情形之一的，除合同另有约定外，保险人应当降低保险费，并按日计算退还相应的保险费：据以确定保险费率的有关情况发生变化，保险标的的危险程度明显减少的；保险标的的保险价值明显减少的。②保险责任开始前，投保人要求解除合同的，应当按照合同约定向保险人支付手续费，保险人应当退还保险费。保险责任开始后，投保人要求解除合同的，保险人应当将已收取的保险费，按照合同约定扣除自保险责任开始之日起至合同解除之日止应收的部分后，退还投保人。③投保人和保险人约定保险标的的保险价值并在合同中载明的，保险标的发生损失时，以约定的保险价值为赔偿计算标准。投保人和保险人未约定保险标的的保险价值的，保险标的发生损失时，以保险事故发生时保险标的的实际价值为赔偿计算标准。保险金额不得超过保险价值。超过保险价值的，超过部分无效，保险人应当退还相应的保险费。保险金额低于保险价值的，除合同另有约定外，保险人按照保险金额与保险价值的比例承担赔偿保险金的责任。

2. 必要、合理费用承担的义务。保险人、被保险人为查明和确定保险事故的性质、原因和保险标的的损失程度所支付的必要的、合理的费用，由保险人承担。

3. 保险金赔付义务。

（1）保险人对责任保险的被保险人给第三者造成的损害，可以依照法律的规定或者合同的约定，直接向该第三者赔偿保险金。责任保险的被保险人给第三者造成损害，被保险人对第三者应负的赔偿责任确定的，根据被保险人的请求，保险人应当直接向该第三者赔偿保险金。被保险人怠于请求的，第三者有权就其应获赔偿部分直接向保险人请求赔偿保险金。责任保险的被保险人给第三者造成损害，被保险人未向该第三者赔偿的，保险人不得向被保险人赔偿保险金。

10－12（2008 年司法考试多选）王某将自已居住的房屋向某保险公司投保家庭财产保险。保险合同有效期内，该房屋因邻居家的小孩玩火而被部分毁损，损失 10 万元。下列哪些选项是错误的?

A. 王某应当先向邻居索赔，在邻居无力赔偿的前提下才能向保险公司索赔

B. 王某可以放弃对邻居的赔偿请求权，单独向保险公司索赔

C. 若王某已从邻居处得到 10 万元的赔偿，其仍可向保险公司索赔

D. 若王某从保险公司得到的赔偿不足 10 万元，其仍可向邻居索赔

________ ABC。《保险法》第 60 条规定，因第三者对保险标的的损害而造成保险事故的，保险人自向被保险人赔偿保险金之日起，在赔偿金额范围内代位行使被保险人对第三者请求赔偿的权利。前款规定的保险事故发生后，被保险人已经从第三者取得损害赔偿的，保险人赔偿保险金时，可以相应扣减被保险人从第三者已取得的赔偿金额。保险人依照第 1 款行使代位请求赔偿的权利，不影响被保险人就未取得赔偿的部分向第三者请求赔偿的权利。由此，保险事故发生后，被保险人可以选择向保险人请求赔偿，也可以直接请求侵害人给予赔偿，但是这二者之间并没有先后顺序，A 项说法错误，当选。王某若已经从邻居处得到 10 万元的赔偿，此时其损失已经被弥补，所以不可以再向保险公司索赔，C 项说法错误，当选。D 项说法正确，不当选。《保险法》第 61 条规定，保险事故发生后，保险人未赔偿保险金之前，被保险人放弃对第三者请求赔偿的权利的，保险人不承担赔偿保险金的责任。由此，B 说法是错误的，当选。本题是选非题，正确答案是 ABC。

（2）责任保险的被保险人因给第三者造成损害的保险事故而被提起仲裁或者诉讼的，被保险人支付的仲裁或者诉讼费用以及其他必要的、合理的费用，除合同另有约定外，由保险人承担。

10－13（2003年司法考试多选）甲厂生产健身器，其产品向乙保险公司投保了产品质量责任险。消费者华某使用该厂健身器被损伤而状告甲厂。甲厂委托鉴定机构对产品质量进行鉴定，结论是该产品确有质量缺陷，后甲厂被法院判决败诉并承担诉讼费。在此情形下，乙保险公司应承担的保险赔偿责任应包括下列哪些范围？

A. 法院判决甲厂赔偿给华某的经济损失3万元

B. 甲厂因上述诉讼所造成的名誉损失2万元

C. 甲厂花去的鉴定费8000元

D. 甲厂承担的诉讼费1500元

________ ACD。《保险法》第65条规定："保险人对责任保险的被保险人给第三者造成的损害，可以依照法律的规定或者合同的约定，直接向该第三者赔偿保险金。责任保险的被保险人给第三者造成损害，被保险人对第三者应负的赔偿责任确定的，根据被保险人的请求，保险人应当直接向该第三者赔偿保险金。被保险人怠于请求的，第三者有权就其应获赔偿部分直接向保险人请求赔偿保险金。责任保险的被保险人给第三者造成损害，被保险人未向该第三者赔偿的，保险人不得向被保险人赔偿保险金。责任保险是指以被保险人对第三者依法应负的赔偿责任为保险标的的保险。"该法第66条规定："责任保险的被保险人因给第三者造成损害的保险事故而被提起仲裁或者诉讼的，被保险人支付的仲裁或者诉讼费用以及其他必要的、合理的费用，除合同另有约定外，由保险人承担。"可见，ACD是正确选项。

（五）保险代位权

保险法中的代位权制度只适用于财产保险，它是指财产保险的保险人，在赔偿被保险人的损失后，可以在赔付保险金的范围内，享有向造成损失的第三者进行索赔权利的制度。如《保险法》第60条规定："因第三者对保险标的的损害而造成保险事故的，保险人自向被保险人赔偿保险金之日起，在赔偿金额范围内代位行使被保险人对第三者请求赔偿的权利。前款规定的保险事故发生后，被保险人已经从第三者取得损害赔偿的，保险人赔偿保险金时，可以相应扣减被保险人从第三者已取得的赔偿金额。保险人依照本条第 1 款规定行使代位请求赔偿的权利，不影响被保险人就未取得赔偿的部分向第三者请求赔偿的权利。”

10－14（2003 年司法考试单选）陈某将自己的轿车投保于保险公司。一日，其车被房东之子（未成年）损坏，花去修理费 1500 元。陈遂与房东达成协议：房东免收陈某 2 个月房租 1300 元，陈不再要求房东赔偿修车费。后陈某将该次事故报保险公司要求索赔。在此情形下，以下哪一个判断是正确的？

A. 保险公司应赔偿 1500 元

B. 保险公司应赔偿 200 元

C. 保险公司应赔偿 1300 元

D. 保险公司不再承担赔偿责任

________ D。《保险法》第 61 条规定：“保险事故发生后，保险人未赔偿保险金之前，被保险人放弃对第三者请求赔偿的权利的，保险人不承担赔偿保险金的责任。保险人向被保险人赔偿保险金后，被保险人未经保险人同意放弃对第三者请求赔偿的权利的，该行为无效。被保险人故意或者因重大过失致使保险人不能行使代位请求赔偿的权利的，保险人可以扣减或者要求返还相应的保险金。”故选 D。

保险法中的保险代位权具有以下三个特征：①保险人因保险事故对有过错的第三人享有赔偿请求权，这是保险代位权产生的基础；②保险代位权的产生必须是在保险人给付保险金之后；③保险代位权的范围不得超过保险人的赔付金额。

保险代位权的行使包括三方面内容：行使代位权的名义、代位权行使对象以及代位权行使的范围。具体分解如下：

（1）保险人应以谁的名义来行使保险代位权的问题。对此，我国保险法没有作出明确的规定，在实践中有的以保险人的名义，有的以被保险人的名义。有的学者主张，保险代位权实质上是一种债权的转移，原债权债务的内容不变，而主体发生变更，即保险人成为新的债权人，因此，保险人应以自己的名义向第三人行使求偿权。这种观点是有一定道理的。

（2）代位权行使的对象问题。通常来说，保险人在履行赔付义务后，就可以向对保险标的的损失负有责任的第三者行使求偿权。但保险法对代位求偿的对象是有一定限制的。例如，我国《保险法》第 62 条规定：“除被保险人的家庭成员或者其组成人员故意造成本法第 60 条第 1 款规定的保险事故外，保险人不得对被保险人的家庭成员或者其组成人员行使代位请求赔偿的权利”。这样规定主要是因为，被保险人与其家庭成员或组成成员具有一致的利益，如果允许保险人对他们行使求偿权，保险损失赔偿就失去了实际意义。

（3）保险人行使代位权的范围是有一定限制的。它应以保险人实际支出的保险金数额为限，保险人向第三人追偿的金额超出保险金的，超过部分应退还给被保险人。与此相应，被保险人就未获保险赔偿的部分仍享有向第三者请求赔偿的权利。

实践中，保险人代位权的顺利实施，离不开被保险人的支持。因此我国保险法中明确规定了被保险人协助保险人行使代位权的义务：

（1）向保险人提供必要的文件和其所知道的有关情况，从而有助于合理准确的确定第三者的责任。

（2）不得放弃对第三者的求偿权。《保险法》第61条规定："保险事故发生后，保险人未赔偿保险金之前，被保险人放弃对第三者请求赔偿的权利的，保险人不承担赔偿保险金的责任。保险人向被保险人赔偿保险金后，被保险人未经保险人同意放弃对第三者请求赔偿的权利的，该行为无效。"

（3）被保险人应积极配合保险人行使保险代位权，如果由于被保险人的过错致使保险人不能行使求偿权的，保险人可以相应扣减保险赔偿金。

10－15（2008年司法考试单选）甲将自己的汽车向某保险公司投保财产损失险，附加盗抢险，保险金额按车辆价值确定为20万元。后该汽车被盗，在保险公司支付了全部保险金额之后，该车辆被公安机关追回。关于保险金和车辆的处置方法，下列哪一选项是正确的？

A. 甲无需退还受领的保险金，但车辆归保险公司所有

B. 车辆归甲所有，但甲应退还受领的保险金

C. 甲无需退还保险金，车辆应归甲所有

D. 应由甲和保险公司协商处理保险金与车辆的归属

________A。《保险法》第59条规定，保险事故发生后，保险人已支付了全部保险金额，并且保险金额等于保险价值的，受损保险标的的全部权利归于保险人；保险金额低于保险价值的，保险人按照保险金额与保险价值的比例取得受损保险标的的部分权利。" 本题中，因为保险人支付了全部保险金额，而且保险金额相等于保险价值，所以车辆的全部权利归于保险人，A项是正确的。

■ 第四节　保险公司

一、保险公司设立条件

保险公司是依法设立的经营保险业务，以营利为目的的企业法人。

《保险法》第68条规定，设立保险公司应当具备下列条件：

（1）主要股东具有持续盈利能力，信誉良好，最近3年内无重大违法违规记录，净资产不低于人民币2亿元。

（2）有符合本法和《公司法》规定的章程。

（3）有符合本法规定的注册资本；设立保险公司，其注册资本的最低限额为人民币2亿元。国务院保险监督管理机构根据保险公司的业务范围、经营规模，可以调整其注册资本的最低限额，但不得低于人民币2亿元的限额。保险公司的注册资本必须为实缴货币资本。

（4）有具备任职专业知识和业务工作经验的董事、监事和高级管理人员。

（5）有健全的组织机构和管理制度。

（6）有符合要求的营业场所和与经营业务有关的其他设施。

（7）法律、行政法规和国务院保险监督管理机构规定的其他条件。

二、保险公司的设立程序

《保险法》第67条规定："设立保险公司应当经国务院保险监督管理机构批准。国务院保险监督管理机构审查保险公司的设立申请时，应当考虑保险业的发展和公平竞争的需要。"设立保险公司应该经过下列程序：

（一）提出申请

申请设立保险公司，应当向国务院保险监督管理机构提出书面申请，并提交下列材料：①设立申请书，申请书应当载明拟设立的保险公司的名称、注册资本、业务范围等；②可行性研究报告；③筹建方案；④投资人的营业执照或者其他背景资料，经会计师事务所审计的上一年度财务会计报告；⑤投资人认可的筹备组负责人和拟任董事长、经理名单及本人认可证明；⑥国务院保险监督管理机构规定的其他材料。

（二）筹建批准

国务院保险监督管理机构应当对设立保险公司的申请进行审查，自受理之日起6个月内作出批准或者不批准筹建的决定，并书面通知申请人。决定不批准的，应当书面说明理由。

(三) 筹建

申请人应当自收到批准筹建通知之日起1年内完成筹建工作；筹建期间不得从事保险经营活动。

(四) 开业申请及批准

筹建工作完成后，申请人具备《保险法》第68条规定的设立条件的，可以向国务院保险监督管理机构提出开业申请。国务院保险监督管理机构应当自受理开业申请之日起60日内，作出批准或者不批准开业的决定。决定批准的，颁发经营保险业务许可证；决定不批准的，应当书面通知申请人并说明理由。

保险公司可以在中华人民共和国境内设立分支机构，保险公司分支机构不具有法人资格，其民事责任由保险公司承担。设立分支机构应当经保险监督管理机构批准。保险公司申请设立分支机构，应当向保险监督管理机构提出书面申请，并提交下列材料：设立申请书；拟设机构3年业务发展规划和市场分析材料；拟任高级管理人员的简历及相关证明材料；国务院保险监督管理机构规定的其他材料。保险监督管理机构应当对保险公司设立分支机构的申请进行审查，自受理之日起60日内作出批准或者不批准的决定。决定批准的，颁发分支机构经营保险业务许可证；决定不批准的，应当书面通知申请人并说明理由。

(五) 登记

经批准设立的保险公司及其分支机构，凭经营保险业务许可证向工商行政管理机关办理登记，领取营业执照。保险公司及其分支机构自取得经营保险业务许可证之日起6个月内，无正当理由未向工商行政管理机关办理登记的，其经营保险业务许可证失效。

三、保险公司的变更

保险公司有下列情形之一的，应当经保险监督管理机构批准：①变更名称；②变更注册资本；③变更公司或者分支机构的营业场所；④撤销分支机构；⑤公司分立或者合并；⑥修改公司章程；⑦变更出资额占有限责任公司资本总额5%以上的股东，或者变更持有股份有限公司股份5%以上的股东；⑧国务院保险监督管理机构规定的其他情形。

四、保险公司的解散和清算

(一) 解散的概念和种类

保险公司的解散是指依法成立的保险公司因法定或章程规定的事由发生而丧失其法人资格的法律事实。保险公司的解散因原因与条件的不同分为两种，即任意解散与强制解散。

任意解散是保险公司依章程规定或股东大会的决议而自动解散的情形。依据保险法与公司法的规定，任意解散的原因主要有三：①公司的合并与分立；②公司章程规定的解散事由出现；③股东会作出解散决议。任意解散虽然是公司自治行为的结果，但对于保险公司而言，解散结果的最终出现还应经过金融监管部门的批准。对于经营人寿保险业务的保险公司，除分立、合并外，不得解散。

强制解散是指保险公司因金融监管部门的命令或法院的判决而解散的情形。强制解散的事由主要有两方面：①金融监管部门对违反法律、行政法规的保险公司，吊销其经营保险业务许可证，依法予以撤销；②人民法院对不能支付到期债务的保险公司依法宣告破产，但保险公司的破产应经过金融监管部门的同意。

无论是任意解散，还是强制解散，都必须进行清算。清算是保险公司消灭其法人资格的必经程序。保险公司解散的，应立即组成清算组，在清算期间，由清算组负责保险公司的一切事务，保险公司的法人资格虽然没有消灭，但已丧失了继续经营保险业务的权利。根据保险法的规定，解散的事由不同，清算组的成立与组成也有所不同，具体而言，在任意解散的情形下，由保险公司成立清算组，依法进行清算；保险公司被依法撤销的，由金融监管部门组成清算组，进行清算；在人民法院依法宣告保险公司破产的情形下，由人民法院组织金融监管部门等有关部门和有关人员成立清算组，进行清算。

（二）解散的原因和限制

保险公司因分立、合并需要解散，或者股东会、股东大会决议解散，或者公司章程规定的解散事由出现，经国务院保险监督管理机构批准后解散。经营有人寿保险业务的保险公司，除因分立、合并或者被依法撤销外，不得解散。

（三）清算

保险公司解散，应当依法成立清算组进行清算。保险公司有《企业破产法》第 2 条规定情形的，经国务院保险监督管理机构同意，保险公司或者其债权人可以依法向人民法院申请重整、和解或者破产清算；国务院保险监督管理机构也可以依法向人民法院申请对该保险公司进行重整或者破产清算。

（四）破产清偿顺序

破产财产在优先清偿破产费用和共益债务后，按照下列顺序清偿：①所欠职工工资和医疗、伤残补助、抚恤费用，所欠应当划入职工个人账户的基本养老保险、基本医疗保险费用，以及法律、行政法规规定应当支付给职工的补偿金；②赔偿或者给付保险金；③保险公司欠缴的除第 1 项规定以外的社会保险费用和所欠税款；④普通破产债权。破产财产不足以清偿同一顺序的清偿要求的，按照比例分配。破产保险公司的董事、监事和高级管理人员的工资，按照该公司职工的平均工资计算。

经营有人寿保险业务的保险公司被依法撤销或者被依法宣告破产的，其持有的人寿保险合同及责任准备金，必须转让给其他经营有人寿保险业务的保险公司；不能同其他保险公司达成转让协议的，由国务院保险监督管理机构指定经营有人寿保险业务的保险公司接受转让。转让或者由国务院保险监督管理机构指定接受转让上述规定的人寿保险合同及责任准备金的，应当维护被保险人、受益人的合法权益。

第五节 保险经营规则

一、保险公司的业务范围

保险公司的业务范围就是法律规定的保险公司可以从事的业务活动范围。根据我国《保险法》第95条的规定，保险公司可以经营人身保险业务、财产保险业务和国务院保险监督管理机构批准的与保险有关的其他业务。具体来讲，人身保险业务包括人寿保险、健康保险、意外伤害保险等保险业务；财产保险业务，包括财产损失保险、责任保险、信用保险、保证保险等保险业务。

保险人不得兼营人身保险业务和财产保险业务。但是，经营财产保险业务的保险公司经国务院保险监督管理机构批准，可以经营短期健康保险业务和意外伤害保险业务。经国务院保险监督管理机构批准，保险公司可以经营《保险法》第95条规定的保险业务的下列再保险业务：分出保险和分入保险。保险公司应当在国务院保险监督管理机构依法批准的业务范围内从事保险经营活动。

二、保险公司偿付能力的维持

保险公司的偿付能力是指保险公司对承担的保险责任所应具备的赔偿或给付的能力。保险公司是经营风险的组织，时刻面临赔偿损失与支付保险金的可能，因此，法律要求保险公司必须维持一定程度的偿付能力。根据我国保险法，保险公司应尽到以下义务，以维持其偿付能力：

（1）保险公司应当按照其注册资本总额的20%提取保证金，存入国务院保险监督管理机构指定的银行，除公司清算时用于清偿债务外，不得动用。

（2）保险公司应当根据保障被保险人利益、保证偿付能力的原则，提取各项责任准备金。保险公司提取和结转责任准备金的具体办法，由国务院保险监督管理机构制定。

（3）保险公司应当依法提取公积金。

（4）保险公司应当缴纳保险保障基金。保险保障基金应当集中管理，并在下列情形下统筹使用：①在保险公司被撤销或者被宣告破产时，向投保人、被保险人或者受益人提供救济；②在保险公司被撤销或者被宣告破产时，向依法接受其人寿保险合同的保险公司提供救济；③国务院规定的其他情形。保险保障基金筹集、管理和使用的具体办法，由国务院制定。

（5）保险公司应当具有与其业务规模和风险程度相适应的最低偿付能力。保险公司的认可资产减去认可负债的差额不得低于国务院保险监督管理机构规定的数额；低于规定数额的，应当按照国务院保险监督管理机构的要求采取相应措施达到规定的数额。

（6）经营财产保险业务的保险公司当年自留保险费，不得超过其实有资本金加公积金总和的4倍。

（7）保险公司对每一危险单位，即对一次保险事故可能造成的最大损失范围所承担的责任，不得超过其实有资本金加公积金总和的10%；超过的部分应当办理再保险。保险公司对危险单位的划分应当符合国务院保险监督管理机构的规定。

（8）保险公司对危险单位的划分方法和巨灾风险安排方案，应当报国务院保险监督管理机构备案。

三、资金运作

保险公司的资金运用必须稳健，遵循安全性原则。保险公司的资金运用限于下列形式：①银行存款；②买卖债券、股票、证券投资基金份额等有价证券；③投资不动产；④国务院规定的其他资金运用形式。

保险公司资金运用的具体管理办法，由国务院保险监督管理机构依照上述的规定制定。

■ 第六节 保险代理人和保险经纪人

一、保险代理人和保险经纪人的含义

保险代理人是根据保险人的委托，向保险人收取佣金，并在保险人授权的范围内代为办理保险业务的机构或者个人。保险代理机构包括专门从事保险代理业务的保险专业代理机构和兼营保险代理业务的保险兼业代理机构。

保险经纪人是基于投保人的利益，为投保人与保险人订立保险合同提供中介服务，并依法收取佣金的机构。

二、保险代理人和保险经纪人资格的取得

保险代理机构、保险经纪人应当具备国务院保险监督管理机构规定的条件，取得保险监督管理机构颁发的经营保险代理业务许可证、保险经纪业务许可证。

保险专业代理机构、保险经纪人凭保险监督管理机构颁发的许可证向工商行政管理机关办理登记，领取营业执照。保险专业代理机构凭保险监督管理机构颁发的许可证，向工商行政管理机关办理变更登记。

以公司形式设立保险专业代理机构、保险经纪人，其注册资本最低限额适用《公司法》的规定。国务院保险监督管理机构根据保险专业代理机构、保险经纪人的业务范围和经营规模，可以调整其注册资本的最低限额，但不得低于《公司法》规定的限额。保险专业代理机构、保险经纪人的注册资本或者出资额必须为实缴货币资本。

三、保险代理人和保险经纪人的条件

保险专业代理机构、保险经纪人的高级管理人员，应当品行良好，熟悉保险法律、行政法规，具有履行职责所需的经营管理能力，并在任职前取得保险监督管理机构核准的任职资格。

个人保险代理人、保险代理机构的代理从业人员、保险经纪人的经纪从业人员，应当具备国务院保险监督管理机构规定的资格条件，取得保险监督管理机构颁发的资格证书。

四、保险代理人和保险经纪人的经营活动及其责任

（一）经营活动的基本要求

保险代理机构、保险经纪人应当有自己的经营场所，设立专门账簿记载保险代理业务、经纪业务的收支情况。

保险代理机构、保险经纪人应当按照国务院保险监督管理机构的规定缴存保

证金或者投保职业责任保险。未经保险监督管理机构批准，保险代理机构、保险经纪人不得动用保证金。

个人保险代理人在代为办理人寿保险业务时，不得同时接受两个以上保险人的委托。

（二）保险经纪人和保险代理人行为禁止及责任承担

1. 行为禁止规定。保险代理人、保险经纪人及其从业人员在办理保险业务活动中不得有下列行为：①欺骗保险人、投保人、被保险人或者受益人；②隐瞒与保险合同有关的重要情况；③阻碍投保人履行本法规定的如实告知义务，或者诱导其不履行本法规定的如实告知义务；④给予或者承诺给予投保人、被保险人或者受益人保险合同约定以外的利益；⑤利用行政权力、职务或者职业便利以及其他不正当手段强迫、引诱或者限制投保人订立保险合同；⑥伪造、擅自变更保险合同，或者为保险合同当事人提供虚假证明材料；⑦挪用、截留、侵占保险费或者保险金；⑧利用业务便利为其他机构或者个人牟取不正当利益；⑨串通投保人、被保险人或者受益人，骗取保险金；⑩泄露在业务活动中知悉的保险人、投保人、被保险人的商业秘密。

2. 责任承担。保险经纪人因过错给投保人、被保险人造成损失的，依法承担赔偿责任。

■　第七节　保险业的监督管理

一、监管机构及其原则

国务院保险监督管理机构依法对保险业实施监督管理。它根据履行职责的需要设立派出机构。派出机构按照国务院保险监督管理机构的授权履行监督管理职责。

保险监督管理机构依照《保险法》和国务院规定的职责，遵循依法、公开、公正的原则，对保险业实施监督管理，维护保险市场秩序，保护投保人、被保险人和受益人的合法权益。国务院保险监督管理机构依照法律、行政法规制定并发布有关保险业监督管理的规章。

二、监管内容

（一）保险条款和保险费率的制定和备案

关系社会公众利益的保险险种、依法实行强制保险的险种和新开发的人寿保险险种等的保险条款和保险费率，应当报国务院保险监督管理机构批准。国务院保险监督管理机构审批时，应当遵循保护社会公众利益和防止不正当竞争的原则。其他保险险种的保险条款和保险费率，应当报保险监督管理机构备案。保险条款和保险费率审批、备案的具体办法，由国务院保险监督管理机构依照上述规定制定。

保险公司使用的保险条款和保险费率违反法律、行政法规或者国务院保险监督管理机构的有关规定的，由保险监督管理机构责令停止使用，限期修改；情节严重的，可以在一定期限内禁止申报新的保险条款和保险费率。

（二）对保险公司偿付能力监控

国务院保险监督管理机构应当建立健全保险公司偿付能力监管体系，对保险公司的偿付能力实施监控。对偿付能力不足的保险公司，国务院保险监督管理机构应当将其列为重点监管对象，并可以根据具体情况采取下列措施：①责令增加资本金、办理再保险；②限制业务范围；③限制向股东分红；④限制固定资产购置或者经营费用规模；⑤限制资金运用的形式、比例；⑥限制增设分支机构；⑦责令拍卖不良资产、转让保险业务；⑧限制董事、监事、高级管理人员的薪酬水平；⑨限制商业性广告；⑩责令停止接受新业务。

（三）对保险公司的整顿

1. 整顿的前提条件。保险公司未依照《保险法》规定提取或者结转各项责任准备金，或者未依照《保险法》规定办理再保险，或者严重违反《保险法》关于资金运用的规定的，由保险监督管理机构责令限期改正，并可以责令调整负责人及有关管理人员。

2. 整顿。保险监督管理机构依照《保险法》的规定作出限期改正的决定后，保险公司逾期未改正的，国务院保险监督管理机构可以决定选派保险专业人员和指定该保险公司的有关人员组成整顿组，对公司进行整顿。整顿决定应当载明被整顿公司的名称、整顿理由、整顿组成员和整顿期限，并予以公告。

整顿组有权监督被整顿保险公司的日常业务。被整顿公司的负责人及有关管理人员应当在整顿组的监督下行使职权。整顿过程中，被整顿保险公司的原有业务继续进行。但是，国务院保险监督管理机构可以责令被整顿公司停止部分原有业务、停止接受新业务，调整资金运用。被整顿保险公司经整顿已纠正其违反《保险法》规定的行为，恢复正常经营状况的，由整顿组提出报告，经国务院保险监督管理机构批准，结束整顿，并由国务院保险监督管理机构予以公告。

（四）接管

接管是指金融监管部门对违反保险法的规定，损害社会公共利益，可能严重危及或已经危及公司偿付能力的保险公司所采取的监管方式，其目的是恢复保险公司的正常经营行为，保护被保险人的利益。

1. 接管原因。保险公司有下列情形之一的，国务院保险监督管理机构可以对其实行接管：①公司的偿付能力严重不足的；②违反《保险法》规定，损害社会公共利益，可能严重危及或者已经严重危及公司的偿付能力的。被接管的保险公司的债权债务关系不因接管而变化。

2. 接管决定。接管组的组成和接管的实施办法，由国务院保险监督管理机构决定，并予以公告。接管决定一般包括下列内容：被接管的保险公司名称；接管理由；接管组织；接管期限。

《保险法》第147、148条规定，接管期限届满，国务院保险监督管理机构可以决定延长接管期限，但接管期限最长不得超过2年。接管期限届满，被接管的保险公司已恢复正常经营能力的，由国务院保险监督管理机构决定终止接管，并予以公告。

（五）撤销

保险公司因违法经营被依法吊销经营保险业务许可证的，或者偿付能力低于国务院保险监督管理机构规定标准，不予撤销将严重危害保险市场秩序、损害公共利益的，由国务院保险监督管理机构予以撤销并公告，依法及时组织清算组进行清算。

（六）信息披露的监管

国务院保险监督管理机构有权要求保险公司股东、实际控制人在指定的期限内提供有关信息和资料。

三、监管措施

（一）对关联交易的措施

保险公司的股东利用关联交易严重损害公司利益，危及公司偿付能力的，由国务院保险监督管理机构责令改正。在按照要求改正前，国务院保险监督管理机构可以限制其股东权利；拒不改正的，可以责令其转让所持的保险公司股权。

（二）对董事、监事、高级管理人员及其他直接责任人员的措施

1. 保险监督管理机构根据履行监督管理职责的需要，可以与保险公司董事、监事和高级管理人员进行监督管理谈话，要求其就公司的业务活动和风险管理的重大事项作出说明。

2. 保险公司在整顿、接管、撤销清算期间，或者出现重大风险时，国务院保险监督管理机构可以对该公司直接负责的董事、监事、高级管理人员和其他直接责任人员采取以下措施：①通知出境管理机关依法阻止其出境；②申请司法机关禁止其转移、转让或者以其他方式处分财产，或者在财产上设定其他权利。

（三）依法履行职责可以采取的其他措施

（1）对保险公司、保险代理人、保险经纪人、保险资产管理公司、外国保险机构的代表机构进行现场检查。

（2）进入涉嫌违法行为发生场所调查取证。

（3）询问当事人及与被调查事件有关的单位和个人，要求其对与被调查事件有关的事项作出说明。

（4）查阅、复制与被调查事件有关的财产权登记等资料。

（5）查阅、复制保险公司、保险代理人、保险经纪人、保险资产管理公司、外国保险机构的代表机构以及与被调查事件有关的单位和个人的财务会计资料及其他相关文件和资料；对可能被转移、隐匿或者毁损的文件和资料予以封存。

（6）查询涉嫌违法经营的保险公司、保险代理人、保险经纪人、保险资产管理公司、外国保险机构的代表机构以及与涉嫌违法事项有关的单位和个人的银行账户。

（7）对有证据证明已经或者可能转移、隐匿违法资金等涉案财产或者隐匿、伪造、毁损重要证据的，经保险监督管理机构主要负责人批准，申请人民法院予以冻结或者查封。

保险监督管理机构采取上述第1、2、5项措施的，应当经保险监督管理机构负责人批准；采取第6项措施的，应当经国务院保险监督管理机构负责人批准。

保险监督管理机构依法进行监督检查或者调查，其监督检查、调查的人员不得少于2人，并应当出示合法证件和监督检查、调查通知书；监督检查、调查的人员少于2人或者未出示合法证件和监督检查、调查通知书的，被检查、调查的单位和个人有权拒绝。

■ 第八节 法律责任

一、保险人的法律责任

1. 保险公司违反《保险法》规定，超出批准的业务范围经营的，由保险监督管理机构责令限期改正，没收违法所得，并处违法所得1倍以上5倍以下的罚款；没有违法所得或者违法所得不足10万元的，处10万元以上50万元以下的罚款。逾期不改正或者造成严重后果的，责令停业整顿或者吊销业务许可证。

2. 保险公司有《保险法》第116条规定行为之一的，由保险监督管理机构责令改正，处5万元以上30万元以下的罚款；情节严重的，限制其业务范围、责令停止接受新业务或者吊销业务许可证。

3. 保险公司违反《保险法》第48条规定的，由保险监督管理机构责令改正，处1万元以上10万元以下的罚款。

4. 保险公司违反《保险法》规定，有下列行为之一的，由保险监督管理机构责令改正，处5万元以上30万元以下的罚款：

（1）超额承保，情节严重的。

（2）为无民事行为能力人承保以死亡为给付保险金条件的保险的。

5. 违反《保险法》规定，有下列行为之一的，由保险监督管理机构责令改正，处5万元以上30万元以下的罚款；情节严重的，可以限制其业务范围、责令停止接受新业务或者吊销业务许可证：

（1）未按照规定提存保证金或者违反规定动用保证金的。

（2）未按照规定提取或者结转各项责任准备金的。

（3）未按照规定缴纳保险保障基金或者提取公积金的。

（4）未按照规定办理再保险的。

（5）未按照规定运用保险公司资金的。

（6）未经批准设立分支机构或者代表机构的。

（7）未按照规定申请批准保险条款、保险费率的。

6. 违反《保险法》规定，转让、出租、出借业务许可证的，由保险监督管理机构处1万元以上10万元以下的罚款；情节严重的，责令停业整顿或者吊销业务许可证。

7. 违反《保险法》规定，有下列行为之一的，由保险监督管理机构责令限期改正；逾期不改正的，处1万元以上10万元以下的罚款：

（1）未按照规定报送或者保管报告、报表、文件、资料的，或者未按照规定提供有关信息、资料的。

（2）未按照规定报送保险条款、保险费率备案的。

（3）未按照规定披露信息的。

8. 违反《保险法》规定，有下列行为之一的，由保险监督管理机构责令改正，处10万元以上50万元以下的罚款；情节严重的，可以限制其业务范围、责令停止接受新业务或者吊销业务许可证：

（1）编制或者提供虚假的报告、报表、文件、资料的。

（2）拒绝或者妨碍依法监督检查的。

（3）未按照规定使用经批准或者备案的保险条款、保险费率的。

9. 保险公司、保险资产管理公司、保险专业代理机构、保险经纪人违反

《保险法》规定的，保险监督管理机构除分别依照《保险法》第161～172条的规定对该单位给予处罚外，对其直接负责的主管人员和其他直接责任人员给予警告，并处1万元以上10万元以下的罚款；情节严重的，撤销任职资格或者从业资格。

10. 违反《保险法》规定，聘任不具有任职资格、从业资格的人员的，由保险监督管理机构责令改正，处2万元以上10万元以下的罚款。

二、投保人、被保险人、受益人的法律责任

投保人、被保险人或者受益人有下列行为之一，进行保险诈骗活动，尚不构成犯罪的，依法给予行政处罚：

（1）投保人故意虚构保险标的，骗取保险金的。

（2）编造未曾发生的保险事故，或者编造虚假的事故原因或者夸大损失程度，骗取保险金的。

（3）故意造成保险事故，骗取保险金的。

保险事故的鉴定人、评估人、证明人故意提供虚假的证明文件，为投保人、被保险人或者受益人进行保险诈骗提供条件的，依照上述规定给予处罚。

三、保险代理人、保险经纪人的法律责任

1. 保险代理机构、保险经纪人有《保险法》第131条规定行为之一的，由保险监督管理机构责令改正，处5万元以上30万元以下的罚款；情节严重的，吊销业务许可证。

2. 保险代理机构、保险经纪人违反《保险法》规定，有下列行为之一的，由保险监督管理机构责令改正，处2万元以上10万元以下的罚款；情节严重的，责令停业整顿或者吊销业务许可证：

（1）未按照规定缴存保证金或者投保职业责任保险的。

（2）未按照规定设立专门账簿记载业务收支情况的。

3. 保险专业代理机构、保险经纪人违反《保险法》规定，未经批准设立分支机构或者变更组织形式的，由保险监督管理机构责令改正，处1万元以上5万元以下的罚款。

四、保险监督管理部门的法律责任

保险监督管理机构从事监督管理工作的人员有下列情形之一的，依法给予处分：

（1）违反规定批准机构的设立的。

（2）违反规定进行保险条款、保险费率审批的。

（3）违反规定进行现场检查的。

（4）违反规定查询账户或者冻结资金的。

（5）泄露其知悉的有关单位和个人的商业秘密的。

（6）违反规定实施行政处罚的。

（7）滥用职权、玩忽职守的其他行为。

五、其他有关人员的法律责任

（1）违反《保险法》规定，擅自设立保险公司、保险资产管理公司或者非法经营商业保险业务的，由保险监督管理机构予以取缔，没收违法所得，并处违法所得 1 倍以上 5 倍以下的罚款；没有违法所得或者违法所得不足 20 万元的，处 20 万元以上 100 万元以下的罚款。

（2）违反《保险法》规定，擅自设立保险专业代理机构、保险经纪人，或者未取得经营保险代理业务许可证、保险经纪业务许可证从事保险代理业务、保险经纪业务的，由保险监督管理机构予以取缔，没收违法所得，并处违法所得 1 倍以上 5 倍以下的罚款；没有违法所得或者违法所得不足 5 万元的，处 5 万元以上 30 万元以下的罚款。

（3）个人保险代理人违反《保险法》规定的，由保险监督管理机构给予警告，可以并处 2 万元以下的罚款；情节严重的，处 2 万元以上 10 万元以下的罚款，并可以吊销其资格证书。

未取得合法资格的人员从事个人保险代理活动的，由保险监督管理机构给予警告，可以并处 2 万元以下的罚款；情节严重的，处 2 万元以上 10 万元以下的罚款。

（4）外国保险机构未经国务院保险监督管理机构批准，擅自在中华人民共和国境内设立代表机构的，由国务院保险监督管理机构予以取缔，处 5 万元以上 30 万元以下的罚款。

外国保险机构在中华人民共和国境内设立的代表机构从事保险经营活动的，由保险监督管理机构责令改正，没收违法所得，并处违法所得 1 倍以上 5 倍以下的罚款；没有违法所得或者违法所得不足 20 万元的，处 20 万元以上 100 万元以下的罚款；对其首席代表可以责令撤换；情节严重的，撤销其代表机构。

（5）违反《保险法》规定，给他人造成损害的，依法承担民事责任。

（6）拒绝、阻碍保险监督管理机构及其工作人员依法行使监督检查、调查职权，未使用暴力、威胁方法的，依法给予治安管理处罚。

（7）违反法律、行政法规的规定，情节严重的，国务院保险监督管理机构可以禁止有关责任人员一定期限直至终身进入保险业。

（8）违反《保险法》规定，构成犯罪的，依法追究刑事责任。

参考书目

1. [美] 彼得·S. 罗斯著，肖慧娟、安静等译：《货币与资本市场——全球市场中的金融机构与工具》，机械工业出版社 1999 年版。
2. [美] 爱德华·S. 肖著，邵伏军等译：《经济发展中的金融深化》，上海三联书店 1988 年版。
3. [美] 托马斯·梅耶、詹姆斯·S. 杜森贝里、罗伯特·Z. 阿利伯著，洪文金、林志军等译：《货币、银行与经济》，上海三联书店、上海人民出版社 2003 年版。
4. [德] 迪特尔·梅迪库斯：《德国民法总论》，邵建东译，法律出版社 2002 年版。
5. 周大中 ：《现代金融学》，北京大学出版社 1994 年版。
6. 邹建平：《中国金融问题报告》，中国城市出版社 1999 年版。
7. 朱毅峰：《资金融通论》，中国人民大学出版社 1993 年版。
8. 隋彭生、吴飚主编：《经济法概论》，中国政法大学出版社 2008 年版。
9. 刘亚天、刘少军主编：《金融法》，中国政法大学出版社 2002 年版。
10. 汪鑫主编：《金融法学》，中国政法大学出版社 1999 年版。
11. 刘亚天、魏敬森主编：《金融法》，中国政法大学出版社 1996 年版。
12. 朱崇实主编：《金融法教程》，法律出版社 1995 年版。
13. 周友苏：《证券法通论》，四川人民出版社 1999 年版。
14. 孙积禄：《保险法论》，中国法制出版社 1997 年版。
15. 刘心稳：《票据法》，中国政法大学出版社 2002 年版。
16. 刘亚天主编：《经济法》，高等教育出版社 2007 年版。
17. 张尚学主编：《货币银行学》，高等教育出版社 2002 年版。
18. 张俊浩主编：《民法学原理》，中国政法大学出版社 1991 年版。
19. 董安生主编：《票据法》，中国人民大学出版社 2000 年版。
20. 刘少军：《金融经济法纲要》，人民法院出版社 1999 年版。
21. 赵旭东主编：《公司法》，中国政法大学出版社 2007 年版。
22. 刘心稳、刘亚天主编：《合同法原理与适用》，中国人民公安大学出版社 1993 年版。
24. 杨志华：《证券法律制度研究》，中国政法大学出版社 1995 年版。
25. 邓子基等：《公债经济学》，中国财政经济出版社 1990 年版。

图书在版编目（CIP）数据

金融法／刘亚天主编．—北京：中国政法大学出版社，2009.9
ISBN 978-7-5620-3570-1
Ⅰ.金... Ⅱ.刘... Ⅲ.金融法－中国－高等学校－教材 Ⅳ.D922.28
中国版本图书馆CIP数据核字(2009)第158813号

出版发行　中国政法大学出版社
经　　销　全国各地新华书店
承　　印　固安华明印刷厂

720mm×960mm　16开本　18.75印张　320千字
2009年9月第1版　2013年3月第2次印刷
ISBN 978-7-5620-3570-1/D·3530
定　价：29.00元

社　　址　北京市海淀区西土城路25号
电　　话　(010)58908435(编辑部)　58908325(发行部)　58908334(邮购部)
通信地址　北京100088信箱8034分箱　邮政编码 100088
电子信箱　fada.jc@sohu.com(编辑部)
网　　址　http://www.cuplpress.com　(网络实名：中国政法大学出版社)